当代河南女作家研究资料汇编
何向阳卷

张莉

马思钰

主编

北京出版集团
北京十月文艺出版社

—— 何向阳 ——

祖籍安徽。中国作家协会第六届、七届、八届、九届全委会委员。中宣部全国宣传文化系统"文化名家"暨"四个一批"首批人才，新世纪百千万人才工程国家级人选。中国作家协会创作研究部主任，研究员。全国三八红旗手。享受国务院政府特殊津贴专家。出版有诗集《青衿》《锦瑟》，理论集《朝圣的故事或在路上》《夏娃备案》《立虹为记》《彼黍》《似你所见》，学术随笔《思远道》《肩上是风》《梦与马》，长篇散文《自巴颜喀拉》《镜中水未逝》，专著《人格论》等。作品入选《中国新文学大系》。作品被译为英、俄、韩、西班牙文。获鲁迅文学奖、冯牧文学奖、庄重文文学奖、上海文学艺术奖等二十多种文学奖项。

目　录

总

序

地方性色彩与女性写作的可能

——"当代河南女作家研究资料汇编"序言

张　莉

一

想到河南，几乎所有人都会想到那个著名的豫剧片段《谁说女子不如男》："刘大哥讲话理太偏，谁说女子享清闲？男子打仗到边关，女子纺织在家园。白天去种地，夜晚来纺棉，不分昼夜辛勤把活儿干，这将士们才能有这吃和穿。你要不相信（哪），请往身上看，咱们的鞋和袜，还有衣和衫，这千针万线可都是她们连（哪啊）。有许多女英雄，也把功劳建，为国杀敌是代代出英贤，这女子们哪一点不如儿男……"

唱词如此之好，它以典型的女性视角说出了历史的真相、生活的真相。这个唱腔里有典型的河南风格和河南气质，有着古乐的典雅，但同时，女性声音的加入硬朗又柔软，某种对真相的讲述伴随着恳切、朴素，引起了一代代观众的共情。在我们民族的文化生活里，《谁说女子不如男》以其鲜明的独特性和女性气质留存下来。而豫剧、女性意识都成了"硬通货"。这让人想到何为深具地方色彩的女性写作，何为超越性的地方书写与女性艺术的问题。

二

之所以编纂"当代河南女作家研究资料汇编"丛书，是试图厘清新世纪以来河南女作家们的创作谱系。何向阳、邵丽、梁鸿、乔叶、计文君都曾在河南生活成长、写作，即使她们中有四位已经在北京生活，但是，"河南"在她们的写作中有着深深的烙印，毕竟河南是她们创作与生命的给养。

五位作家都讨论过河南之于她们写作的重要给养。何向阳谈起黄河之于她的意义。"这三十四年我切实喝它的水，吃它的水浇出的粮食，它给我生命的恩惠，无法计算。'何水德之难量！'古人说。难量的还有它其中的精神，那是没有物的测杆的——文字能不能成为它呢？也许还是不能，标尺的想法是多余的。因为躺着的水击散到每一个人那里，就是每一个人——这直立的黄皮肤的水，他们奔涌，在历史间，一幕幕大戏开和阖，他们也是为了一个方向，一个必要到达的目的而不懈不屈，我写，在那熟悉的身影里，不止一次找得到我自己。其实是想说，在他们为理想叠加生命进去的队列里，我想找到我自己。"

邵丽非常认同"中原作家群"这一概念。"我还是比较喜欢'中原作家群'这个称呼。河南的作家群体很有特色，从队伍方面来讲，老中青作家非常齐全。从作品内容看，中原特色比较鲜明，有态度，有担当，有天下意识。中原作家群确实是一个非常有担当意识的群体，毕竟中原地区文化积淀深，'天下'意识有历史传承，所以更容易做到'我为人民鼓与呼'。当然，文学创作是一种更心灵化、个体化的活动，所以文学中的文化意识传承，必然也和作家的个体因素有关。……它是一个文学现象而不是哲学概念。共性只能在个性中存在，每个河南的作家都是不一样的，任何个性都不能完全被包括在共性之中，这才构成一个独特的群体。相对而言，我关注城市比较多，对真正的农村，尤其是底层生活还比较陌生。"对中原及河南的深深认同感，也体现在邵丽的写作中。2021年，邵丽在北京十月文艺出版社出版《天台上的父亲》，其中收录的短篇小说《天台上的父亲》和《风中的母亲》，都给人带来惊喜，那是独属于中原人民的故事，她借由这样的故事，重新为中原大地上那些最普通的人民画像。

梁鸿是"梁庄"最著名的女儿，她以那个落在河南的村庄为坐标，为中国当代的非虚构文学树立了一种写作范式。十年来，《中国在梁庄》引起的影响依然深远，十年后，梁鸿重回梁庄，不负期待，写下迷人的《梁庄十年》。诚挚、诚恳，内心充满柔情和暖意，作家写下作为生存之地、生活空间的梁庄，但也写下历史裹挟、时间变迁中的梁庄，这是《梁庄十年》给我们带来的震动。不再只是作为社会问题的梁庄，不再只是作为中国缩影的梁庄，它还是乡民日常生活、情感变化之所。作家以一种更为生动的细节和故事去讲述村庄里的父老、坟墓里的亲人以及她之于这片土地难以割舍的深刻情感，作家写下村庄之变时，其实也写下了村庄之不变，从而为我们重新勾勒了另一种意义上的作为乡土风景的梁庄。

乔叶的写作中有着另一种中原气质，温厚而多情，《最慢的是活着》《认罪书》《拆楼记》都是她关于中原大地生活的写照，在这位作家那里，河南是她写作的肌理。"河南是我的成长根基，河南文化是我的精神父母，这就是河南对我的意义。它是上天赐给我的命定的东西，我无法拒绝也不能拒绝。它对我创作的影响就是我必会带有河南气息。我曾把河南比喻成我所有作品的序。这序早在我动笔之前的几千年就开始铺展，开始弥漫，直至浸入我作品的字里行间，并延伸到纸外所有的空白。这序的作者所执之笔浩大如椽，它所用之纸，更是季节更替无边无垠。——不仅是我，事实上，它分娩和养育了这里的一切篇章。"

计文君的小说中，钧州是常常出现的地名，在她看来，河南或者北京之于她，只是一种写作时的肌理，而并不一定具有显性表征。"写作时，河南在我的认知中是一种文化和审美性质的存在。它跟我的生命经验有关系，我能由衷地感觉到河南的美——这很好理解，我的审美口味本来也就是由河南'塑造'的。河南优秀的作家很多，每个人的河南都不一样，就像北京对不同的人也是不同的城市。我不认为存在一个客观的实在的'河南'或者'北京'，任何地域都是通过人显现的。人在世界之中，世界通过人来显现，河南，北京，都是我观察世界的一种具体方式。"

读这些女作家的作品和她们的创作谈，你不得不想到那句话，"所有创造性的艺术必须源于某一块特定的土壤，闪烁着地方的精灵"。会想到她们作品中强烈的地方性特色，自然，也会想到她们作品中的那些超越地域的部分，五位作家作品中蕴含鲜明的女性气质。

何向阳的评论独具个性，那是充满着爱和体谅的文字，是以随笔体方式对文学所表达的最诚挚的爱和理解。而她的诗歌，安静、沉静、优雅，写的是女性最深沉的情感和内心生活，显现了我们时代女性诗歌少有的内敛和庄重，一如霍俊明所说，何向阳的诗歌"对日常的身边之物和细微之物保持了持续的观照、打量和探问的能力和热情。这对于女性写作来说是非常关键的"。

邵丽的作品里女性叙述人清晰而鲜明，2021年出版的长篇小说《金枝》，讲述的依然是中原地区人民的生活。一代代如金枝般的女性在酷烈的社会性别秩序中努力抗争，最终拥有了自我意识和自我命运的决定权，从而，人生路途宽阔，枝繁叶茂。作为承上启下的人物，周语同的话语里包含了审视父辈、女性意识、代际冲突等重要命题，《金枝》里固然有"我们如何做父／母亲"的思考，但同时也有"我们如何做儿女"以及关于"革命"的理解。这是一部使我们重新审视父辈，同时也重新审视子辈的作品，叙述人不断向内的思考、倾诉和痛彻的反省尤其令人动容。女性叙事对于这部作品如此重要，一如程德培所指出的，"女性叙事，尤其是以父亲为名所开启的几代母亲形象都是《金枝》得以立足的基石。无论是满含深情与怨恨，在修辞上掌控着叙事进程的'我'，还是'我'的母亲，父亲的母亲和祖母，抑或是另一个母亲穗子以及穗子女儿等，她们为人子女都是金枝玉叶，为人父母却又承担养育下一代的职责，所谓一种天然的道德承诺。从这个意义上说，代际关系与生命传承无疑是《金枝》的时间线索"。

《梁庄十年》中，梁鸿用情感结构她的所见所闻，尤其是引领我们看到女性的力量、女性的逃离，而无论女性的力量还是女性的逃离，其实都是今天这个时代给予女性的机会。很难忘记作品中五奶奶她们一个个说出自己的原名而不是谁谁妈谁谁妻子谁谁奶奶的那一幕，当她们每个人快乐而主动地确认自我时，梁鸿勾勒的是新的中国农村女性风貌，我们从中看到包括河南农村在内的整个中国农村内在情感结构和家庭结构的隐秘而重要的变革。

作为作家，乔叶越来越意识到，女性身份与出生成长地河南之于她的珍贵，在访谈中她多次说过这两者在素材选择、观察视角、思维方式上，对她的影响。而正如我们所读到的，创作二十多年来，乔叶也从未回避过她的女性视角和女性声音，无论她的小说还是散文，都浸润着一种女性独有的对生活的热气腾腾的爱，那是对生活最朴素的爱和理解。一如李敬泽所说，"作为小说家，一直有两个乔叶在争辩：那个乖巧的、知道我们是多么需要安慰的小说家，和那个凶悍的、立志发现人性和生活之本相的小说家"。而无论前者还是后者，都基于"乔叶是那种真正具有生活热情的小说家，因为热爱生活，所以这位小说家才能看到未被理念整理和驯服过的真实的心灵"。

杨庆祥看到了计文君小说某种古典的质地，"计文君的小说，在务虚和务实之间找到了微妙的张力。务实是指善于书写和发现物质性的世界，但她最好的东西是在热闹、繁花锦簇之后有务虚的东西，她的精神气质是有穿越性的，这是我特别感兴趣的地方。她的小说中的人物一方面完全活在现实、算计、功利的物质层面，另一方面又像从古代走出来的人物"。但她的作品女性气质也极为鲜明，吴义勤评价说，"学术研究的背景、理性思维的偏好、生活阅历与经验的丰富、文学阅读视野的宽阔等作为一种'前理解'进入其小说创作，造就了她独特的小说家气质。她的奇特，一方面表现为女性意识与男性意识的碰撞，她的小说既有强烈的女性小说的性别特征，又有着强烈的'力量感'，有着对于女性意识的超越与怀疑；另一方面又表现为传统与现代的纠缠，她的小说叙事及思想形态有着鲜明的现代感，但她的审美趣味却又明显地钟情于传统"。

…………

"女性气质"使这些作家的作品既在河南又不在河南，既有强烈的地方色彩，又有超越地方性色彩的一面，正是这样的既"在"又"不在"，既"有"又"有"，成就了她们之所以是她们的独特性所在。

今天，讨论女性写作时，常常在单一维度、既定框架里去讨论，而讨论地域写作时，也往往就此处说此处。如何在女性写作中杂糅进地方性色彩，又如何在地方性色彩里嵌入女性写作的特质，我以为是当代地方性写作及女性写作的重要路向。

三

那个深夜，我重看了常香玉大师当年的表演，一板一眼，有力、笃定、自信，是后来的女演员们所不能企及的。那次观看感受如此强烈，它多次让我想到艺术作品与地理知识的关系："文学作品不只是简单地对地理景观进行深情的描写，也提供了认识世界的不同方法，揭示了一个包含地理意义、地理经历和地理知识的广泛领域。"我甚至觉得，在常香玉的唱腔里，既有着鲜明的地理性，但也有与这种地理气质相关的认识世界的方法和角度。我的意思是，在常香玉的表演中，闪烁着地方的精灵、女性的迷人，但是也有超越性别、超越地方性的魅力所在。在某一刻，雌雄同体真正在常香玉的表演里得到了实现。

为什么要编纂"当代河南女作家研究资料汇编"丛书呢？某种程度上是我对自己观看常香玉表演后的回应——我试图从这些作家作品里厘清某种传统，试图思考建构一种深具女性气质的中原书写传统的可能性。我相信，这个编纂系列将使我们看到，这些女作家的创作既在中原作家的创作脉络之中，也在中原作家的写作脉络之外——女性视角是给予这"之外"的最强劲动力。

2021 年 5 月 15 日

作家作品选

文学：人格的投影

——文学研究的一个思路

何向阳

长期以来作为文学研究领域中的文学人格主题的问题一直未得到公平位置与深入探索的事实，不能不使人感到遗憾。本文试图重捡文学与人格关系的话题，在对作家人格心理与文学创作精神的综合研究基础上，进一步澄清文学之为人学的本义；同时，力求在新的思维层次、新的思想台基上体现作家人格心理研究与文学作品研究的融合，并将通过精神生态（文学现状）、精神生产（文学创作）与精神生成（作家人格、文学品格）三层关系的揭示，探索精神的个体价值及其对文学、社会的促动作用，以期找到文学和人类精神的共同内质。

现状透视

人格研究在国外，已发展为一门相当成熟的学科。由心理学肇始，延伸至历史学、教育学、人类学、政治学、生理学等领域，并体现出愈来愈明显的应用价值：历史的回顾与检测中对领袖人物的个案研究，历次世界性运动的社会心理剖析，原始部落、民族的文化人格研究等，或在历史事件的捕捉、把握中将纯粹的理论与对历史的实际切入紧密相连，或试图找寻人类初始部族绵延成型的一种宗教精神，其一丝不苟与大胆创新，说明作为心理学分支的人格研究走出学院的抽象而与现实考察交融为一，已是大势所趋。有意思的是，"人格"概念在国外，最初并不是作为某种理想被建设性地提出和肯定的，从古罗马的"面具"到阿尔波特总结的五十种定义的繁复与歧义可做证据。只是到了近代，persona才由戏台角色、人物身份到种种行为准则，再到伦理道德指标及荣格的内外自我，完成了它社会化的经历。对比之下，阿尔波特的"一个人真正是什么"道出了人格的完整含义，"人格是在个体内在心理物理系统中的动力组织，它决定人对环境顺应的独特性"①。与此对应，人格心理学，则是从心理学的角度探讨人的行为倾向、阐明人的心理品质的心理学分支。它试图描绘人的全貌，区分影响人的各种因素，并解释这些因素怎样创造一个独特的个体。它以对人格结构类型、人格形成的基本条件、人格发展的动力、人格演变的途径、人的精神面貌的深层考察，与感觉、知觉等初级心理机能的研究划清了界限。

比较起来，国内人格研究尚处于潜流状态。尽管中国自古以最重人格的形象独立于世界民族之林，而且人格概念的初始含义里社会意味较心理内涵浓厚得多，历史上也有不少充满智慧光芒的人格思想，比如，儒、道人生观中透出的各自鲜明的人格理想，比如圣王理想、尧舜人格或"清净无为"的学说发展与历史流变，都传达出我国古代思想者对人的设计与考虑，圣人、真人、至人、神人在相当大的范围和相当长的历史中已内化为中国人的做人典范。但是，人格研究还是由于种种原因不断地被切断，以致今天人格研究在中国，一直是人文学科研究的一股潜流。直到80年代中后期，各思潮由鼎盛相继走向冷寂，文坛喧闹已渐平息的时候，有关人格的探索才赢得了一

① 陈仲庚、张雨新编著：《人格心理学》，辽宁人民出版社1986年9月版，第45页。

个悄悄的开始。这项理论，在重新开始时势必只限于概念论争而未能获得彻底阐释，但形而上的思索有时恰恰影响到研究的真正推进。况且对一个早已熟识的道理，很容易在一阵介绍辨识后，便知其所以然似的束之高阁，不予深究。所以，也许正是对人格的冷落、漠视和怀疑，造成各类泛形式思潮中文学对意义的远离。潮流无可指责，但在全力满足于对包装和外壳的描摹以至在精细的叙述、刻画或卖弄里愈来愈陶醉、沾沾自喜时，则绝对找不到人格研究的位置。

尽管如此，陈仲庚、张雨新的《人格心理学》，宋耀良的《艺术家生命向力》等一批这方面的著作，代表着这方面的探索和努力。

但就文学理论、批评的整体看，人格研究还缺乏系统的总结与灵性的表述。这种状况不能说与改革中携带有的拜金、利己思潮冲击下人格意识淡漠的社会心理无关，而一贯自诩为指导文学乃至人生的批评、理论却对文学人生置若罔闻，而津津乐道于各种方法试剂的配备与试验，以埋头苦干的外在劳碌掩饰它实质上对意义的回避与不经心。正是这样一种方法的热情挤走了我们本该关注的目的本身，而对人格一知半解的氛围同样败坏了我们对意义的完善与追寻，它不仅使人格研究滞固不前，而且使得"文学是人学"成为人人承认的判断句式的同时，其深蕴的含义却在不知不觉间被抽空。以致文学不断地为时代所误解，不断地被纳进种种模式，不断持续着它对人的远离。

旧话重提

中西方"文如其人""诗品出于人品""风格即人"等思想勾勒出文学与人深层的辩证关系。"文学是人学"不仅指"文学是写人的""文学是写给人看的"，这个命题更包含着"文学是人写的""文学是参与人的人格建设的"，因此对文学理解的深刻、全面取决于人格研究的引进。

已经知道，人格研究中特质论、社会学理论，代表着的遗传决定论与环境决定论两种单一倾向对复杂的人类精神现象的研究恐怕力难胜任，而精神分析理论又因生物决定论与还原论色彩过浓无法对20世纪社会发展中的人的行为做圆满的解释，新精神分析学派及由此发展起来的人本主义在完成对冷酷无情的行为主义和与世隔绝的精神分析批判的同时，确是提供了一种开阔的认识方法，我们在思忖它"最终关心和提高人的价值与尊严"的原则时，又不能接受它折叠历史的做法和抽象的前提。马克思主义关于人的理论克服了以上的种种缺陷，将人看作"一切社会关系的总和"，提出"建立在个人全面发展和他们共同的社会生产能力成为他们的社会财富这一基础上的自由个性"①思想，既以争取人类的最终解放为实践的终极目的，又以唯物史观看待与研究历史局限中阶段的人，这为我们提供了与意义一致的辩证方法，是观念与方法的统一体，而作为社会历史方法与未来方向的联结点便是：现实的人。

这与文学的关怀正相默契。

现实的人是以人格为标志的。人格的存在使人得以与其他生物区分，人格更是人面向未来发展自身的理由与标准。文学，自诞生起，到担负完善自身、提高人类素质的使命，再到对人生意义、价值的追寻，其全部努力就在于：在人类精神生成中寻找提升人格的途径，从而防止精神贫困与精神"赤字"的局面出现。

所以，人格与文学历来是不可分的。文学的实现（过程与结果），都可视作文学家人格存在的一种外观，文学创造，则集中体现着文学家的人格精神。如果剔除了文学研究中的深层意义的人的研究，则无疑是取缔了文学的内在精神，而不包含人生观、目的感、责任感、价值观、意义性的文学，则使文学的认识、教育、审美作用成为一纸空文。

---

① 卡尔·马克思：《〈政治经济学批判〉（1857—1858年草稿）》，中共中央马克思恩格斯列宁斯大林著作编译局：《马克思恩格斯全集》第46卷上册，人民出版社1979年版，第104页。

不是危言耸听，确有被取消的前例。艺术上，我们通常只是从形式美、黄金分割率、神话模型上理解希腊艺术，久而久之，希腊艺术被诠释为一种装饰，这种理解所形成的理论渐化为一种思维习惯，让我们忽视了艺术背后的人，忽视了他是"生命攸关的必须满足的一种急需"的创造之源；文学更是如此，它所凝聚的思想内涵远远多于形式本身。可是，当代文学研究中对人的消解趋向却愈来愈明显。因此我担心，会不会在遥远将来的一天，对今天文学的诠释，也会落得如今天希腊艺术的命运，精神财富、文化遗产的含义不再是热血激情，而代之以冰冷石头的廊柱与花纹！所以，对文学中的结构、解构的过分热衷，常常使我怀疑。这也便是我们今天强调文学——人格关系的意义。

我总以为，人类的历史发展能在个体的生命发展中部分地再现出来。同样，作家在创作的"瞬间"所体现出的一切会在他本人的整个成长、发展中找到他的精神的轨迹，也就是说，不管作家在某一部作品中所传达出的思绪如何被人或他本人认为只是他某一阶段意绪的变化，它实质上已包含了庞大复杂的历史与文化，包含了体验这一瞬的精神波折的整个现在与过去，完整地反映了他的人格。文学之于人格，譬如现象之于本质。可以这么说，在文学这个峻峭高耸的品格下面，有一股潜在、动荡的人格激流。文学，不过是人格的外观，文学，是人格的投影。

人格研究，正是在这一层面，才体现出它对重新看待文学提供了怎样巨大的帮助。

作家—人格

对被称为"人类灵魂的工程师"的作家的人格研究是切入这一课题的关键。

历时研究：

一、探讨作家人格生成。依据：人格是不断生成的动态发展。研究人格生成中早期经验、成人心理诸因素对作家人格的影响，研究"代"型作家及作家人格主动性的作用。早期经验是影响人格的最原始因素，它生成了人格的深层内容，它为人格生成打上的这层底色，是在创作中显露出来的人格烙印，从这个意义上讲，每一部文学作品都是一部作者的精神自传。

应用于文学研究，有以下三种途径。

途径一：从早期经历看创作，如各类文学教科书中探讨环境对作家情感、思想的影响。如，对狄更斯幼年生活的贫穷、莫泊桑的私生子身份、鲁迅少年时家道陡落等与创作关系内在性的研究，这是文艺社会学的一个主要观点。途径二：从创作行为看早期经验的介入。如有人曾以"被记忆缠绕的世界"为题关注莫言创作中的"童年视角"，认为莫言小说中对饥饿、水灾场景的反复描写是作者童年生活与童年意绪的阴影折射，而爷爷、奶奶的形象对父母亲的取代又隐含着作者幼年与父母间血缘关系的淡薄及由于缺乏抚爱失衡的内心，哑巴形象（黑孩、小虎）的一再闪现则是童年压抑性格与遭际的符号化，文章指出："……耐人寻味的是在故事表面情节的演进过程背后，蕴藏着某种特殊的心理模式。"在一片为莫言"新感觉"主义、形式重构、语言颠覆的喝彩声里，能有这般对作品、作家的深情投入与冷静化出，同样是耐人寻味的。作家人格内部研究的切入，超越了环境—作品的二元思维，完成了对这一横线两端的中介因素——人的强调，带有精神分析色彩。途径三：作家在实践研究外，也要从古今中外文论中寻找理论依据，充实与推进经验研究。巴乌斯托夫斯基曾说："写作，像一种精神状态，早在他还没写满几令纸以前，就在他身上产生了，可以产生在少年时代，也可能在童年时代……对生活，对我们周围一切的诗意的理解，是童年时代给我们的最伟大的馈赠，如果一个人在悠长而严肃的岁月中，没有失去这个馈赠，那他就是诗人或者是作家。"[1]童年记忆在作家人格生成中所起的最初决定作用，可见一斑。

当然，创作过程相当复杂，早期经验只是作家人格的萌芽，唯其如此，更不应轻视它对文学的特殊影响。

二、人类的早期经验，又称族类记忆，包括种族记忆、民族记忆、集团记忆等。是指超越个体直接经验的、人类祖先往昔岁月的生活经历，以及在此之前生物进化的漫长延亘的历史进程所形成的一种心理积淀，正如我们的大脑经过世代进化及人生经历波浪的不断重叠冲击，有些痕迹渐渐加深以至由于频繁刺激逐步固化为本能，成为支配一代代人生存的一种无形的力量，一种烙印，一种精神的胎记，它构筑了我们的人格底座。

荣格"集体无意识"与近年学界"社会性遗传"[2]的探索

———————————

① ［俄］康·巴乌斯托夫斯基著，李时译：《金蔷薇》，上海译文出版社1980年9月版，第22页。

② 参见左其沛《关于品德心理生成机制的探索》一文，《争鸣》1990年第5期。文中列举大量资料与事实，认为"心理活动，尤其是伴随行为的心理活动，可以影响生理功能，时间长了，又可以使生理的器官和组织发生改变，通过遗传一代一代地固定下来。这是后天的'习性'可以改变为先天的'天性'的原因"，并得出结论："人的社会性可以遗传，人的社会情感也可以遗传。"

另，20世纪70年代西方学术界新兴的"社会生物学"主张的"基因遗传理论"，详尽地论述了相类的观点，参见［美］E.O.威尔逊《论人的天性》，贵州人民出版社1987年8月版。

其他从生物角度提供思路的有：［英］德斯蒙德·莫里斯《裸猿》《人类动物园》，［奥］康罗·洛伦兹《攻击与人性》等。

给我们以启发。人类早期经验、一种内在性（即内心体验，不同于通常所说的经历），作为潜结构储存于比个体早期经验更底层的个体心灵层面，虽然它在个体的意识中是不确切的、片段式的、意绪化的，又因非亲身经历呈现出一种似有似无的蒙昧状态，但它作为一种远古记忆的情绪存在于更深的人类本性中，并潜移默化地影响一个人的行为模式、人格内容。人类早期经验是存在于意识阈下的，是人类的一种情绪记忆，是人类早期经历在个体人身上留下的痕迹，它以一种非理性的状态存在，是人类心灵结构中超个体的力量，是有机生命的底蕴存在，是生命的原动力①，是一种人格潜结构，是历史生命对现实生命的介入与关联。

强调对个体而言所具的先验性以及后天经历激发下先天性向的潜在意象显现，即强调作为人类进化遗传基因的绵延的精神的存在而不是简单接受经历的存在的理论，应用于文学，包含有：

1.文学风格学研究。对历史某阶段文学特有的风格，或一民族、国家形成的文学风格的宏观概览。前者如古代文学研究

---

① 宋耀良《艺术家生命向力》中称其为"原始人格"，上海社会科学院出版社1988年11月版，第32页。

中对唐代文风的探讨，作为政治文化外部研究的补充，以类的早期经验、以唐代为切面研究唐以前民族心理积淀与唐文人的人格构成，从中挖掘唐文人与唐文风联系的深层原因。后者如对俄罗斯文学忧郁风格的研究。

2.文学民族学研究。研究文学民族性与民族心理深层的民族记忆（种族记忆）的内在联系。

3.文学主题学研究。研究一个民族或一个时代文学主题的深层的人格原因。

4.意义研究。文学的内涵研究、国民性研究、集体无意识研究、主人公意义研究等。如，对"阿Q"形象的意义探求。

5.作家研究。作家人格与文学作品表现出的人格痕迹的对应性中类的早期经验的作用。包括：血缘研究，如张承志—伊斯兰民族学性—宗教取向—创作内容；气质研究，某一作家气质所受的早期经验的影响，包括心理接受机制因素。

6.比较文学研究。不同民族作家的比较。民族记忆的作用、影响。如少数民族文学与汉族文学的不同。同一民族作家的比较。民族记忆的渊源性，求同。如同是回族作家的张承志与陈村的比较。

成人心理：研究成人期诸种成长因素对人格生成的影响。包括时代背景、社会现实、生活阅历、人生意识、文化积淀、后天教育等。

　　分析方法是：综合影响人格成长的诸因素，以纵向"代"型为线索，以个体成人心理分析为主体统摄始终，求证个体成人心理—代际关系中的成人心理—人格变量研究—人格研究—作品差异间的联系。

　　一、"代"型研究。对作家进行断代研究，与文学史的研究相结合。介入成人心理与现实人格的对应性及社会发展进度与个性成长程度的对应性研究。如，对50年代与80年代中国作家的"代"型比较研究，则必须融入不同的时代背景、历史进程、社会思潮、现实条件以及由此形成的作家世界观等，从中探讨社会铸塑下的作家人格与文学的对应性。这是一种影响研究。

　　二、"代"型研究中的主动性。强调人的主观方面与自觉性造就人格的部分，以修补影响研究的环境单一性，是一种能动研究。

　　德国人格学家阿尔波特的人格 =F（遗传 × 环境），即"人格"（包括人格亚系统——特性、习惯、情操等）是遗传与环境乘值的函数公式，表明人格是在追求长远目标中的不断发展的内在的动态结构，其成熟标志是自我统一，而自我统一人格结构的核心是机能自主。这对我们的作家人格主动性研究提供了帮助。作家将历史的事件放在人类发展长河中加以审视，他们在历史价值之上设置了更高的标准——人格价值，以心灵、精神的真实对立事件、物的真实，而文学正是在无情的历史淘洗与岁月流逝之上确立生活的意义与信念，尽管对于那些影响我们生活的外部条件来说，我们是受动（被动）的，但对于我们选择对这些条件的反应来说，我们是自由的，这种置人的主动性于被动接受命运之上的美学态度与价值观，正是文学的追求。

所以，人与环境的关系是辩证的，人们是他们本身历史的剧中人物和剧作者。由此看，社会历史发展与人格发展是互动的，正像作家与社会的关系是双向的一样，而自我统一人格的形成与否则取决于两方面结合的程度。所以，主动性研究是作家主观心性研究的一种，它强调个体性、自主性、能动性，作家超越时代铸模的部分。可用它来研究社会环境中凸现的作家人格，如对鲁迅人格的研究。也可用它促进作家人格修养与自觉塑造。

共时研究：

探讨作家人格构成。依据：人格与人的各个孤立方面（如性格等）不是一回事，也不是人的各个孤立方面的相加，或私人材料之和，它是一种整合。

作家人格是以整体对创作发生作用的，共时研究弥补了历时研究的片面与隔膜。

人格结构：

一、人格潜结构（前结构、预结构）是由作家的生理基础、作家个体及人类的早期经验影响两个层次构成的，它更偏重于感性、感情的发展，有道德雏形，构成了文学中的意绪部分，具神秘色彩，构筑人格的原始、自然层面。就是说，在后天铸造、习性结构外，作家人格还有先天的器质、气质、禀赋及性格因素，包括人的生理条件、气质类型等。人作为生物—社会—文化的活动系统，人格生成中的社会甄陶必然是在一定生理基础上进行的，人格是灵肉的统一，精神与形体的统一。

二、人格结构：指由作家成人心理、时代背景、社会现实、生活阅历、后期教育、文化积淀等因素构成，它偏重理智，对应于文学中的思想倾向、人生观念与理性语言，是相对定型的部分，构筑人格的社会、现实层面。文艺社会学偏重于这一层面的研究。

三、人格后结构：是一种在境遇中的自觉信念的感悟、培养、训练，包括人格的定型与发展、创造与完善，代表人格中的意志部分，构成了文学中的理想色彩与浪漫精神，它是不断生成的部分，构筑人格的未来、理想层面。

作家人格是由这三层面构成的一个"格式塔式"的整体结构。

以此观念运用于文学，可研究作家人格构成中某一层面缺失或偏重对创作的影响；研究单一人格因素的正、负作用对文学的影响；以及作家风格间的比较等。

"群"型研究：

研究地域文化、生活经历等构筑的同一空间的作家群体。

一、"群"型类别。包括题材群落（如对军事题材作家、农村题材作家的划分）、情感群落（如伤痕文学、反思文学、知青群落、寻根派等）、地域群落（如湘军、晋军、豫军等）、文化群落（楚文化、少数民族文化等）、性别群落（如女性文学、男性文学）、景观群落（如山地景观、海洋景观、草原景观、西藏系列、商州系列、葛川江系列），此项研究在地域文化与作品的网络里凸现出人格的类的差异，为文学研究扩大了视野。

二、"群"型研究中的个体性。对应于群体人格的个性研究。研究同一群落中的作家间的人格差异与个性因素。如对寻根群落中的阿城与韩少功的个体研究。强调作家的人格个体性。

综合研究：探讨作家人格统一体。

将历时研究与共时研究相融合，全面考察人格各因素综合的研究。可用于对某位作家一生创作的整体研究，如老舍研究等。

文学—品格

文学是人格的投影①，就是说，文学与人格存在着某种对应性，表现于作家人格与文学品格的对应性。多数情况下，人格与品格成正比关系。人格是一种选择，文学则直观地体现着这种选择，什么样的人格，对应于什么样的创作，人格的高下决定着文学的品位，文学的存在决定了文学家的存在（方式），而文学家的存在方式同样决定了文学的存在（价值）。二者是互相依存的，人格与文学的辩证关系同样说明了作家人格与文学品格的对应性。

---

① "文学是人格的投影"中，"人格"除作家人格外，还应包含社会人格，后者因属社会学研究部分，暂存不论，而从作家研究学角度看，社会人格又是通过作家人格体现的。故本文试图将之融入作家人格中。即作家人格中的文化性、历史性等。

歌德曾说："在艺术和诗里，人格确实就是一切。""……关键在于是什么样的人，才能作出什么样的作品。"①这为我们结合作家人格考察研究文学提供了一个角度。文学不仅与人格有关，而且与人格层次有关，并关涉人格层次的形成和建设性的人格发展。在此，借用瓦西里·康定斯基比喻精神生活的名言②，文学层次分布则是：文学这个巨大的锐角三角形是以人格为水平线划分为若干不等份的。底部是低层人格对应的二流、三流作品，较高层人格对应的优秀作品处于三角形的中间部位，而代表人类思想精华，作为人类追求、向往的目标，陶冶与检阅自己的精神原则的经典著作则处于三角形的顶部，即人类精神的峰巅。而且，能够指导人、鼓舞人、使人品格高尚的作品，只能出自具备这种高尚精神的人。

鲁迅说："从喷泉里出来的是水，从血管里出来的是血。"梅洛-庞蒂说："生命与作品相通，事实在于，有这样的作品便

---

① 爱克曼辑录，朱光潜译：《歌德谈话录》，人民文学出版社1978年9月版。

② "精神生活可以用一个巨大的锐角三角形来表示，并将它用水平线分割成不同的若干部分，顶上为最窄小部分，越低的部分越宽，面积越大，整个三角形缓慢地、几乎不为人们觉察地向前或向上运动。今天的顶点位置，明天将被第二部分所取代，今天只有顶点能理解的东西，明天就成了第二部分的思想和感情。"［俄］瓦西里·康定斯基著，查立译：《论艺术的精神》，中国社会科学出版社1987年7月版，第17页。

要求这样的生命，……生命是作品的设计。"艺术与生命，文学与人格就是这样绞绕、燃烧在一起的。不胜枚举的有关文论传达出了人格与品格的必然联系。

我们的工作，一是研究文学品格与作家人格的对应性，相应地提出作家人格自我塑造的课题，以为进一步提高作品质量、繁荣文艺寻找到内在根基；二是将这些闪光的思想、散论系统地加以总结、研究，进一步深入到文学内部，研究从作品中透射出的人格面貌。我想，将文学作为作家自身人格的外化与确证的研究有益于一种精神的确立和对当代正在流失的文学意义的挽救与追寻。

悖论新说

人格悖论现象（人格与文学的非一致性）一直是文学研究中的争议焦点。因为从表面上看，悖论现象的存在像是对文学—人格对应的一个悖谬。所以，作为文学—人格反命题、负例的研究也是从侧面求证或丰富文学—人格命题不可回避的一环。

人格分裂、双重人格、多重人格等反映了时代、历史的制约和人格的丰富、复杂性，而对人格内涵的不同理解则是对悖论现象做不同解释的分水岭。将人格的历史内涵、文化内涵、个性内涵、阶段性等因素纳入考虑，很容易看出，以往那种不承认文学—人格层次对应性的错误，均源于人格界定的模糊与人格层面理解的狭隘性。所以，我不同意只将作家的现实人格或人格在现实层面的某一阶段的表现当作作家人格整体的研究，或仅从生理、心理甚至病理出发将作家作为神经症患者或不同程度的变态者的研究。它们的偏颇、谬误不仅在方法论上割裂联系的形而上学态度，而且已影响到社会心理长期对作家的看法，由消解创作的庄严神圣而消解文学的价值、意义，并且在滋长大众文化与社会心理中病态的好奇与市民气时也大大削弱了精神存在的影响力。

但这并不是说我们不承认人格悖论现象。作家——人类精神的先锋与历史事件的敏感者，更是承受着理想人与现实人相冲突的双重角色，经历着他所处的时代和他超时代的思想间的斗争较量，承受着对精神的追求与个人各种欲望和利益在一定历史条件下相互排斥的内心撕裂感；精神的先锋世界与外部滞后的自然的世界；追求的上升人格与下坠的人之生物本性，在人向自我的生成中，在人的人格成长中形成两股反向的拉力使人处于感性与理性、理想与现实、族类与个体的缠绕、纠结中，由此凸现出的含蕴作家创作精神的文学作品便不可能是单纯、同一的，而必然表现出复杂纷繁的形态。因此，作家人格中各因素矛盾、分裂、背离状态等普遍现象，也将在文学创作中表现出来。

但人格是一种整合，是作家对世界观与创造力的主动又不自觉的整合，所以人格研究与心理生理研究不同，是超出心理层面的精神层面的研究。这种研究，承认作家比一般人更敏于现实，更执着理想，更坚定也更脆弱。承认他们精神中比普通人有着更强烈的反向的力量，甚至影响到人格整体使之出现分裂与偏向，但更承认作家从事创作的非凡的创造力和对人格各因素的统一、整合能力以及使他们能够忍受现世、超越现实、走向理想的人格中的英雄气质与坚定性，它体现了人类向上、向前的推进，体现了个体人在巨大的现实力量面前能够不失英勇地维护人类梦想的浪漫精神。而只停留于人格结构底层的意识、心理研究的一般论者，他们目光所及的地方，只是一些零碎的皮毛，诸如对分裂、冲突型人格的猜测、窥探，隐藏在貌似科学中的卑琐与猥亵影响了他们对精神的关注，没有人格的作家研究与丧失了精神的精神研究使得文学的教育意义于不知不觉间被取缔，代之以单纯的娱乐、消遣或高级审美消费，并渐渐在一代读者心灵中发生效应，强化了文学的治疗和消费观念，文学本意的继续消解，总有一天，文学会退化为语言的游戏、形式的实验，像所有玩具，当它被创造出来时，在一代儿童手中新鲜一时，而当它不再引起玩者兴趣时，就变得像一堆文明的垃圾，那才是文学的真正悲剧。不作用于人的生命，给人的生命以支点，点燃人更好地燃烧生命，或拒绝关注生命的文学，迟早会踏上这一途径，人格的丧失便是这一命运的开始。

当然，人的被动性、本能研究不可或缺，但只固结于生物层、心理层的内省是无暇关注更高的目标的。人格悖论现象的存在已被公认，问题是如何完成对它的圆满解释。以往研究只停留于心理层不做深究或研究中带有明显的病理主义倾向，都严重影响到文学这一复杂精神现象的正确理解。所以，为更好地把握现象后的本质，以促进文学—人格命题的开展，将现实层面人格与艺术层面人格以及二者统一体精神层面人格结合起来，以探讨作家人格整体的研究，已成为大势所趋。

人格整合

精神层面人格对现实层面人格与艺术层面人格的综合统一即精神人格统一体，它的引入有助于我们对文学的更深理解。

它肯定写作本身正是一种人格整合，是心灵对心理的整合，是暂时性、阶段性服从整一性的过程，是现实人格与艺术人格的统一，写作是不能脱离这种整合而存在的；作家作为现实的人可以是分裂的、具双重人格的，作为作家其性格也可以是冲突、偏执甚至乖戾的，但作为写作正在进行的这一刻的他来讲，则必须具有精神人格统一体，即具备足以容纳分裂、偏执诸种现实人格、艺术人格的内部整合能力。换句话说，作家在从事创作时，他是以这种精神人格统一体去面对他的文学世界的。

"文学是人格的投影"命题中的人格，指的正是这种包括人的精神矛盾、人格分裂、多重人格冲突在内的人的统一人格。文学，是这个统一人格的投影。作家人格整体即他的创作精神，它包容了心理层面的人格分裂状态、矛盾冲突性以及心理上双重人格的存在。而文学与人格的对应不是对应于心理层面的人格，不是对应于单个、片面的、被肢解甚至有病态征兆的分裂人格或片面型人格。写作是一个作家以整个身心（人格整合）贯注的过程，作家不可能在从事创作时只将他人格的一个侧面或片段带给文学，他全然不自觉地将其人格统一体投入写作中。他的创作精神是他精神人格统一体的具体表征。而从文学角度说，文学是人格的投影，既包含作家创作时的人格态度，又包含作家人生中的人格取向，还包含了作家创作出的人物人格面貌，作为人格投影的文学这一复杂系统，包含有丰富的历史内容。

　　精神人格统一体不是抽象、空洞的，它包括主体、主动体，是由外力（社会）塑造成型而又表现于另种形式（精神）的外观的，如若被塑的人格没有超越或相对挣脱现实即外力塑造的机制，人格因素中没有反塑机制以对外力予以一定程度的反动，那么作为人格投影的文学就只能停在被压模成型的层次，精神人格统一体的引入使文学人格研究由对文学中透射出的人格屏障、人格萎缩、人格异化现象深入到人格生态研究。比如，可将鲁迅作品人物的国民性与鲁迅对人格的认识深度及鲁迅人格联系研究，探讨精神生态超出社会环境的部分，将作家研究推向深入。引入精神人格统一体概念的另一意图，是要求作家人格的自我完善和人格中的核心——世界观的自我塑造。成为作家的途径有多种，可以是通过一部作品一举成名，可以是对一些经历与学识的搬弄，但最终要写出优秀作品以提升人之精神，则只能是自我人格的高尚。高尚，不是途径，不是方法，它是对真正作家的一个衡量。一段时期以来，崇高、神圣、使命感、责任心、教育功能一直是被冷落与嘲笑的对象，但文学不会也不应为时代的某个阶段的不正常而改变它的方向。正如精神人格统一体的产生受制于一定的历史背景、社会境况、生活经验等客观条件，但并未固结于此，它的成长超出了它们并能动地影响到环境、时代的存在与变迁。

这给了我们一个提醒，在文学人格研究中，一切自以为是、居高临下地将研究对象放置于割裂了社会、历史、生活的纯生理—心理背景下的研究是可笑可悲的；而一切自鸣得意地将作品与人格——对应起来自以为天衣无缝的机械、单向的决定论（无论环境决定论，还是人格决定论）研究也是值得怀疑的；而任何将充满了躁动的灵魂置于病态范围内贬低研究式的做法不仅是割裂历史的，更是让人嗤之以鼻的。唯有将作家置于一定的历史空间中研讨作家人格心理以及由此折射到文学实践的创作精神，并在文学作品中捕捉这一创作精神反映出的人格心理这一双向的链形研究，才会使我们把握到我们想了解的一切。

这便不仅仅是一个单纯的方法论问题，它为我们提供了这样一个机会，那就是：在人格研究的同时，正在进行的，还包含对研究者本人人格的检验。谁能说，这是在研究范围之外呢?!

结语一：如果说作家人格论是由环境到人格并为文学的生成解释打下基础的推论过程，那么文学人格论明显是由文学逆推至人格，以求得在对应联系中显示或检验人格诸因素的相互作用与生成效力，不仅如此，还对照性提出人格塑造与生成环境改善问题。所以，纵向的、寻根式的精神生态与横向的、剖面式的精神形态，是文学—人格研究的两个紧密联系、前后衔接、互为反正、相互推动的方面。

作家精神生态形成系统相当复杂，除了包含政治风貌、经济基础、地域因素、生活经历、家庭环境等外在因素外，还包括时代精神、社会思潮、民族传统、文化氛围、宗教信仰、教育影响等群体的潜文化因素。就个体精神生长而言，还包含遗传机制、个体生活经历、性格结构、心理定式、感觉方式、人生意识、价值尺度等个性因素。如果说时代背景、个体信仰是"阳光"，政治、经济、文化是"空气"，理论泉源是"水分"，个人现实生活、经历是"土壤"的话，那么，这几种条件及其关系不同，则形成发育不同的人格之树，文学作品就是这棵人格树上长出的叶子，文学—人格研究就是由叶子的良莠辨识人格这棵树的强柔特质并由此追溯到它生长的环境影响，与此同时，建设和改善人格环境以推进人格与文学的正常发展。

这种将整体人与生态圈相联系的全景式地理解人格与文学的态度，体现了将作家微观研究纳入宏观背景中的方向。

结语二："文学是人学"的更深意义绝不止于"文学是写人的"（文艺社会学研究）、"文学是写给人看的"（文艺美学研究）、"文学是人写的"（文艺心理学研究）和文学是由带有人类共性与作家个性的人写的（文学人格研究），它的更深含义应是对理想人格的创造（人格教育），这是长期以来淹没在各种方法中实际上又为我们忽视的。

无论是社会改造以带动人心改造，还是人类素质的良性建构，其中包含的人格建设内容、塑造理想人格的理想，使这项研究纳入民族精神重铸与人类文明建设范畴。在开拓外部世界取得节节胜利的同时（我们承认经济建设是人格成长的外部生态因素），能否掌握自身的命运，加强内部空间同步建设，关注利于人素质提高的内环境的作用与实现，以利于人的社会情感、崇高抱负的发展，人的人格与潜能的最大实现，这显然是一带有时代特征的全球性问题，也是时代向精神研究提出的课题。加强人格建设，这是我们从事文学—人格研究的信念，这样的信念便排斥了将文学理论搞为"学中之术"的途径，排斥了对哲学、科学等其他理论依附的非独立状态，或只限于文学圈中营造一种以此成为功利或资历的浅薄又无关痛痒的学问的做法。这个意义上的文学人格研究其实是一场冶炼、铸造研究者本人人格的过程。

结语三：正是这一过程使我们的研究超越了情境研究即物质层面展开的外部因素的静止研究，走向意向研究，在精神层面上展开人本身特质的动态研究。在对文学艺术与人类心灵成长的总体探索中，在力图超越文艺心理学界限以对心理人类学^①的融入中，将作家人格精神现象作为人类精神的一个样本与例证，力图"从当前时代的深处把人类情感中最崇高和最神圣的东西即最隐深的秘密揭露出来"（马克思语）。所以，那种搜集、摘取、割裂了与人内在联系的作家零碎资料以解释文学的方法已丧失了支撑点与说服力，我们已进入一个寻求联系来研究作家、文学的时期。而在一切研究中面对各种新理论、新方法的不断涌起，我们不应忘记的是人类的心灵的伟大、人格的伟大。这，应该是今天我们谈论文学的依据。

费希纳曾说："艺术的目的是教育，不仅是智的教育——这是学者的事，不仅是心的教育——这是布道者的事，而是整个人的教育。"整个人的教育，人格的教育，这是我们共同的目的。

1991年3月初稿

1991年8月改定

《文学评论》，1993年第1期

---

① 心理人类学，又称"文化与人格"理论，20世纪二三十年代发展起来的人类学中的一派，反对以生物学意义的成熟研究人的传统观念。它研究个人心理与社会环境（主要指文化因素）的相互关系。代表人物有本尼迪克特、米德（文化、国民性研究），林顿、A.卡狄纳（哥伦比亚派、价值态度体系研究）等。不仅研究文化对人格的影响，而且从相反角度，对个人的心理结构怎样反映在文化上也加以考察。

不对位的人与"人"

——人物与作者对位关系考察暨对20世纪中国文学知识分子
形象及类近智识者人格心理结构问题的一种文化求证

何向阳

绝望之为虚妄，正与希望相同。

——鲁迅《野草·希望》

背　景

1993年12月隆冬季节，急于赶乘南下列车的我，在北京地铁站被送行的人看透了心思，朋友问，回去写什么？我听到隧道壁上弹回的回答是：关于知识分子的。《自省与反思》。朋友底下的一问又把那答案弹了回去，他几乎是笑着说，又要"检讨"什么吗？没想到他会用这个词，正踌躇间，车轰然走到了面前，隔断了那个回答。然而心动了一下，瞬间闪出的那个问题，又随即在眼前消失了。

1994年夏，在北戴河的作协创作之家的十多天里，上午在书桌前修改带去的一篇未完的稿子：《后撤：后新时期文学的整体策略》——这篇文章后来发在当年第6期的《当代文坛》上，加了鼓动讨论的"编者按"，然而似并无应者，后有论者认为是人文精神范畴的一种声音还把它列入这一讨论的目录索引。而那时傍晚从海滨散步回来的我却仍要忍受再一个白昼的问题折磨。无法写透的一个事实是后撤策略的心理内涵与当代作家人格现状的重叠部分。但仍涉及困扰我1993年那篇论文终至搁浅的原因——中国知识分子文学中人物与作者对位关系的匮乏问题："正如我们可以举出鲁迅，但是很难从文学中包括他本人的作品里找到一个和鲁迅灵魂世界那种挣扎与搏杀相匹配相对应的人物。先生自己的《故事新编》中《铸剑》里的黑色人有一些他的影子，还有他在散文里一再提到的刑天，都可视作其精神形象的外化。但现代文学史为我们留下作家鲁迅的同时却未给我们留下鲁迅式的文学人物形象。鲁迅本人只能将自己的精神挣扎寄寓于古人、传奇的创作事实，更显出他灵魂深处的伤痛。这便是数年前我读冯雪峰的一篇回忆录时几乎落泪的原因。冯讲到鲁迅先生于1936年6月在病前后曾屡次提起中国知识分子问题，'我们谈着，说到鲁迅先生深知四代的知识分子，一代是章太炎先生他们；其次是鲁迅先生自己的一代；第三，是相当于例如瞿秋白等人的一代；最后就是现在如我们似的这类年龄的青年……他当时说：倘要写，关于知识分子我是可以写的……而且我不写，关于前两代恐怕将来也没有人写了'。对这段话，我们是否可以理解为当时鲁迅已经意识到了作者——人物对位的重要，如果不是死亡隔断，鲁迅或许会完成这一工作。也就是说，对国民性批判的延续应是知识者自我批判之上的自我塑造，而要做到这一点又必须以知识者胸襟达到一定的开放度、人格达到一定高度为前提。鲁迅的'将自己都烧在那里面'所深含的文人一致性，不是居于人物外将对象客体化的旁视的职业写作，而是把自己修炼成那样一个人。"这是当时写下的话，而归结于"作家亲证意识的缺乏"的不对位问题探因，则不免简单与现象化。但是正如前所说，这样一个原因也被时代所淡漠着，没有人参与讨论的结局，是早设定好的。虽然后来，"后撤"也被设为一说，于亦小强文章①评述的那样被《新华文摘》《作品与争鸣》转载着，但无人注意到现象包裹的那里面最令我心痛的问题，它同时也带给我困惑。

　　证明是1994年秋我仍未能摆脱它的纠缠。应约《文学世

---

① 亦小强：《众说纷纭话文坛》，《作家报》1995年4月25日。

界》1995年第1期所做的文学对话重拾了这一话题。只是置放在《文学与人的素质》这一题下。田姓作家对答如流，却在这一疑问前跟跄了一下。那同样也是绊了我的石头。录音机正好要翻面，而现在手头也不好找它了。但是有当期杂志可查，白纸黑字，我再次提到"中国文学'人物—作者'对位关系的匮乏"，问题好像更清晰了，"比如我们拿不出俄狄浦斯、奥德修斯到浮士德、堂吉诃德、纳尔齐斯、歌尔德蒙以至卡赞扎基斯的耶稣等代表民族素质的个体人物形象，我们能举出屈原、司马迁、陆游、鲁迅等很多创作者的名字，却较难在文学作品中找到一个代表我们民族人文精神的文学人物形象"。这里，我再次提到鲁迅和冯雪峰回忆中的鲁迅遗愿。"屡被死亡、战乱、运动中断了的这个富含深意的目标，在当代文学中有了它可实现的机会，但是又缺少先生那样人格的伟人……作者—人物对位关系问题仍未解决；而之所以强调这种'对位'，是因为我觉得检验一个民族作家精神素质的最便捷方法，就是看它的文学中知识者的自我形象如何，比如浮士德与歌德的关系"。现代文学的反思引出解释及结论是，"可否这样看，改造国民性与塑造国民性或说是富于个性的民族精神，是一个历史发展的链形过程，后者是前者的递进，是共性建设当中对个性、对人的素质首先是塑造者素质即作家素质的更高强调，这也是鲁迅未竟的事业，而要完成它，是要有如先生一样的勇敢、襟怀和素质的。而当代知识者人格结构并不让人乐观……"

不甚乐观的知识者人格状况在另一个对话中——《现代人文精神的生成》。《上海文学》1995年第3期的这个对话确切时间在1994年春。《读书》在1995年第7期于"文事近录"中摘发总结了那四种人格的异化与剥离，"从传统人格中剥离，以求取当代性；从专制人格中剥离，以适应民主性；从职业人格中剥离，以返回精神性；从殖民人格中剥离，树立主体性"。此种概括仍然有隐于背后结构语言的对位问题，"内在自信力的瓦解"，我是这样看原因的。而所有如上的责怨又都变作了"对位实现"的前提。真的如此吗？疑惑并不因言之凿凿而消失，反而，那太硬的概括或许藏了渐陷流沙的危机。

此后整两年这个问题的尘封或许可为上述想法的例证。1997年9月"中国文学研究的世纪回眸学术研讨会"争论热烈。晚间一闲谈场合，百思不解的百年问题又跳了出来，我提出了人物与作者的不对位性并做了中西文学的对比；靳姓、孟姓理论家认为这是一个很有趣的问题，可以深究，但靳提示我小心比较时的中西立场，当然是善意。在座的还有耿、贺两位批评家，他们默首的样子看不出是反对还是沉思。后来靳提出来去吃酒，应者众，或许他是想打断了那沉闷吧。只是不吃酒的我当时以不应而未领情，其时真是无有对酌的心思。

1998年1月，在一"风铃"咖啡馆与王姓哲学家会晤，商榷成立文史哲读书会事宜，谈着谈着话题不知怎么就转到文学，我有意识地提出人物—作者对位关系问题来向他要哲学背景。"嗯"了一声的他接着说，这的确很有意思，便不再说。四天后遇到，面对仍不舍此问的我，他备了一个钟点的回答，大意是：中国哲学中世界观、价值观、人生观三者是粘连的，一者并不独立于他者存在，一者只是在与他者的关系中才存在。而天命、天理、天道等概念为人生的准则提供某种类法的依据，此种合一而非分离性决定了人之主体的不确立，他（人）是由它（天）定的，合一也好，感应也好，或者是统一，都是在说着人是天所实现意志的物，是天的意志在社会领域里生效而"通过"的形式之一。传统知识分子掰不开这三者，所以无你所说的那种足以与之抗衡的正面的自己。他总结说，你问中国文学中怎么没有代表民族精神的知识分子形象，答案大概是现实中就没有你所说的知识分子的那种人。

这就是我追问的答案吗？一个"无"字。可以找出许多现实中"有"的例子，却无法伪造文学中真的是"无"的证据。然而"无"就真实吗？五年给我以折磨的我满足于这个真实吗？而要我自己的答案，还得回到问题本身。

问　题

那么，纠缠我的是什么问题呢？

"不对位的人与'人'"，也许太概括了些。然而在这篇文章里的意思是窄狭的，特指人物与作者即作品中的人与作家的不对位性，这种不对位，并不是要检讨整体文学与人格的不平衡关系，甚至引出人—文不统一不一致以至相反的悖论命题，如一句话说不清楚的人格悖谬现象及其深层的人格原因。不是的。这个问题远没有这么广延，它只是特指中国文学中一个有些奇怪的现象，即为什么，为什么中国尤其现当代文学作品中没有一个正面的可视为人之楷模、民族精神代表的知识分子形象；为什么绝大多数知识分子形象非但不能称为人格典范却恰如其反，其人格的卑琐程度引人咂舌；而这众多负面人格的知识分子形象所构成的作家也是知识者的自检深度竟构筑不出一个经典人格意义、具有一定高度、人须仰视、提人上升的知识分子形象，何故如此？有意思的是，塑造了那众多人和造成了这一方面的"无"的作家自身也是知识分子，或者说更是知识分子中的一个重要组成部分。

这就是不对位的人与"人"。

　　而知识分子中真就如前人所述无一经典人格的人吗？可以举出鲁迅加以辩驳，但无法辩驳的中国文学中竟真的无如他那样人格形象存在的事实，作品中亦无有与之比肩的人，这也是事实。是写作者自己的修炼不足以与杰出人格构成对位哪怕平衡的解悟而构成的表现的偏错或真空吗，还是这个民族的文人—士—知识分子的传统对说"我"这一点始终噤口呢？还有，鲁迅为什么不写自己而使自己留传于世的名篇中的能流传于世代文学中的不朽形象却是一个体现国民劣根性的精神胜利者——阿Q呢？

检　索

　　打开无论谁编撰的任何一部现当代文学史，面对这个共存的问题，你不觉得奇怪吗？真的就是空白。没有辩护的余地。纵观20世纪中国文学发展史，知识分子题材作品在百年历程中大致可划分为四个明显的时期：第一阶段是五四时期、20年代前后，以鲁迅、郁达夫的一些有关知识分子的短篇为代表；第二阶段是大革命失败后、30年代初，代表作有茅盾《蚀》三部曲（《幻灭》《动摇》《追求》），巴金《灭亡》《新生》，叶圣陶《倪焕之》，丁玲《莎菲女士的日记》，等等；第三阶段是抗战结束后40年代中后期，以钱锺书《围城》、路翎《财主底儿女们》、巴金《寒夜》为代表；第四阶段是"文革"过后80—90年代，代表作有王蒙《活动变人形》、杨绛《洗澡》、张贤亮中篇系列。当然此种划分只是文学史的一种，便于研究作品与时代的关系，而在考察文学中的人物时则会出现多重交叉，比如80年代作品中多有对50年代知识分子形象的心理探讨，依据以上作品时间的划分，则不免出现作品中人物无可放置的尴尬。所以，相对于社会学的讨论，还有一种划分可能更适合本文想说明的问题，即一种人物演变或成长史的划分，是在此我以为依据的，即中国知识分子百年文学形象的检索。或说从文学形象的角度揭示百年知识分子于每一历史时期的"思想史"，并将其精神流脉的发展与其以文字存在的"形象史"做一检视。当然这里暂不涉猎这个含义深广的课题的更深蕴意，而只将它作为下一步有关知识者个人形象与其作者关系讨论的一个基点。

那么，文学中的知识分子形象系统构成如何？影响最大的，大致可分为20世纪初、中、后三时期的三大形象群。20世纪初期的知识分子形象主要是以方鸿渐（钱锺书《围城》）为代表的留洋归来的一代知识分子。20世纪中期知识分子形象是以章永璘（张贤亮《男人的一半是女人》至《习惯死亡》系列）为代表的下放改造的一代知识分子。20世纪末期的知识分子形象是以庄之蝶（贾平凹《废都》）为代表的当代文化人精神概貌与"士"之负面群达到了奇怪契合的一代知识分子。这只是一个框架式的划分，细细梳理的话，仍有一些人物夹杂其间，堪称代表，如20世纪初期知识分子形象倪焕之（叶圣陶同名作品），跨越初、中期两个时代的知识分子倪吾诚（王蒙《活动变人形》），中期偏早一些时候的以姚宓、许彦成（杨绛《洗澡》）为代表的知识群体，20世纪末集聚在格非《欲望的旗帜》里的高校学者（也有着与《废都》文人一般情状的末代症候群），等等。然而，无论是在初、中、末的时代，无论其所受的教育与经历有多大差异，无论作品用以叙述的手段所体现的风格多么不同，他们——这个知识者群，却共有着一个精神特征，甚至共有着一副面容，即同属一个"罪感的群体"；在这个百年的文学形象中，他们也共着时间的百年而走着一个对自身什么东西（当然绝非宗教原罪）的"赎"的过程。无论是以西方文化为知识背景的方鸿渐，俄苏教育培养出的章永璘，还是可谓最纯粹的中国传统文人文化熏陶出的庄之蝶，几乎都无一例外地难逃此运。当然一种现象可以从多重角度去获得解释。然而，最好的角度可能还是现象本身，正如镜像怨得了镜子但也要面对产生了镜中之物（像）的主体。

检索主体，我注意到一个几被忽略的事实：不同时代不同作者作品中反复出现一个情节："洗"。不消说《洗澡》中二部、三部分别以"如匪浣衣"与"沧浪之水清兮"来点题，将"浴客""洗螃蟹似的，掰开肚脐""经常洗"的历程与清洗之后各奔东西的结局写了个透彻，《活动变人形》第五章以近两页的篇幅描述了主人公倪吾诚对洗澡的热衷，在给萍儿、藻儿信中尤不忘言及刷牙、洗澡；"他希望获得确证，可以确认自己是清洁无瑕的"；"无偶有三"的是《绿化树》题记也是引子的对阿·托尔斯泰《苦难的历程》名言引用所泄露出的赞和意味——"在清水里泡三次，在血水里浴三次，在碱水里煮三次"，这也是一种"赎"，但却不是"圣"的动机，而是在圣的表皮下包裹着"畏"的心理；这一点说明了赎之目的并不在于赎回自身，而恰相反，是赎"自己还有自己"，是将自身洗去。如果说作者在写作人物时也许带着某种反讽暗示或者无奈，却也真的无法解释那画像中为何独无对自己此情此景的深切怀疑，多见的两种声音——一是对沉重与苦难的怨愤，一是超越苦难的与民众融合后的快慰与欣悦，而少有甚至不见另一种知识分子，即在任何境遇里都坚持了知识分子心灵、知识分子看事物的思维与意识的知识分子。在被"洗"去了知识分子身份的形象里重捡一颗知识分子的心，并经由此完成对理想意义的知识分子的塑造，对于本就置于现实之上的文学而言，这种要求不是奢侈而是相当朴实。曾经有论者言中国知识者宗教意识的匮乏，也有论者称中国知识者没有形成自立的价值系统良知体系，后者较之从宗教上找原因言可能更有道理。"洗"之赎，我起先认为与洁癖有关，因中国智识者虽无宗教，却重脸面，但读得多了便读出了本质，那洗不同于洗礼，就是词义的洗礼，也并非主动与自愿，然而被动而不愿的事竟也做了，还求做得完美，并在现实检验的文学里也能被那样作为智慧而得轻盈表现，不知各位看客如何，我无法求同。

直觉联想到的是中国有史以来的文学中的读书人，以我阅历不多，记忆中作品里的"士"也好人寥寥（当然史实并非如此），说到正面形象我甚至举不出一个两个。抛弃秦香莲的陈世美，卖杜十娘的李贾，变节的侯方域，等等，却是不胜枚举，他们每每在现世上最弱也地位最低的女子面前露了马脚，让人对读书人失了信心，想以立此存照警示世人，毕竟也是有良知的读书人聊以自慰，却难抵悲从中来，怎么就没有一个堂正而不为势、单就是文学构建起来的好汉的疑问。于此，重述一下同存此问题、"小"人物成群的现当代文学的人物语言与作家自白，对于找到症结也许不无有益。

　　卡片1："……在这本书里，我想写现代中国某一部分社

会、某一类人物。写这类人，我没忘记他们是人类，只是人类，具有无毛两足动物的基本根性。"（《围城·序》钱锺书）

"这个忠厚老实的旧知识分子，在大学念教育系的时候，满脑子都是理想，有不少救人济世的宏愿……他后来……变成了一个胆小怕事、见人低头、懦弱安分、甘受侮辱的小公务员。"（《谈〈寒夜〉》巴金）

"我萌生出了一个念头：我要写一部书。这'一部书'将描写一个出身于资产阶级家庭，甚至曾经有过朦胧的资产阶级人道主义和民主主义思想的青年，经过'苦难的历程'，最终变成了一个马克思主义的信仰者。"（张贤亮）

"我总觉得写故事不像写情感那样坦诚真挚"，"任何伟大辉煌浪漫的事情里都包含着平凡、单调、琐碎乃至其他貌似庸俗的东西"，"对于'反庸俗'的作品和言论，我开始抱一种怀疑和分析的态度了"。（王蒙）

卡片2："他终于以最后一篇文章来结束自己的写作生涯了，即写了一千零二十八字的消息，说庄之蝶因严重失眠导致了写作能力的丧失，目前已正式宣布退出文坛。"（再也写不出什么的庄之蝶）

"……放下了一颗悬在腔子里的心，快活得几乎下泪。

他好像中了状元又被千金小姐打中了绣球，如梦非梦，似醒非醒，一路回家好像是浮着飘着的。"（思想改造检讨通过了的丁宝桂）

"镜子，那是我最讨厌的东西，我不愿见他正如我不愿见我自己……我无法回避他正如我无法回避自己。所以我写了那么多文字。"（几次面镜决定将自己杀死而不断幻听出枪声，《习惯死亡》里作为"我"的躯壳存在的"他"）

"没有人注意他。只有一个声音伴送他回家。那个熟悉的声音不断地喊着'我完了，我完了'。"（在寒夜里没法改变小市民湿冷环境反而让其揉碎的汪文宣）

"你怪我何以和先前太不相同了么？是的，我也还记得我们同到城隍庙拔掉神像的胡子的时候，连日议论些改革中国的方法以至于打起来的时候。但我现在就是这样了，敷敷衍衍，模模糊糊。"（在酒楼上衰瘦颓唐已变得麻木的吕纬甫）

此间人物与作者两个空间里的知识者的关系虽不能简单以对位不对位来衡定，但其间仍有一定的联系，从作者写作里查检不到"立一以知识使命知识尊严的价值为人生最大价值"的初衷或动机，从文学形象里更找寻不到有着以此心态与现实从容对阵的这样一个知识分子的人。当然从社会政治学内部找原因聊备一说，然而此外，知识分子题材在每一时代都绝非主流并后来文学发展史证明了知识者写作集体对知识分子心灵探索的全面回避，而集体性地转入以写外部社会写底层民众的主流文学，此间的放弃，在生活深入与拓展的原因之外，是否也有潜意识里对自我封存的安全性的迷恋与与之相反的进一步自剖的恐惧呢？知识者的价值最终与社会价值的实现相叠合，在叠合中知识的价值不见了，皮之不存，作为此价值的体现主体——知识分子亦融汇在了大众当中，如此，作为现实中知识分子的文学体现者——人物也随之隐身，找不见了。偶遇的还有，大多是反面或是配角，就是这个角色，也再没有了灵魂深处的见血的描写。客串出场未及亮相便又跑进台幕后面，面目也就日渐模糊不清。

　　检索再往前走，也许会揭出我所怕的那个残酷性。史册里的"士"与文学中"士"的形象的差异之大，会生出人文知识分子的早期形态——"士"被文人改写的疑窦，这个现象暂存而不论；回到人物与作者的对位或者更广延些——文学人物与史实人物的对位关系考察上来，《世说新语》《儒林外史》都可作为很好的文本，然而又是一个证据，人与"人"的不对位在这里便不单是历史人与文学人的关系，更确切指的是那种意绪的悖反，调侃与反讽所构筑的人物获得了一种喜剧性的同时，与被压成纸形的某一时代的士的精神全貌有着出入，或做着消解。这种状况也许该从文化中找端倪，整合力的缺乏所呈现出的知识者人像及其精神的碎片状态，是使中国文学史中无有具备民族感召力高度的知识分子完美形象的重要原因。而知识者在知识者写作中的碎片状表现，直到今天，还在影响着当代知识者的被表现。其间的撕扯并不是一两句话能说清的。而中国文学中人与"人"关系所呈现出的失我现象是否就可全面地说文学中没有知识者"我"的这一命题，我想留待文化比较后再做求证。

比　照

较之纵向史的检索，不同文化背景的文学比照也不失为另一系统可供参照。

同样不囿于20世纪这一百年。自古罗马时代形成的知识分子传统及与之相应的知识分子形象谱系可以拿来做另一场证明。事前须声明的是但愿此不被误解为西方中心论之一种，因为参照只是事实的对比并不都牵涉到评判或者价值的高低优劣的系统中去。我只想说明问题，以便求证。这样看去，西方文化历史是一个大概念，关涉知识分子精神生长史的文学作为其间一种表象，便大致分出了两条路线，一是知识者自我的探索之路。作品有列夫·托尔斯泰《复活》《谢尔盖神父》，阿·托尔斯泰《苦难的历程》，车尔尼雪夫斯基《怎么办?》，赫尔曼·黑塞《荒原狼》，米兰·昆德拉《生命中不能承受之轻》等。这是一条经由忏悔、拷问而至自新的路，描绘了社会良知的承担者也是社会中最纤敏群体对历史文化使命乃至灵魂升华的某种自觉实现与创建。另一路线是初识者自我的塑造之路。作品包括但丁《神曲》，歌德《浮士德》，黑塞《席特哈尔达》《纳尔齐斯与歌尔德蒙》，罗曼·罗兰《约翰·克利斯朵夫》，卡赞扎基斯《基督的最后诱惑》等，这是一条经由第一条路而至的大道，是完成了以社会文化为标志的第一使命后的对自我对知识者自我形象的完善与塑造，是一个以立人为目的的大自我的实现。如果说，第一条路代表了"洗"，第二条路则着重于"铸"。前者开掘着知识者心灵的深度，后者造就了知识者之为知识者的超越于一切"现有"的理想的高度。

这就是西方文学提示我们的对其知识分子面貌的认知系统。后者是西方传统异于我们的地方。第二条路的存在，使知识分子形象得到艺术再造的同时，也含蕴了本文所提的命题，作者与人物在这里的对位可表述为诗人"我"即但丁本人，纳尔齐斯与歌尔德蒙是黑塞初分到终合的精神自我，浮士德与歌德不分彼此，卡赞扎基斯与耶稣互为镜像。所以很多作品是可视作作者本人的自传，这种将自我置入其中探讨人在教义、信念择选上最内在苦痛与灵魂承受此痛的战栗的精神内部的"人"而非居于人物体外将之对象客观化为"物"的书写，是把自己修炼成一个居于人物体内与人物重叠的人，这个写作，这个理想，都使当时的写作获得了超越或扩大。数年前看梅洛－庞蒂评价塞尚画时曾有一句当时似不太懂的话——"生命与作品相通，事实在于，有这样的作品便要求这样的生命。……生命是作品的设计，而作品在生命当中由一些先兆信号预告出来。"生命如何能成为作品的设计，文学如何能成为生活的前提，这对于一直视作品为生命的创造物并在此文学理论观念下长大的我来说确曾不可思议，疑惑可能是翻译错了，"设计"也许是"符号"或"印迹"吧。然而，"有这样的作品便要求这样的生命"从另一角度说着文与人对位关系的不容置疑。其与理念相应的文学实绩，让我以为至少这一点它比我们做得好。

求　证

鲁迅先生讲过相近的话——连自己都烧在那里面。而我们的文学理论并不就视作品为生活的被动反映，文、人统一的人文传统也已有几千年。而文学实践上尤其知识者自我形象的塑造上不仅找不到一个能够代表民族伟力知识者精神的"人"，而就是知识分子题材优秀作品里的知识者"人"与作者本人优异的精神境界也相差甚远，可以举出从屈原至鲁迅的史实人物及他们之杰出，然而包括他们本人在内的作品里却找不到一个虚拟的同样杰出的知识分子"人"。鲁迅先生最著名也是在世界上影响最大的篇目——《阿Q正传》塑造的国民性成为旧中国人精神状况的代表，它所代表的是国民（含一部分智识者），它所反映的心态是负面的检索，当然它的不朽还不仅在于众论已做分析了的阿Q之概括力的不朽，更是能够绘出这个面目以引疗治的作者心力与勇毅之不朽；然而那个遗憾也更深了，写此文时，我能看见躺在病床上会谈于冯雪峰的鲁迅。那个未实现的梦，凝结在1936年。

以检索的文学事实看，作品中出现的知识者"我"大多是一客串角色，纵使做了主角，在大的社会学意义上说也只是配角和过客；"我"的命运不是自我的命运，其跌宕起伏只是为了通过"我"来表现时代社会的风云变幻，"我"只是社会的一个通过体，"我"作为肉体与精神的存在在小说里只是作为一种为说明有时是政治有时是经济的他物的工具而存在，这种"失我""无我""我之非我"的实质其实有意无意间抽空了知识者在与社会诸关系的联系性存在之外的、只作为"我"的存在意义。不是有一句一个时期里也颇为时髦的古训——皮之不存，毛将焉附，毛因与皮的互依性（表面上是依赖性）的存在关系，便不再去溯问自己作为毛本身的存在价值吗？这是一个初级水准逻辑都可反来一问的道理。单说20世纪，社会动荡造成的知识分子的精神现状已研讨得相当深入，内部原因近年也多有涉及，比如从道与从势的选择所造成的双重人格，即知识者人格中的某种投机性——当然是"出"与"入"人文传统的文化积淀在性格中形成的对不同环境的应变能力，用来做人与"人"不对位的一个原因也可解释通，本来知识者的内我就分裂而为两个，一种境遇拿出来一个，对称着那顺或是逆，进或是退，有道或是无道，你偏要用一个恒定不变的标准——一个我——去要求他不是缘木求鱼是什么?! 道与策的矛盾是有的，以策、用为主体人格的思想方式占着文学优势地位，而道的遭贬，却并不来自外部，大多正基于本系统的自检，如象牙塔的帽子，不适于现实的乌托邦理想主义，或不问究竟，情绪化地以"轰炸""后殖民""移情"等对理念引进或理论推演的一棍打死，以至与知识者自我相连紧密的职事被一再打断，一种独立、自由的空间一直未及树立，这一点，英国女作家因性别而生"一间自己的屋子"的呼唤，对中国有着狂傲却也不时露出婢女气的知识者或也适用。

于是又要言及文化，虽然对于文化批判讨伐声近来不绝于耳，但这个问题却绕它不过。中国士—文人—知识分子虽不同时代的称谓内涵各个不同，却在其深层文化心理结构里无一例外地受制于中国传统人文文化的影响，这种几乎是与生俱来的先验烙印，已植根于先于智识者的生的存在里，作为智识者必将由智识的通道而接受的，比如先秦至汉至北魏以至唐所形成的对理想人设计的四个庞大的体系——儒、道、墨、释。儒讲社会，人（自我）的价值实现是通过社会价值的实现而实现的，自我价值离开社会价值系统根本找不到位置；道讲自然，自我与自然的关系才是决定有无自我的标志，实际是自我等同于自然的对自我的取缔；墨讲我—你关系，与独立之我较为接近，但前提是必须有"你"的存在做映衬，史家正是看穿了这一点才说儒墨其实不分；释家讲神（佛），人有佛心看似肯定了人，其实是人向神的修行与接近，神在这里并不特指心或精神，恰恰有一物化的偶像对应着小他的自我。由此四文化体系里"自我"成为共同的缺席者，早期文化中自我的不立，使得文化衍生体的其他学科间自我亦不在场，那么从事人文学科以至文学创作的知识群的自我在深层的人之创造意义上亦不会壮大到哪里去，这可不可以作为创作作品中的人物——那个知识分子形象一直未有树立的原因之一呢？再是，士与仕人格与角色之混淆，长期历史间仕对士的叠化，不仅模糊了原理与技术之分，而且也使私人领域与公共领域了无界限，自我经由社会确认其精神存在价值这一点，使得从一开始（且至今亦然）知识者一直被包裹着文化知识载体的创造者与社会政治行为的实践者的双重身份。而社会行为又包裹着知识行为，所以知识者人格占主体地位的仍是社会性而非纯知识性，后者在此文化氛围里还常常被说成是与知识原意相悖的游戏。知识本身的无权性及经由几十世纪都未被知识者建立起来的失意事实，可做文学中无有知识分子独立与完善主角理由的一种解释。说得再明白点，将儒、道两大文化传统各自的内质剥开来，道家对"我"的干脆抹去，儒家三省吾身到了后来愈多带有的自我道具色彩，其实都回避了自审之严酷，自审一关未过，自立则如空中之楼无从搭建，认知这一点的另个例证，可举自审式写知识者人格的作家多为留洋派或受过西学教育（相对讲对儒道传统有一定洗涤）的群体，如鲁迅、钱锺书、王蒙、格非，写《叔叔的故事》的王安忆。然而也只是审，还未言及立，小说中知识分子形象仍是"被动于他的环境的人"，而发现其被动性的作者知识分子则隐身于作品，只作为叙事人出入于人物之间，这个叙事人只是结构——另一种物，不参与命运，他自己也没有个体的命运。"我"依然是儒道以社会伦理层面实现自我的"士隐"文化中的一个"隐士"。这个隐者便是中国文学中作为知识者真正失语了的隐身人。"我"的拒绝出场又进一步强化着知识者传统文化的隐性特征，这怕是"述而不作"的另层含义。理解了此，所谓"内圣""外王"人格的现实榜样似也是另种意义的自我失语者。由此跳回20世纪，便不难解释何以知识分子探索小说在20、30、40年代起伏之后会中断，而一批知识分子作者如丁玲、王统照、郁达夫等转入外向型创作，其笔下的主角也由知识分子变作了非知识领域的农民与市民。个中原因，不可忽略的大概也有如上已化为集体无意识的文化人格。文学在获得了极丰富的表现广度的同时，也影响了本已向成熟期过渡的知识分子心灵探索的文学，这一探索的中断，其损失便不仅局限于文学。

无自体、个性，其价值须由"外""用"兑现的知识分子，于当代文学中更表现为对文学各类运动的热衷，同样可从价值的寄生性来说明，相对于本应有的独立性、个性及独异性而藏于人格内部的集体性、群性与共性是知识者主体隐遁的原因，与之相应的群体文化的复述特征便显出与他者如西方文学个体精神创生的面貌的不同，个人有无隔离于共性时代精神的个体精神生活，一个时代的精神组成内部有无因个人精神创造而获得的个体思想史，这个问题，于当下以共性为特征并商业文化对人改写的复制时代可能会愈加严重。

无我，便有我之反面。如原名树人力导"立人"的鲁迅在彼时也只提供了一个反面之镜。塑造的任务相对于改造，对于彼时的国民性或更关键，杰出如鲁迅者尚也无法越文化而存在，在反叛文化同时仍要带有潜文化的印痕，足见文化的穿透力。塑造基于改造的前提，任重道远，就现代中国的现代化与文学言，80年代黄子平、陈平原、钱理群在《论"二十世纪中国文学"》里仍认为"改造民族的灵魂"这一前提式的世纪主题仍未做完。

分析传统的"隐"文化原因及其对知识者人格烙印般的影响，以及这影响的烙印又投射于知识分子形象无整合的碎片情状，心里不免灰心。真就无以知识者自我出现并主宰我之存在命运并超越于环境之上的"我"吗？也许事情仍有例外，比如，在"检索"一节里留下的那个线索。谈它之前，还有三处相关胶片可做回放。

回放1：郁达夫。破。1922—1924两年以于质夫为主人公的几篇小说，可见作者的影子,《茫茫夜》《怀乡病者》《空虚》《秋柳》中的同一主人公于质夫多疑、灰颓、敏感、苦闷。这里，郁以大胆地写人性绘出了当时青年知识者的反叛性，暗色的心理自剖使那个封存于文化虚伪性后的自我得到了释放，但也正因这一点，那个放出的自我带着极端强烈的反叛色彩，这个自我必须依存于这一与文化的对峙关系而存在，"我"的存在仍是一种与他在共在的非独立性存在。由是分析，这个自我肯定走不远，果然，《二诗人》便换了笔，虽写文人圈，却不再写实，而有了变形的意思，这由为仆的马得烈在为主的诗人何马患痔疾的屁股上敲几下的细节可看出变化，这篇小说是郁氏唯一一篇讽喻喜剧作品，对象仍是知识者，却已对象化，不再是"我"。1928年的这部小说也是其转折期最后一篇写知识分子的小说，其后体验转入观察，自省移位于描述，转向大众后的郁氏的如下代表作《春风沉醉的晚上》《薄奠》《她是一个弱女子》写入文学正史，却再无讲述知识者心理的作品问世。前期郁达夫的写作及其作品中与"人"对位的"我"之探索，其价值在于一个反抗叛逆为内涵的"破"字。郁以对文化传统之破来传达自我的企图，仍说明他的自我有离不开传统做对立面而不具精神本体创生的寄生性质。80年代张贤亮、90年代贾平凹均有与此接近的思想，其精神根源可与卢梭《忏悔录》做比照这一点也暴露出"我"的依赖与寄生内涵。

回放2：阿城。守。80年代中叶，《棋王》《孩子王》问世。棋呆子王一生、孩子王老杆儿均是下放知青，是"文革"那一特殊时代的知识分子形态；一个对下棋迷恋到了痴的地步，"衣食是本……可囿于其中，终于还不太像人"，可见王一生是视棋作真人生的；老杆儿"我"以教书为业，却不教课本，只教识字，"教就教有用的"实施终被时务隔断，以致被开除下放到生产队劳动，然而他从学生王福一字字手抄的字典上看出了自己教给别人也是自己的做人理想，"脑袋在肩上，文章靠自己"的歌词已然越出作文本身跃入在困厄中如何做好一个知识分子的使命领域。二位主人公都维护了这个，以一个最普通也是最底层的知识者，由此，他们自身获得了对那一时代的超越，所以活在那个岁月里相对于蹉跎之感他们在人生的极限点还保有也创造着尊严。这是几年前文章里未认识到的，当时只看了表象而未能深读，直到最近因某种心情重温《棋王》电影，看到一人与九人对垒的场面，"瘦瘦的肩挑着宽大的衣服"这样的句式重又跳进眼帘，"王一生孤身一人坐在大屋子中央……那生命像聚在一头乱发中，久久不散，又慢慢弥散开来，灼得人脸热"。这已不只是文化论者从中发现的周易阴阳或道禅之境所能包含的了。然而，阿城亦如他的主人公，仍是守的，是相对于环境的守，相对于文化之变的守，那个体力量的在哪怕一角落里也要与整个外界轰然行进着的"文化革命"做一对峙的静笃守一，仍然是以某一强大物为棋局的对方的，他写到了个人性，但作者本人却拿来了文化中的道、禅为自己力量的背景，所以对阵模糊成了两种文化的冲突，而其间的个人力量及知识分子性却被消解淡化掉了。

回放3：鲁迅。无。鲁迅被认为最具代表性的作品虽不是写智识者的，但1918年4月至1925年10月间写下的小说仍有着自己这一阶层的影子，它们是《狂人日记》《孔乙己》《一件小事》《白光》《在酒楼上》《长明灯》《高老夫子》《孤独者》《伤逝》。现代文学研究者习惯用如上《呐喊》与《彷徨》中的篇什来做知识分子题材及当时代心灵史的研究范本，然而我觉得真正作为人的鲁迅并不在此间。所以那里面的"我"只是一个观察者、目击者，他看过了吕纬甫、魏连殳，也看过了涓生，顶着"我"的他只是他们运命中的过客。日本学者竹内好对鲁迅的一句话我是同意的，"鲁迅是不愿在作品中讲述自己的人，他是在作品之外谈自己的"，[①]鲁迅不在他的作品之中，我以为准确讲应将作品换为"小说"妥切些，竹内接着讲"他当然不是在作品中讲述自己以外的事情。不过，他所描写的自己可以说是过去的自己，而不是现在的自己。现在的他，在许多场合下，就在离作品不远的地方。他不是用作品来清洗自己，而是像脱掉衣服那样把作品舍弃。而要说是什么原因，我想起

---

① ［日］竹内好著，李心峰译：《鲁迅》，浙江文艺出版社1986年版，第26页。

了各种各样好像很有道理的解释，但对我来说，这实在是个疑问"①。是啊，鲁迅脱掉了什么，在各式样的可能性里，他做到了似乎是全然地对"有"的舍弃，像那旷野里举起投枪的战士，越过各式样的旗帜、主义、学者或其他更多的什么礼冠，"他举起了投枪"这样一个不变的句式所深藏鲁迅自我的秘密，从以下自述中或可揭示一些，《呐喊》自序中言"我"："只是我自己的寂寞是不可不驱除的，因为这于我太痛苦。我于是用了种种法，来麻醉自己的灵魂，使我沉入于国民中，使我回到古代去，后来也亲历或旁观过几样更寂寞更悲哀的事，都为我所不愿追怀，甘心使他们和我的脑一同消灭在泥土里的……"②《三闲集》中他讲："但是，试再一检我的书目，那些东西的内容也实在穷乏的可以。最致命的，是：创作既因为我缺少伟大的才能，至今没有做过一部长篇……"③让人觉得相对于外部的作品的世界，由小说形式构筑的世界言，他最用力的恰不在此，所以依此去找他的自我不啻是一条歧途，《呐喊》《彷徨》是"他人"（也许是曾过去的某一阶段的他），却不是永在生长的他自

---

① ［日］竹内好著，李心峰译：《鲁迅》，浙江文艺出版社1986年版，第28页。

② 鲁迅：《呐喊·自序》，《鲁迅全集》第1卷，人民文学出版社1957年版，第6页。

③ 鲁迅：《三闲集·鲁迅译著书目》，《鲁迅杂文全集》，河南人民出版社1995年版，第373页。

己满意的他，正如《呐喊》，陈思和"他尽管特立独行，仍没有把自己的创作游离于时代的共名之外"的提法，[①]我是同意的。而一向被列入散文只着重于其形式研究的《野草》才代表着他的精神自我，他本人。理由与文本中"我"的出现平行并重，从题词到最末一篇，"我"为主体，事件故事情节意义均为断片残简，留白的是物，镂刻的是"我"，这在鲁迅著作中可谓唯一，只是"我"之形态仍是碎片状的，如那野草，单篇构不成形象，集聚而又形象复合，辨不清晰，这其实就是鲁迅本人；如竹内君的结论"很显然，这是没有被创造出来的'超人'的遗骸"。鲁迅是本人大于作品的作家，也是一生都要和所谓的当是时的知识阶段划开界限的作家，《一件小事》《关于知识阶级——十月二十五日在上海劳动大学演讲》我以为不足概括他精神的全部走向，那只是他在一定时代精神下对一部分知识者所言，这位个性得很且从不遮掩自己的人想要走的是一条更其艰难的路，但终极绝不单是特殊境遇里与民众的叠一结合，他的"任个人而排众数"里似存此意。其精神路线既不是传统人文经典人格所提供的范本，也不是如上别人走过并仍在走的

---

① 陈思和：《共名与无名——百年中国文学发展管窥》，《上海文学》1996年
第10期。

道路中的一条，那么，他要走的路是什么呢？没人知道，在他自己，也是说要在没人的地方走路，走多了便成为路的梦想其实也是关于社会的，那么，他自己呢？写于1924年的《影的告别》也许可拿来做一个答案："有我不乐意的在天堂里，我不愿去；有我不乐意的在地狱里，我不愿去；有我所不乐意的在你们将来的黄金世界里，我不愿去。……我不愿住。……我不愿意！……我不如彷徨于无地。"这是一种告别，面对哪怕落入黑暗与虚空的威胁，与愿意与否间的选择，他答案明确。这也许就是鲁迅的"无"。是一种对历史上所有知识者的存在方式存在作用的解构，他心中另有的知识分子那有关立人之梦是通过他自己这样一个人的存在而实现的。不同于有对立面不免于依存与寄生的"破"与"守"，这样的"无"因对一切"有"的穿过而更其独立、纯粹、自由。而"独立与自由"之于知识分子的原则，以鲁迅个人性的实践弥补了五四时期提出的之于社会的"科学"与"民主"的口号的精神性的不足。

前　路

前路如何？如果你来问我，得到的只会是不知的沉默，轰然而过的列车驶过了，然而那个隧道仍然深不可测着。致使写下此题时，仍会有那"检讨"的一问遥遥而来，纤细然却逼人，再问是没有退路的。理性之年有关学理研究与社会使命的焦虑忧患的矛盾在不同形式地分化统一着，而关于文学的，也许那答案与前路一样，藏在一个前提后，有待于知识分子构建自我知识谱系的完成，或知识分子话语系统的真正确立。

一切还得从"无"开始。像早年读到一本小说的结局：

> 有几个死掉的自己埋在记忆里，立碑志墓，偶一凭吊。……有几个自己，仿佛是路毙的，不去收拾，让它们烂掉化掉，给鸟兽吃掉……①

像那首诗：

> 从我，是进入悲惨之城的道路；
>
> 从我，是进入永恒的痛苦的道路；
>
> 从我，是走进永劫的人群的道路。②

---

① 钱锺书：《围城》，小说主人公方鸿渐的心理独白，人民文学出版社 1991 年版，第 343 页。

② ［意］但丁：《神曲·地狱篇》第三歌"可畏的铭文和黑色的江河"，参见《神曲·地狱篇》，朱维基译，上海译文出版社 1987 年版，第 19 页。

选择了"我"的知识分子仍要面临不同的选择，一生于选择也是舍弃中存放生命的"我"到了最终，可能会有一个创生的形象。这已为无数生命所证明。然而文学，仍在固执地要一个答案，关于人与文，作者与人物，也许问题该这么提，像那托意"刚健不挠，抱朴守真，不取媚于群"理想的诗样论文：

> 今索诸中国，为精神界战士者安在？有作至诚之声，致吾人于善美刚健者乎？有作温煦之声，援吾人出于荒寒者乎？①

1998年1月9日—14日

---

① 鲁迅：《坟·摩罗诗力说》，《鲁迅全集》第1卷，人民文学出版社1957年版，第234页。附注，这一发问在1907年，距今已有九十一年。

澡雪春秋

何向阳

早我出生十年出版的李长之先生的《孔子的故事》在而立之年读到，竟不能释手，已经是第三遍读它了，这部有着钢蓝底暗淡的封面上站着从儿时记事起就熟悉不过的形象，那个老人已经有两千五百四十八岁了，却仍是那样矍铄俊彦、清朗澄洁，他站在那里，脸上永远带着世人无法表述而又是对世事了然于心的参悟的微笑，那种兼有正直坦荡之质与凛然威严之气的神貌，即使在兵荒马乱的中原地带行走流浪的那些昼夜兼程的十四年里也没有丝毫的改变。

占了这本不足七万字的"小"册子中心篇幅的，是孔子由鲁出走后的在中原诸侯列国的辗转，齐景公的八十名美女、一百二十匹骏马停在曲阜南门外，鲁定公与季桓子的目光便越过了三年前夹谷之会为鲁国赢得三个城池的孔子，而变得模糊起来，孔子并没有等来祭天的祭肉，而在子路催促下上了路，走到鲁国南境屯时，等到的也只是一个送行的师己，而他的到来也仅是为了探探孔子去国的口风罢了。有谁想到了这就是那个遥遥的十四年羁旅的开头呢？催促老师出国的子路想到了吗？受到冷淡的孔子想到了吗？命运倒出的这样一个线头，它的终点又结在哪里，那一同在黄昏时走出国境的有着缓缓影子与清瘦身躯的一行读书人，会想得到这场自我放逐的结局吗？

孔子终于出走。他无法忍受的就决不营苟。无论历史如何记述那个孤单的开始，孔子还是做出了他的选择，无论这选择是在怎样一个被动的境遇里发生的，无论他是否知觉到这选择背后即是对自己的选定进一步的全心意的承诺，对那个知觉到又未详知的将来，对天命所要他接着做的，总之，他上了路。这一年，是公元前497年，这一年孔子五十五岁。此后，是在卫国受到的监视，过匡城的被拘留，晋国边界上的天不济，复回到卫国后的三年滞留，过宋国时遭到的迫害，在陈蔡的绝粮，不辞劳苦行至楚国边缘却逢楚昭王病故，负函的等待成为泡影，返卫而后归鲁，生命里的十四年光阴是由车碾上的尘土做成的。我手上现有的两幅《孔子访问列国诸侯示意图》(见于齐鲁书社1985年3月版的《孔子评传》，匡亚明著，花山文艺出版社1988年12月版的《孔子传》，曹尧德、杨佐仁著)，从两幅图上，可以想见只有马、牛和木碾车时代里的那样一种辗转：鲁之曲阜，过大野泽，经郓城到卫之帝丘；至匡折回帝丘到曹之陶丘；经定陶到宋之商丘；向西经睢县到郑之新郑；向东南到陈之淮阳；折向西南到蔡之上蔡；南下至负函（今信阳市）；匡氏书中的图这一处已是孔子行迹的最南端，曹、杨的示意图将孔子的行迹向南延展到郢，在汉水以南。回走的路线是由重线标示的，由负函或郢直接到卫，由卫东行至鲁，南下的折线与北上的直线标志着不同的心境，那种向上穿越中原的气魄有一种归心似箭的味道，"归欤！归欤！"的急切语气里当然有天命不遂人愿的不甘。

展卷看个人的行走变得如此具有魅力——原来不曾发现，以至我将匡氏书前那幅较为详尽的图复印了放在书桌的玻璃板下，渐渐地，鲁—卫—曹—宋—郑—陈—蔡等国国名，变得不再遥远，而那途经的自远古时就闻名的几大水系——济水、颍水、淮水或者还有汉水，以及流淌其间的睢水、沙水、汝水都变得清晰起来，仿佛它们是一条自东向西横亘中原的河流，可以看见它在阳光下反射出的黄金碎片样的波光粼粼。实际上，孔子不曾到过比负函更南的地方，比如曹、杨两人绘出的当时作为楚国国都的郢，那应是汉水流域，现在的湖北境内，《史记》上说到的负函即现在淮水流域的信阳市应是当时孔子足迹的极限了。俯身望着这些中原地名，这些一个五十五岁的老人一步步跋涉到六十九岁的地方，那些折线与直线的来去，心里是曾暗下决心沿着它走上一走的。地点都集中在山东、河南境内，现在又有着大大方便于古时的交通，作为一个生长于中原的后人，没有理由对两千多年前的那次中原的流浪采取漠视旁观的；而且我想，如果走的话，也应该是走的最朴素的方式，用脚丈量，太想知道的是那个藏在一个个地名后的思想秘密了。在春秋那样一个大动荡的时代里，一个人走在诸侯争权、国家裂变、人心游移、一切都不稳定的路上，一个人面对着一个冰上火中的世界——尤其中原小国常常旦存夕逝的世界——那个领着一群弟子在此间到处闯荡寻找出路——不是为自己而是为时代——已然超出了他自己所说的"知天命"年限的人，他想要以那行走寓言的究竟是什么呢？这个谜，或许只有亲身走一走那路才可解开啊。

让我真正看重长之先生这部加了"后记"方满一百一十面书的——现在哪一部儒学传记不是洋洋数十万言，而当时这部小册子才花四角钱即可购到——是它正文前附着的一些墨拓和手绘，图7至图10表现的四个情景，几可视作孔子一生性格的缩写。一幅选于明墨拓孔子世家图，讲孔子和弟子们在宋国树下讲学，宋国司马桓魋叫人来砍树。图右侧三人砍树，中心位置坐着孔子，安然地给恭立于前的弟子们讲课，那神情好像什么事也不曾发生。《史记·孔子世家》中孔子的那句话就是这时说的，面对弟子"可以速矣"，即让其快一点逃离的劝解，孔子脱口而出："天生德于予，桓魋其如予何！"一幅是明崇祯刊圣迹图，内容是孔子在陈国到楚国路上被乱兵包围住，粮食也吃光了，可还照常给弟子们讲学。关于这幅图所描绘的事件，下面我还要涉及。图9仍选自明墨拓孔子世家图，记孔子在楚国的边界上经过，有个好像疯疯癫癫的人，到孔子车子前面唱歌，不赞成孔子各处奔走。《史记》记载的这个楚狂人是出现在长沮、桀溺和荷蓧丈人之后的，孔子答前两者尚有"天下有道，丘不与易也"的自辩与"隐者也"的不予理会，而对这个歌人，他下了车，想与之交谈，那人却趋而去，只留了背影给孔子。图上孔子尚立于车上，抚栏而听，更细部的表情看不分明。图10是明崇祯刊圣迹图，述孔子和弟子们编写《春秋》、整理诗歌和音乐。这已然是归鲁以后的晚年生涯了。图中的孔子正面居于黄金分割位置，前方是一案几，弟子们立侍周围，奇异的是孔子头戴一顶官帽，年纪似乎比流浪时还要小上一些，那副肃然沉着的表情有些不似在途中形象的亲近平易。讲学、行旅与著书构成孔子一生，所以那概括也相当容易做，那结论好像也是现代至今一切知识分子所做和正做的。多多少少，单从这点来看，每个选择了如此生活的知识者身上都打着一些当初孔子的影子。然而深想那行走的目的时，会有一种眩晕，一种目的与初衷相叠的感觉，纠缠不清的是那离开的缓慢却果决，如果没有子路的催促呢？他最终也要离开的，他离开不是因美女与良马而引起的智不如声色犬马的一时委屈，"道不同不相为谋"，这才是他远远走开的原因。他无法忍受的不是这样一个国君，而是自己的祖国竟掌握在这样一个国君手里的事实，他感到窒息。而他精心维护的仁又无法使其采取兵变的形式——虽然他在以后也曾遭遇过这样的机会，但他实际上拒绝叛乱这种方式，他一生都在拒绝着这种方式，是为了为一个时代建立一种稳定的秩序他才不倦奔走的。实际上与其说他是在期待着一个发现他治国才干的明君，不如说他以行走的方式远离着任何当时行盛于世的不义，这层隐衷使那场延宕了十四年的旅行有了一种放弃的色彩，他所积极寻找的和他所一定抛弃的相互纠结，直到三年居停去陈的那份感慨——"归欤！归欤！吾党之小子狂简，进取，不忘其初。"其初又是什么呢？有种警醒在里。十四年的明君之梦，终于被归鲁后的学问生涯代替，也许真正的经世治用不是面向一国一城的，一种秩序的实现恰是覆盖一个时代的。这可能就是楚昭王之死给孔子的绝望中的惊悟，也是他急于要回国却又不为仕的缘由。十四年的行走给出的结论竟如此急骤，有《论语·为政》为证："或谓孔子曰：'子奚不为政?'子曰:'《书》云:"孝乎惟孝,友于兄弟,施于有政。"是亦为政,奚其为为政?'"这句话正讲在他由卫返鲁的时候。

是啊。"其初"是什么? 先是不愿与一个国君为伍,离开一个具体的地方,再是不愿与一切国君为伍,离开一个现实无法实施的念想。从起初到终论,其间隔着十四年的路程。孔子坚执的仍是他起初坚执的。路途的蹉跎坎坷并未磨去这一点,反而更成就了它。正是将"有为"看成是在更大范围与更长时间里发生作用的事,孔子才在晚年选择了文化,这与"其初"他的进取——教育相一致。孔子曾在路上问子贡:"你以为我是因为多学而认识到这一切的吗?"子贡反问难道说先生不是吗? 孔子否定于此,那答案是"予一以贯之"。由是,反观那场颠沛,便已积有一种甘洌在内,有志向在里,也有疑窦在里。

所以他将那一个问题反复地提于弟子面前。

"诗云:'匪兕匪虎,率彼旷野。'吾道非邪? 吾何为于此?"——古时诗歌上说,又不是犀牛,又不是老虎,徘徊在旷野,是什么因由? 是我们讲的道理不对吗? 不然,我们怎么会困在这里呢?

他问子路,得到的回答是:怕是我们的仁德不够? 人们才不相信我们;怕是我们的智慧不够? 人们才不实行我们的主张吧。他对这个回答的回答是，如果有仁德就会使人相信，为什么伯夷、叔齐会饿死呢？如果有智慧就能行得通，为什么比干的心会被人剜掉呢？

他复问子贡，子贡答道：先生的理想定得太高，所以天下不能容先生。先生能不能把理想降低一些？他对这个回答的回答是，一个好农夫耕种不一定有好收成，一个好工匠做好活不一定正赶上需要，一个想有作为的人有他自己的主张并将它有条理地发表出来不一定人家就接受。你不追求你的正道而只计较别人是否接受，没有远大的志向啊。

他将同一个问题提于颜回。得到的回答是：先生的理想定得高，所以不相容于社会，但先生一直身体力行推行理想的实现，不能相容又有什么关系？不能相容，才可考验出有德人的涵养。拿不出好主张，是我们的可耻，有了好主张而没有人实现，是当权者的可耻。对这样一个答案，他是欣然而笑的。于是那即兴的幽默感——为将来多财了的颜回管账——使其回到了他一贯的乐观。

"吾道非邪？吾何为于此？"那反复提给弟子而只要一个答案的问题，是不是也是想向自己求个结论呢？孔子内心是那样的寂寞，不是求而不得不见容于世的落寞，而是同道之中知者寥寥的寂苦。是啊，不是老虎，不是犀牛，徘徊旷野，所为何由?! 孔子是那样的自疑，并只从自疑中确认自信，他问这个问那个，也同时问自己，难道有什么错了吗？在哪里？陈蔡之厄发生于从宛丘到负函一段的路上，楚使人聘孔子而孔子也要前往拜礼的路上，吴、楚交战，陈、蔡怕楚任用孔子而危及两国，便发兵将此一行围于郊野。几天的绝粮正如上述明崇祯刊圣迹图中刻画的——孔子讲诵弦歌不衰。这一年，史书上记是公元前489年。然而，俯读《孔子访问列国诸侯示意图》，这样的地点又在哪里呢？颍水无言，汝水无言。

那时并不知已有人间歇走过了这样的路途。在不远的十年前，1987年夏到1989年春，一个老年人为写《孔子》，在其写作前后，六次从异国跑到中国访问山东、河南，并沿孔子被逐出鲁后和子路、子贡、颜回等弟子的十四年流浪之路走一遍。一个八十岁的老人这样做是为什么呢？仅只是写作的需要或吸引，他在序中说自己晚至七十岁才读让之倾倒的《论语》，而成全了旅途之乐的只是那不足两万字的断章片语“深深打动我们这些即将对人生进行总清算的老人的心”——只是这样一个简单的动机。

一个身材修长的人缓缓地走在前头。

这是这部由蒍姜做叙述人的小说讲到的孔子的第一次出场。日本作家井上靖写道：整个山丘覆盖着沙子，连一棵树也不长，但山丘与山丘之间，点缀着稀稀拉拉的柳树……一个身材修长的人缓缓地走在前头——多少年来，这个人何尝不一直这么走在前头。在井上靖为写这位老人而奔波于中原路途上时，我相信，他也一直这么翩然着走在作家的前头。于是那座毗邻蔡国的陈国边境的村庄也渐渐地摇近了。"我们仰面躺下，发现头顶上伸展着巨大的桐树枝柯，浅紫色的花朵缀满枝头，在我们这些流亡者看来，显得那么怪诞虚幻又富丽艳美……太阳已经坠落，余晖还在四周荡漾返照……孔子端坐在桐树底下……正用指甲弹拨乐器，琴声悠扬动听。"再没有见过以这样唯美的文笔写陈蔡之厄的文字了。打断了老师的弦歌的，是子路。这就是《史记·孔子世家》中那节著名的记述了，子路几乎是半愠怒地走到孔子面前发问的——牢骚与怨气都已不可遏止——"君子亦有穷乎？"——这无疑是对孔子一向的"仁""信"之教的挑战。孔子是这么回答他的弟子的，他一定是停下了手中的琴，但目光却留在那几根静寂而不发出声响的弦上，他缓缓地说出了使几千年儒学讨论遍生歧义也是儒家立身修德的话："君子固穷，小人穷斯滥矣。"

　　惯于按剑的子路没有话说，子贡、颜回没有话说。这句话，仿佛概括了他们行走的意义。古籍出版社1958年版《论语译注》中杨伯峻的译文是，君子虽然穷，还是坚持着；若是小人，一到这时候便无所不为了。是君子就不为任何事所动，危难困厄时也不紊乱，能够自己约束自己，坚持自己。这句缓缓脱口而又斩钉截铁的话，使随行的人陷入了沉默。远处围兵的嘈杂，是谁将它放在心上了呢？琴弦止处，连桐花落地的声音都可以听到啊。你以为我只是多学而知道这一点的吗？面对子贡的色变于"难道不是吗"的反问，孔子说，不，我有一种基本观念去贯穿了它。

予一以贯之。

　　正是有这种贯穿自己的节操，才使得他在那个动乱、分化的春秋时代里变得孤独，也才使他在那个年代里尚以一己之躯保存着他血缘里认定的古殷的标准。"吾从周"，誓言般地宣谕了他的不入潮流。虽然经历了十四年的迁徙流浪他才亲证了那个初衷，那个进取的界定。然而失望代替了犹疑，自信又代替了绝望，建立在一以贯之的信念下的从容将那个不是从一时政治出发而必从代代相传理智出发的历史文化秩序确立的初衷磨砺得更加坚定了。这个立场的找回，是在困厄与寂寥中完成的，不知不觉间，叠过的时光舒展开来，一条河似的开敞在他面前。"逝者如斯"的感念里已经包含了立于川上的人获得的俯瞰襟怀。所以，没有圣人，圣人是后人封的，只有在一个时代里做自己天命所赋之事的人。他自觉地意识到那责任，便不再推诿，"知其不可而为之"，并在为世人所蔑笑的境遇中，做了他要做的事。对这一点，他再清醒不过。所编《春秋》最后，有着这样的自识：后世知丘者以《春秋》，而罪丘者亦以《春秋》。

李长之早在1946年——正好是他写《孔子的故事》的十年前，写过一部《司马迁之人格与风格》的书。我读到的是1984年三联版，是这几年我从图书馆里借出率最高的书，多张借阅卡片上不同时期写着同一个名字。李写司马迁在性格上与孔子的契合，独到地发现儒家的真精神是反功利。其中也无一例外地引用了厄于陈蔡的孔子三问，道之不修，是应该苛责于己的，道已大修而不用，则不必责己。"不容，然后见君子！"这句紧扣孔子性格精髓的话，李给出了这样的翻译，"救世是一个最大的诱惑，稍一放松，就容易不择手段，而理论化，而原谅自己了。孔子偏不妥协，偏不受诱惑，他不让他的人格有任何可袭击的污点。司马迁最能体会孔子这伟大的悲剧性格"。反功利，确如李氏所说，对于一个有救世热肠的人更为难得，因为在一个裂变急遽、格局未定的大变革时代，机会太多，一方是寻找，一方是拒斥，孔子失去了许多机会，如楚昭王的死；同时他也主动抛却了许多机遇，如闻赵简子杀贤者便决然放弃入晋，还有公山不狃的诱惑，哪怕他有"为东周"的念想，他还是不能与不道相苟合。所以只是放弃，放弃，离开一个地方，再到一个地方去，直到他走到中原的边界明白了他所找的天国不在地上。那么，归欤，归欤。他的归路走得那么干脆，不抱任何不实的期望，不在任何地点做他以前有所待时的逗留。这就是孔子，这位自知时日无多而归心似箭，一心想往回国以著书而传承"仁""信"精神的人。那方立定的书案就这样诞生于十四年的车辚马啸之后。这就是同样于战争年代颠沛于西南边陲的李长之先生所生出的叠印生命式的有关君子正义的感慨吧——所谓有德，所谓闳览博物，所谓笃行，所谓深中隐厚，所谓内廉行修。

仁远乎哉？我欲仁，斯仁至矣。

中国历史上第一个为孔子写传的司马迁在他的破例将世家

这一称谓与体例给了孔子的《孔子世家》里，将那十四年的颠沛写得极为简约，是"已而去鲁，斥乎齐，逐乎宋、卫，困于陈蔡之间，于是反鲁"。写他的归鲁也是一笔带过——"孔子之去鲁凡十四岁而反乎鲁。"知天命年后，流浪中原寻找济世的土壤，耳顺年后，由中原归鲁将阐发济世的精神，于是，书传、礼记自孔氏，雅颂各得其所，礼乐自此可得而述，以备王道，成六艺。还有《春秋》。"吾道不行矣，吾何以自见于后世哉？"这句自问是可看作他作《春秋》的动因的，只是为了行道于后世，这番苦志，正如对先生"莫知我夫"的喟叹。子贡有一问："何为其莫知子也？"孔子答："不怨天，不尤人，下学而上达，知我者其天乎！"这部集孔子苦心孤诣的书在它于历史上发挥更大价值之前，确实起到以绳当世的作用，《世家》中记：春秋之义行，则天下乱臣贼子惧焉。这就是那个未说出口的"其初"吗？他用他的遗著为一个乱世提供了它还不能全然理解的"仁""信"，对于那个时代而言，这种思想如此超前，以至颜回会说"夫子之道至大，故天下莫能容"，然而"见容"与否就是一种"道"之是非优劣的标准吗？那转折的语气里含着一种否定的坚定，以至誓言般地重复两次——"不容何病，不容然后见君子"！

其实整个春秋的思想界好像就是有一个无形的天平。一方是乱世，一方是孔子，一个人置身于一个大时代的背景下，这种机会并不是每个人都能遭遇和把握它。孔子入周问礼并在临别时得到一段话的那位他所敬慕的老子不想做这天平，他留下一部天书样的《道德经》便骑青牛西去了。1996年12月，还是初冬时节，我站在几经重修的函谷关那烈风拥怀的隘口，看一点点下沉的夕阳染红了遍山的蒿草，苍茫的暮色渐渐合拢，在喉的却不料是那种与时地均不相宜的哽塞，我想说什么呢？为什么在那个山上眺望，我最怀念的却是孔子，最想知道的只是两位老人在入世与出世间做出相异选择的动机呢？如果真有天平的话，孔子是首先放头颅上去的一个。

那么，怎样让那世界平衡，什么又是这架天平的准星？司马迁让那放逐的事件淡出之后，却不放过那于事件中凸显的人格，由此对话与自白占着不惜笔墨的篇幅。《史记·孔子世家》写孔子三十岁，只一事件，是齐景公之问政——秦国小处辟，其霸何也？孔子对曰："秦，国虽小，其志大；处虽辟，行中正。身举五羖，爵之大夫，起累绁之中……"后人对孔子议政之事多喜引孔子另次回答景公问的"君君，臣臣，父父，子子"一节而重视他要在乱世建立秩序的一面，却独冷落了上述答问里的"中正"二字。司马迁不愧是孔子的最知心人，他写出了那个纵有治国理想但却以中正为基的人的精神，这是一个哪怕最普通的读书人区分于一个优良政客的关键一点。而鲁昭公二十年时，孔子正处于三十岁年轻气盛的而立之年。血气方刚的孔子没有因辅佐或救世而遗漏这个前提，年轻的他尚不知道中年之后他将为之付出的一切，包括黄河南岸异国国土上心身俱焦的落寞苦寂颠沛流离。对于中正，司马迁当然不是一笔带过，对于那奇异一生描述最后，一声独白越过事件，横空出世——"不降其志，不辱其身，伯夷、叔齐乎！""柳下惠、少连，降志辱身矣。""虞仲、夷逸隐居放言，身中清，废中权。我则异于是，无可无不可。"《论语·微子》这一段似更全一些。讲到柳、少的言中伦与行中虑，《史记》中没有确切说孔子讲这句话时在多少年，但从上下文推，应是鲁哀公十四年与十六年间，这时的孔子有七十岁或七十一岁。七十岁的孔子依然不忘自己的定位——无可无不可的中道，大有为己盖棺论定之意，令人肃然。这话是说在老年的，在此之前，已经有了那场流亡的铺垫。

这是汉代的司马迁为那天平找到的准星。理解了这一层，中正二字，用先人传下的汉文字写下来，有以往不曾发现的好看，所以那事件也迎刃而解了。中原流浪之时，孔子不被卫国所用，便西行欲见赵简子，他带了一行弟子行至黄河，听说赵简子杀了窦鸣犊、舜华两位贤大夫的消息。于是有了那声"临河而叹"，望着黄河水的眼里闪过的警觉是在那为此事的悲恸哀婉之后吗？一阵乌云卷过来，变成他眼中的荫翳，那话一定是含泪说下的——"美哉水，洋洋乎！丘之不济此，命也夫！"一旁立侍的子路走上前问先生为什么不渡河，说这些话又是什么意思呢？孔子为他的感慨下的注是：……丘闻之也，刳胎杀夭则麒麟不至其郊；竭泽涸渔则蛟龙不合阴阳，覆巢破卵则凤凰不翔。何则？君子讳伤其类也。夫鸟兽之于不义也尚知辟之，而况乎丘哉！这句话与其说是说与子路不如说是说给自己，那经了河水放大的金声玉振之声，再度剖白了一心有为的孔子是有所不为的。他的救世必以义为前提，这一点已然无法更改，所以他放弃了渡河到晋国去的念头，而在这决然的放弃里又有着对天命若此的失意无奈。水流淌得是那样的美，尽收眼底的江山打动着这个一心要建立功业的人，但是彼岸却不可去，那个无道的人在中人以下，不可与君子语。想想看，这番话，是说在过匡时面对匡人之拘弟子之急"天之未丧斯文也，匡人其如予何！"和过宋时面对桓魋的拔树弟子的催促"天生德于予，桓魋其如予何！"的雄志大略后面的。孔子决不趋利忘义的反功利态度，使得春秋时代那么多的以见用为目的的谋士都变得黯然失色了。霸业成就了又如何？孔子自有他不同于世的标准。由此，孔子严格地将他活动的区域限定在黄河之南。以一条河为界，他以不渡完善着"义"的前提。

里仁为美。择不处仁，焉得知？

遗憾的是已经无法考证孔子是站在黄河的哪一段说那些话的了，地图上也没有标示。从卫国出来西行渡黄入晋的话，又是哪一段呢？桑田沧海，黄河已几经改道，如今的地图上已不可能查出那个地点了。心里隐约地有那水脉的影子划过。我知道它不在我去过的风陵渡、太阳渡，也不在陕晋边界的那一段唯一南流隔河即可望见壁立山峦上人家的渡口，这些渡口我都曾跑过，包括去年在去函谷关路上从车窗玻璃可望见的黄河，它在我们的视线里足足流淌了两个小时，整个行程里阳光在上面反射出的光芒灼痛着我。是啊，孔子言天不济他渡河的地点奇异地从版图上消失了，还是现代人的笔画它不出，人们已不惯于或还没有力量承受他于洋洋水边讲下的话？

"太山坏乎！梁柱摧乎！哲人萎乎！"是孔子留给这个一再伤害他的世界的最后的话了，他负杖倚门，歌叹而涕下。"天下无道久矣，莫能宗予"的不甘一生都在咬噬着他，然而他宁愿受这咬噬，也不愿放弃那个"义"，别人只看到了他因志不得的伤感，却有谁看得见他为此付出的疼痛。他是宁愿牺牲了一己——哪怕已满腹治国之经纶，也要成全"仁""义"大道的人。

这样的人，在那个根本无法与之比肩的时代，他的生命怎么可能不是一场悲剧？

人能弘道，非道弘人。

对于这一点，孔子何尝不意识得到。世上确实需要他这一种人，然而世人却不需要，不义的现实与求仁的理想间的分裂之苦当然写入了《春秋》,《史记·孔子世家》有一句，"鲁终不能用孔子，孔子亦不求仕"，当执射还是执御之论都成往事时，孔子终在案几之上找到了他的位置，正是因了这一点的共鸣吧，《春秋》才那样为司马迁所喜欢，以至成为他的写作理想，成了他著《史记》的精要，那份史的责任、那份对史实当中人之人格的看重不能不说来源于孔子的影响。说得远了。实际上，世人不是不需要孔子，孔子殁后次年，鲁国便开始了大规模的祭奠活动，只不过世人需要的是他最不重要的一部分，是他的礼，他的秩序之说，他的稳定，这恰是孔子的衣袂部分，然而，谁人说过"中正不苟"才是他的骨头?! 后世将之比为圣人，供着他或者把他批倒，借着他说着自己的话，然而，谁人如他起初与最后料到了天命不济的命运后不惮于自身被湮没的命运而成全大义，"不义而富且贵，于我如浮云"的布衣之节已不单是一种竹简上的理论。

君子之于天下也，无适也，无莫也，义与之比。

在春秋时代的文字中泅渡，我常常惊异于那个时代的读书人文与人的惊人的叠印，他们的知与行达到了后世须仰视才见的境界，那种叠合，那种相吻，其间简直不留一丝缝隙，他们以身为文的一生简直是给后人看那段历史提供了一种浪漫主义的神话角度，你却知道，它是绝对的真实。怎么可能？怎么可以？进化至此的今人带着某种不信然而又愧然惶然复欣然的心态看着这一切的发生、完成、延展。那时的理论与人是那样不可思议又必然地合一，他就是他的思想，他的理论就是他本人，这可能就是孔子于不幸中的幸，那是一个真正的大时代，出了大的理论，出了巨人，春秋，这个汉词，吟诵起来有一种音乐的调子，是什么，赋予了这个战乱已经开始不义行盛于当世的时代以灵动的乐感的呢？是孔子这样一些后人称之为儒的人吧。对于浊世，他们没有逃开钻到山林里去，而是以清洁之水不断地洗涤它，他们专注于此的样子像是对待自己裸露的身体。生逢乱世，那是真正的澡雪。孔子正是这样的一个人。

所以，对于后世阐释的已成典范的孔子，我习惯于抱着一份敬重的怀疑。孟子表白"愿学孔子",且将圣人的信念充实为"穷则独善其身,达则兼济天下"的积极理想;司马迁《史记》更是随处征引孔子之言,并专列《孔子世家》而记史明志,那段太史公自述的话让人读之动容:"虽不能至,然心向往之。余读孔氏书,想见其为人。适鲁,观仲尼庙堂车服礼器,诸生以习礼其家,祇回留之不能去云。天下君王至于贤人众矣,当时则荣,没则已焉。孔子布衣,传十余世,学者宗之。自天子王侯,中国言《六艺》者折中于夫子,可谓至圣矣!"《朱子语类》中说孔子已干脆用圣人指代:"圣人贤于尧舜处,却在于收拾累代圣人之典章礼乐制度义理以垂于世"(卷三六),而卷九三中朱熹直接感叹:"天不生仲尼,万古如长夜。"

近代如五四运动先驱李大钊在其《自然的伦理观与孔子》里仍用了三个"确足"来表述自己对这个文化圣人的态度,他说,"孔子于其生存时代之社会,确足为其社会之中枢,确足为其时代之圣哲,其说亦确足以代表其社会时代之道德",在此文中,他还进一步表明了对传统反思的立场是"余之掊击孔子,非掊击孔子之本身,乃掊击孔子为历代君主所雕塑之偶像权威也;非掊击孔子,乃掊击专制政治之灵魂也"。1917年2月4日的《甲寅》月刊自有那段文化事件的历史性,然而李文此语却经起了时间的恒久考验。如此,两千年内,孔子与圣人两个语词可以互换，二者也是互义的。只是那时活着的孔子并不是一个人所推崇的成功者。相反，他是一个于当时代而言的失败者。像堂吉诃德一样，奔走一圈，仍回原地，在路上与风车作战，格格不入于那个时代，却一定要为那个时代提出一种秩序，提供一种理性，一种结构，一种为仁的道义。

因为这个，所以苦找到了他。在他追寻仁的一生里，苦也附体于他，挥之难去。

君子无终食之间违仁，造次必于是，颠沛必于是。

所以他们所说的孔子都是孔子，却必得合起来才是。真正的孔子是所有孔学论者笔下的孔子之和，颜渊的话是后来才品出味道的，有幸与孔子生在一个时代并作为孔子最满意的弟子之一，这位在陋巷亦不改其志的人，喟然叹曰："仰之弥高，钻之弥坚。瞻之在前，忽焉在后。夫子循循然善诱人，博我以文，约我以礼，欲罢不能。既竭吾才，如有所立卓尔。虽欲从之，未由也已。"连颜回都如是这般，又怎能苛责其他人没有写出孔子的全貌呢。然而，1995年末写下的一篇文章却不能不使我心有所动。李洁非的《说"苟"》一文初发在哪里已经记不得了，那里面讲到的"苟"与"恶"的区分却迫入神经，他讲到苟与不苟在古代是一桩关系人格的大事。可惜他引用到的《荀子·不苟》一文我一直没有找到。他接着说他对"苟"与"恶"比较的观点："依我之见，在一定条件下，'苟'的行为和心理对社会的败坏，是更为内在和不可救药的。就像某些疾病一样，'苟'对社会健康的侵害，不是突然地从表面爆发出来，而是悄悄潜伏在机体内部，销蚀其活力，使其萎靡不振，终至无痛而死。"他说了古贤忧苟甚于防恶的态度后，引用了一段《论语》上的话：道之以政，齐之以刑，民免而无耻。这是《为政》中的一节，孔子紧接着说的是：道之以德，齐之以礼，有耻有格。足见耻的教育、不苟之约即便一时不能普及于社稷却也直接通向着正直勇毅的个体。这种认识于次年1月产生了《心中的夫子》，李氏眼中的孔子是一个远远走在时代前头的"永恒的失败者"，像俄底修斯（奥德修斯）那样屡遭困厄，但终身不曾更改志向，并从这一种特别的失败中感受到那存在的价值——"一个真正而纯粹的思想者的独立性和敢于坚持其立场的使命感"——李文称这个是夫子留给中国知识者的最宝贵的财富。

读古史，时常念及春秋时代的人大多都透着一种洒脱，一种来去由己的自由，现在知道那自由源于对一己责职的认定，源于对一己立场的自知，这种责职自知的基础就是"不苟"。

凡事都有界限，大事更其如此。小时读书竟不太懂得古时之人为什么说着说着意见不合了就割席而坐，现在懂了他们的标准。在孔子心目中，济世是一个大理想，但比这理想更重要的是节的不能违犯。那时，相统一的不光是人与文，理想的内涵与实现理想的手段也是如此叠合在一起！

君子义以为质，礼以行之，孙以出之，信以成之。君子哉！

1996年深秋，11月，在曲阜我拜谒了与孔子有关的三个圣地——他出生的地方，他安眠的地方，后人祭奠他的地方，三处相距不远。而在那个秋雨湿襟的漫步过程中，有一些当时不易觉察的心惊。那个结庐三年复又三年的子贡庐，那个躲过了焚书季节藏有完好典籍的鲁壁，那棵大成门内石壁东侧的孔子手植桧仍然活着，青苍葱茏，就是明人钟羽正诗中"冰霜剥落操尤坚，雷电凭陵节不改"的那棵树，那个刻有"大成至圣文宣王"的墓碑，走在一个人的生与死间，有一种不甚真实的感觉，你很难认定那人已经不在人间。洙水与泗水，又到哪里去找？惜手头不见崔述的《洙泗考信录》，然而孔子，你怎么就能做到？不光人、文、手段和目的，甚至连生死都不让它有距离。孔子！

在那样一个经了数世修葺扩建堪与故宫媲美的大院子里行走，令人缱绻不去的却是静默不言的杏坛。《庄子·渔父》中载这是孔子"弦歌鼓琴"给弟子讲学的地方，在它面前静默地站立，首先想到的是初中课本中念过的一段，那个孔子让弟子各述其志的故事。回来后，我在《论语·先进》中查到了它的全文，子路、曾皙、冉有、公西华侍坐，各述其志，子路的"千乘之国"、冉有的"礼乐之邦"、公西华的"宗庙之事"均未能打动提问的先生，唯有专注鼓瑟最后发言的曾点得夫子的喟然一叹——"吾与点也!"那让孔子如此动心的志向是什么呢?

——"暮春者，春服既成，冠者五六人，童子六七人，浴乎沂，风乎舞雩，咏而归。"

这才是孔子真心向往的啊。他是那样喜爱音乐，与齐太师语乐闻韶音三月不知肉味，向师襄子学琴竟投入得废寝忘食;也许身居困厄之中能够面对世界的只有一张琴了，也许能够记录述而不作的孔子一生心事与灵魂的也只有一张琴了。他一生弦歌，无论讲学生涯、流亡生涯还是著作生涯，直到生命成为断弦为止。

暮春咏归。从指缝间长出来的是什么样的音乐呢? 什么样的音乐才能配得上这样一种怡然与清爽?

那内心的终点!

想一想都让人心疼。

那幅访问列国也是中原流浪的地图没有指示这样的路线。这个世界所能给他的，是一个又一个的困境。孔子一生充满了突围的壮烈与自知的艰苦。然而他是多么希望能有那样一个境界，那个对战乱的春秋而言如梦般神话的世界，如果没有，他是怎样地想受尽辛苦而去创造它出来。

实在是应该马上就背了行李踏着他走过的路一步步走。井上靖走过了它，不足十五万字的《孔子》被称为"从时间的缝隙中窥见历史皱襞里的一个人的足迹"，对应那人波澜壮阔的生涯的，还有比亲身沿着他的道路走更好的方式吗？较晚接触到的李冯的《孔子》截出这一段中原的行程，用了孔子诸弟子交叠叙述的手法，这部以曾参梦境为楔子发表于1996年第4期《花城》的小说，读来也像是一个梦境，置身其中，那灵魂收集者也是先师承继者曾给他的兄长们讲述的只是一个旅行者的故事，一个对行走、迷失还有放逐痴迷的人群的故事——作者用了一种"后《论语》"的语调加重着对这一行旅事件的记忆，众人的多重叙事，使小说有一种和声的效果——只是这个故事，发生在春秋，孔子与他第一批弟子，是这故事的主人公。与史述不同的是，他们多少都带有些超乎常人的疯狂和对这疯狂的坚定，他们这群人，不倦地走在路上，在那幅天命早已定好的地图上行走。行走，已经不问目的。正如小说中言：

> 那时候，我们与时代有关的浓烈欲望与狭隘的目的都消失了，我们追逐的不再是国王、权力、荣耀，也不是虚无……我们最后给世人留下的，是一次完美、纯粹的旅行。它已不再是一次普通的旅行，已不再简单地附属于我们个人。我们只需要最后完成它，而不需要再与它相互追逐……

我愿从我的意义上去理解它。

然而更远的路上，更苍茫的薄雾中，那个弯腰掬水擦洗马车准备明日启程的人，他今夜的梦里一定已经有着明天的朝霞。

鲁迅先生在1935年底——也即是距他去世半年前出版的《故事新编》里，没有为孔子着一笔墨，在这部奇书里，他写了老子（《出关》）、墨子（《非攻》）、庄子（《起死》），写了作为中华民族文化源头的道与侠（《铸剑》），还有上古时期造人、补天等神话《补天》《奔月》等，一共八篇文字——不仅在中国文人文化里就是在鲁迅本人的写作里也是独立而诡异的——却独独隔过了儒，隔过了正统文化所依于的那个含先生本人所受教育的结构了几世代文人文化的孔子，作为以别样形式写下的《中国小说史略》——我也一直这么将《故事新编》当它的另一理论的文化简易版本读的，然而这一点的发现，曾使我深深地困惑着。是当时文化语境中的反孔与反封建的意义大于对那传统的总结，是先生本人置身其间已遍尝了那文化变异后的吃人实质而感到的每每攫心似的压抑，还是血脉里的那种东西的纠缠与矛盾，那种挥之难去已凝成血块的东西更无可换算为文字的形式？总之，先生对儒的态度达到了嗤斥与不屑的地步，酸儒与腐儒频频被其捉住，不放过的也有底子虚浮的隐士，以至在其笔下，1934年的《且介亭杂文》里干脆以《儒术》为题一并称之，在《且介亭杂文二集·隐士》里也对一味高蹈却无补于世的一群极尽讽刺，直到《二集》中的《在现代中国的孔夫子》讲到孔夫子长期以来被当作一块砖头，其圣人意义早已变质。所以后儒时代的无论登仕与退隐，无论进、退，在鲁迅眼里，均是"啖饭之道"。从1934年5月至1935年5月这一年的文字看，鲁迅似乎在想对自己的思想做一个清理，儒之传统当然是在他理性之外的，是他常常的长矛所指。这个清理，正如同年编就的《故事新编》似的，后者可看作鲁迅对自己长期来所置身的一种文化的清理，这本小册子，八篇小说，竟前后写了十三年，从1922年的《不周山》(《补天》)，1926年的《眉间尺》(《铸剑》)，到1935年年底赶写似的出手的四篇——竟占全书二分之一篇幅，说明什么呢？查一查那写作年代总会有些很有意思的发现。这可能正是我近年来不自知地迷恋于一种在学问里可能还尚无定位的个人版本学的原因。

所以这里我们不妨看一看《故事新编》的八篇小说和文字后面注明的各自的完成时间：

《补天》《奔月》：1922年、1926年作；

《铸剑》《非攻》：1926年、1934年作；

《理水》《采薇》：1935年11月、12月作；

《出关》《起死》：均于1935年12月作。

从中能否厘清鲁迅的一种思路？刚开始写作时，他并无一定的文化意图，尤其在对文化的清理与检索方面，这在书的序言里，可看得出来，进入30年代后，尤其是他写杂文最多的1934年、1935年，许是看惯了太多的文化的看不惯，而自觉感到了一种回溯的必要，才一口气似的写下了《理水》至《起死》四篇吧。当然里面肯定带着时评划过的印痕。那种一贯的调笑与冷峻已经不善于埋得太深。这就是先生序中"不免时有油滑之处"的自嘲吗？风格我真的不想再论，只那两句让我不能放下——"直到一九二六年的秋天，一个人住在厦门的石屋里，对着大海，翻着古书……"另一句是开篇，"这一本很小的集子，从开手写起到编成，经过的日子却可以算得很长久了：足足有十三年"。鲁迅序言亦写于1935年12月26日，与其几近同时，确切说四天后的30日，《且介亭杂文》编成、写序。把两部书放在一个时段看，可见鲁迅这一年对自己对文化的同步清理，他要捉住造成了他的《且介亭杂文》所指对象的历史，尽管早有准备，从1922年已经开始，然而自觉地探源却仍是这一年，也只有这一点，才可解释他于两个月时间便写下了四篇小说，这个速度超过了一向谨为文学的鲁迅，况且同时他还写有大量的杂文。如果不是一种探寻的激情，一种要把灵魂的那些微渺胚芽赶在它们成果之前做一检索，哪怕重坠它出世前的黑暗，为获取而再做一次深重的沉浸，也是不可推诿的。然而，那序言还是简约到极点，只写书的成因，而避开主旨，只在结尾处写，"……不过并没有将古人写得更死，却也许暂时还有存在的余地罢"。只谈书写至编成的过程，从《补天》到《起死》的十三年——甚至对这起止点两标题的寓意也没有透露一丁点，只一语带过"四近无生人气，心里空空洞洞"的1926年秋时的心境，只提《补天》(《不周山》)、《奔月》、《眉间尺》(《铸剑》)，其余绝口不提。

然而，吸引我的是那样一种选择，在那样一种固定的时段里。八篇的新编"故事"真只是为了填补凭海空洞的心境吗？这不像鲁迅做的事，先生在楚歌四起的当时也不可能有这样的余闲。那么，问题来了。先生写下这样的文字是想揭出与预示什么呢？什么促使他一手抓握匕首似的杂文去完成时代的批判使命——那是一个现代意义的知识分子必须得完成的，一手又牢牢地不放松史的镢头，或为剖地基或为盖高楼？而在这样的意图下，什么样的事可以称之为"故"，什么又称之为"新"呢？先生是太想为之做个结论了，尽管他知道，结论其实不可能有。所以用"新编"这样的方式，那太过曲意的企图已经不能找到一个更好的表述渠道，对于自身已是其间一部分、已是一己身上的零件而言的文化，任何样的检索都不能够将之放在外面，放在对象的位置加以观照，所以没有理论，他放弃了理性论述的形式，如那《中国小说史略》所做的，他没有去写一部类近中国文化精神史略的文著，而只将自己对它的理解放在了这八篇里面。不知这样的选择，先生想没想到他也给现代文学史家留下了一个难解的谜，所以大多数治这一段学问的人是避开它不谈的，或只是在风格上打转转。那是一个较博尔赫斯还要深不可测的迷宫啊，那个书写者的灵魂里有着太多亡魂的回声与纠缠。

但是，新编的故事存在着。它不因别人的嗫口而丢掉意蕴，褪失颜色。

从无意到自觉，《故事新编》写了中国文化的四大渊源，《补天》《奔月》两篇是神话，《铸剑》《非攻》两篇为墨侠，这四篇还属无意阶段，可以看作鲁迅气质中本有的东西，他的如《朝花夕拾》中谈《山海经》等的文字，与他《野草》中的文字作为佐证，再好不过地说明了先生人格结构中的这一部分，他的民间性，他的近墨，他的浪漫和认真。其余四篇，从写作时间看，则自觉成分较大，理性掺入其间，《理水》《采薇》两篇，我以为写的是"儒"，《出关》《起死》则明显在写"道"，只是写"道"两篇写的是老庄之道，由它的代表直接出来发言，写"儒"的文字却一概发生于儒之前，在一个儒前时代，或前儒时代里，他们能否代表儒，或说正是以此方式成就对原儒的追回亦未可知，总之一切又都带上了某种传说的色彩，这种斑驳，好像又正代表着先生心中对其一贯的矛盾心态。

孔子没有出现，他隐身于文化里面，正像不写他的作者在他的序言中的另种隐身。这个留白值得注意。它使得舞台上有限的聚光灯打在《理水》《采薇》人物所占据的亮点上。

《理水》说的是大禹治水的故事。开篇的一片汪洋，宛若1996年美国电影《未来水世界》里的情境，怪不得后者让人看时觉着眼熟。文化山上的学者们吃着奇肱国飞车空投的粮食，热切而无聊地做着"禹是一条虫"的考据学，小说的写法也是奇，禹到第三节（小说共四节）才出场，这时全篇已进行有二分之一。挥开了卫兵左右交叉的戈的，是那面目黧黑的大汉，真是精彩！更精彩的是他一步跨到席上，并不屈膝而坐，"却伸开两脚，把大脚底对着官员们，又不穿袜子，满脚底都是栗子一般的老茧"。面对着已经旷日持久的"湮"还是"导"的争议，作者写道，"禹一声也不响"，最后是，"禹微微一笑"；而支撑着他这自信的，是与坐而论道胖得流油汗的官员们绝不同的、站着的那"一排黑瘦的乞丐似的东西"，他们"不动，不言，不笑，像铁铸一样"。鲧的儿子大脚的禹与口舌发达的文化山上的学者们的区分，大约就是鲁迅心中真儒与伪儒的边界，在务实与蹈虚之间，济世与玩学问尚清谈之间，先生的边界坚硬到连那功成后的事迹也不放过，结尾禹进京后不重吃喝，做祭祀和法事却阔绰地影射了孔子的"礼"。体制化政府化后的禹后之儒可能正因为这个表面的皮才渐渐丢掉了它起初的，丢失了它的济世责任与百姓意识，而这真可能是儒走向了学（形式）而不是济（实践）的根源也未可知。而那起初，正是先生要恢复的吗？

《采薇》映入眼帘的是秋阳夕照的"两部白胡子"。养老堂台阶上并坐的两位老人是辽西孤竹君的两位世子，均让位而逃，又路遇，便一同来到西伯的养老院，本来他们是可以颐养天年的。可是他们偏不，不是不愿，而是不能，因为心里有一些标准不能放下，武王伐纣的大军面前便多了两个拦道的人——这当然为其最后赴首阳山之途做了铺垫。然而为那绝食做引子的却是作者行文中尽写的"烙好十张饼的工夫"，"烙好三百五十二张大饼的工夫"以至"烙好一百零三四张饼的工夫"的机智，而"不再吃周家的大饼"却是对史书上"不食周粟"的现代翻译；在"让"与"伐"间比较，两位贤人做了他们的孝、仁要他们做的选择，而且这个"出走"是他们人生里的第二次选择，一次是不做王，这次是不做他们认为不义的王下的臣民，这亦无可厚非，没有任何人强迫他们这么做，只是他们身受的教育驱动他们必须这么做。而这么做时，他们都已是不能自食其力的老者了。以"两部白胡子"向整个社会宣战，以心内的王道向现实的王道宣战，正如拦在讨伐大军前面的垂垂老人一样的情境，使人读了感到滑稽又心酸。鲁迅的目光却越过于此，他不舍追问的是"不食"形式下的价值的有无。义是什么？是正义之义，还是理念书本上的抽象道义，他要问个究竟，这个究竟就是会伤了这两位老人他也还要追问下去。伯夷、叔齐终于饿死。正如《理水》最后对回京后讲了排场的大禹颇有讥讽一样，《采薇》结尾借了各界的议论也使得首阳山的故事笼罩上颇多疑处。从中可见出儒之道德源头的回溯里先生情、理中的矛盾。

这可能正是他不让孔子在故事中出现的原因。《理水》《采薇》两面谈儒，各有褒贬。禹代表着前儒积极入世的方面，是"有所为"，"为"的所指是百姓，所以它背后是有百姓支撑的；伯夷、叔齐则是前儒"有所不为"的一方面，"不为"的所指是自身，所以百姓只把他们当圣人看个稀罕，而不怎么站在它那一边。然而我觉得，有为与无为，后来，都已与王道无涉，只不过一个是"行义"，一个是"守节"，"行"是积极的儒，"守"也未尝不是儒道的另一种积极，有种决绝的意味，为了一种自我坚信的念想去守，从而不惜将生命放上去这一点，在一个物质与实惠至上的功利权衡一切的时代里，就不失其照人的光彩。那没让他走上前台的孔子曾说："不得中行而与之，必也狂狷乎！狂者进取，狷者有所不为也。"先生不写孔子，却写与"中行"不一的两个极端，禹的狂与伯夷、叔齐之狷，难道在寓意着这个吗？然而，那天真里也许真的纠缠有太多的矛盾，以致会以讹传讹，弄得形式总是大于内涵。鲁迅正是担心着这一点，才不惜在任何人事上都放上批判。不仅前儒这两篇，整部《故事新编》都是，标题的起始到最后，"补天"的决心与"起死"的绝望纠缠着他，从那诡异的行文里我们可以感受到他一人所受的双向同时的拉力——这种拉力与他心灵的承受硬度成正比，甚至还可以看见在厦门对着海的一个窗口里面那张怨怒、哀伤到憔悴的脸。1997年1月在北京阜成门鲁迅纪念馆那空寂无人的展厅里，隔着玻璃，我再次看到了先生在厦门面海的山上照下的照片，在"全集"的扉页曾不止一次见过，不解的是为什么一身素衣的他依靠并手扶在一块墓碑上面，与坟合影的墓外的他凝视着，如今我明白了他。

避开孔子，避开尧舜，他选择了禹做儒之道德源头，足见鲁迅心中的儒是近墨的，有侠气，重实践，而这正是国人精神中所乏的。包括《采薇》，也是和《史记·伯夷列传》——司马迁将之作为列传第一——不同的，尽管他承认那是小说的文本来源。备受文化纠缠的先生也是这样实践的，他在1934年9月25日——注意这个时间正是写《且介亭杂文》与《故事新编》的中段——写下的《中国人失掉自信力了么》公开表明着这一点，那些文段是曾当学生时朗诵过的——"我们自古以来，就有埋头苦干的人，有拼命硬干的人，有为民请命的人，有舍身求法的人……虽是等于为帝王将相作家谱的所谓'正史'，也往往掩不住他们的光耀，这是中国的脊梁"。由此推断，先生将之作为他本人小说创作的终篇，就有着些许如《春秋》般的绝笔意味。

士不可以不弘毅，任重而道远。

仁以为己任，不亦重乎？

死而后已，不亦远乎？

《理水》《采薇》就史说，都属前孔子时代，在春秋以前，作为儒之道德源头，作为道统，各有经不住考证的疑问，何况在鲁迅眼中，根基都是动摇的，然而有一点可以肯定，或者根本不需儒之称号，是——有所为，有所不为，这个界限在心，而不在礼，或者理。

所以，在这个意义上，守节也是一种行义。所谓"道不同不相为谋"，所谓"君子谋道不谋食"，所谓"天下有道则见，无道则隐"，所谓"达则兼济天下，穷则独善其身"，所谓"圣达节，次守节，下失节"，从《论语》至《孟子》到《左传》，总有一个自衡的标准。念及太史公将伯夷、叔齐之事写入列传，且置于列传第一篇，也是有其用意的，更打动我的倒不只是"不食"的史实，而是一向吝墨的史家所发的史外随感，面对"积仁洁行如此而饿死"的善人与"暴戾恣睢""操行不轨"而"竟以寿终"的盗跖，太史公不禁发出"余甚惑焉"的天道是非的质问。在这样一座山上漫步，心境是无法轻快的，轰然于耳边的是司马迁文中对孔子的一句引文：

岁寒，然后知松柏之后凋也。

何晏对它的集解可以背下来："大寒之岁，众木皆死，然后松柏少凋伤；平岁众木亦有不死者，故须岁寒然后别之。喻凡人处治世，亦能自修整，与君子同，在浊世然后知君子之正不苟容也。"这已是超出了一人一事的议论。对照此后的为儒而儒，将儒作为一件衣服去谋求"饭之道"的伪儒（其中当然不乏读书人）而言，上古时代的两位固执的老人对周食说"不"的精神，也许在抽象意义上大于着它的史实意义。正是这个，赢得孔子"不降其志，不辱其身，伯夷叔齐与！"的喟然一叹，引来孟子"伯夷，目不视恶色，耳不听恶声。非其君，不事；非其民，不使。治则进，乱则退……故闻伯夷之风者，顽夫廉，懦夫有立志"并"伯夷，圣之清者也"的议论。毕竟有激烈的壮怀在里，有不负青云之志的决绝在里。因了这个，身居中原，投向西北的目光里，总是含着后来者的敬意。

作为生于孔子同时代、少孔子九岁的孔子大弟子子路，以耿直、勇毅见称。《史记·仲尼弟子列传》中称他"好勇力，志伉直"。就是这个有些莽莽撞撞的人，一直跟在孔子身边，并成了他的一面镜子。公山不狃之乱，使人召孔子，孔子竟有些动摇而为"周"的念想"欲往"之时，是子路不高兴地阻止了老师，《史记·孔子世家》里只有一句，是"子路不说，止孔子"。孔子有一些政治抱负的辩白，然而"卒不行"。居停在卫，灵公夫人南子要见孔子，孔子辞谢不得的情况下不得已而见一事也让子路很不高兴，一面是帷中夫人环佩玉声，一面是孔子的北面稽首。《史记·孔子世家》上又一句，"子路不说（悦）"。弄得孔子赶忙辩解"予所否者，天厌之！天厌之！"足见子路是喜怒俱形于色的人，他不会为了某种虚饰的尊敬而掩盖真情，尤其不会为某种表面的"礼"去代替他学的也是心目中自有的对"义"的那一份看重。

因为"直"，所以陈蔡之厄时，面对仍然弦歌不止的孔子，他有些耐不住，走上前半愠怒地问："君子亦有穷乎？"而在得到孔子"君子固穷，小人穷斯滥矣"的肃然一答后，他便没有话说。先生的凛然大义与其好勇气质有着默然的共识，所以他要到了他自己没有说出的话。正是子路自己当年催促着还惦记着鲁国祭肉的老师赶紧出发离开的，所以在一些事情上，他似乎做得比孔子还要果决和彻底，从而成了孔子的一面镜子。这可能正是孔子如此喜爱和信任他的原因吧。"道不行，乘桴浮于海，从我者，其由与？"孔子是认定子路是跟从他走到底的最后一人的。

长期以来，我一直不解，怎么一个好勇之人，与读书人——儒的形象气质真是相差甚远，却独独得到孔子如此大的信任，从气质上言，无论如何，子路都有些近墨侠，不仅在他成为孔子弟子前的行为与打扮，就是当了弟子后，仍然是剑不离手，动不动就拧着脖子与别人做一番争执，眼里揉不得沙子也罢了，好像有时不免小题大做，让人觉着不怎么讲理。比如，对于孔子的治国首先必得言顺之理，他就一下子敢于顶上，说："子之迂也！"弄得孔子失态大叫："野哉，由也！"比如，子路使门人为臣之事，孔子病重，他就赶紧张罗着安排后事，使得孔子喟叹不止，"久矣哉，由之行诈也！"直说到自己毋宁死于二三子之手，不大葬，死于道路，等等。可见子路已冒失得可以，恼人得很，然而可爱。

刚、毅、木、讷近仁。

正是由于这种性格，子路才会在一些大是大非面前挺身而出。而正是深知弟子的为人，孔子才会对他的命运结局有不祥的预感——如《史记》中记载所言"若由也，不得死其然"。

古歌里唱，命里的苦要来，谁能躲得开呢？子路根本没有想到要躲，天生的那保全自己的本能在他那里似乎全不存在。他要进城去，可是城门已经关了，况且赶着出了城门的子羔惶惶然地将一切都告知于他，好心地劝他快逃，然而他不肯，趁着使者入城的空，进了城。不知远在百里外的孔子能否看见他硬朗的背影，反正对这一切的发生，孔子是早有预料的，听说卫国出了事，这位已逾古稀之年的人只说一句——"柴（子羔）也其来，由（子路）死矣。"果然，那城门在子路的背后再也没有对他打开。

"方孔悝作乱，子路在外，闻之而驰往。遇子羔出卫城门，谓子路曰：'出公去矣，而门已闭，子可还矣，毋空受其祸。'子路曰：'食其食者不避其难。'子羔卒去。有使者入城，城门开，子路随而入。造蒉聩，蒉聩与孔悝登台。子路曰：'君焉用孔悝？请得而杀之。'蒉聩弗听。于是子路欲燔台，蒉聩惧，乃下石乞、壶黡攻子路，击断子路之缨。子路曰：'君子死而冠不免。'遂结缨而死。"这是《史记·仲尼弟子列传》中的记载。同一篇文字，还记载了孔子的两句话，一句说于子路殉节事先，是"嗟乎，由死矣！"大意同上。一句是事后的慨叹："自吾得由，恶言不闻于耳。"意指有子路侍卫，侮慢之人不敢有恶言。

　　结缨而见杀，并被卫兵剁成了肉酱，子路死得好惨，然也死得其所。这个未出先生所料的结局倒使我想到了子路生前与孔子的几番答问。子路问鬼神，孔子答，未知生，焉知死；子路问尚勇，孔子答，君子义以为上。在这一问一答里，在提问者的问题里，是不是已经藏下了子路对自己命运的预感呢？那让他倍感困惑的死与义促使了他去用身体力行的方式找到了他自己的答案。

　　如今，子路墓仍然在古时卫国的土地上站着，像那结缨而死的君子，保持着它尊严的姿势。1997年6月，我突然想到孔子痛失他后的心情，由是推断孔子内心也是尚勇的，虽则在子路生前他话里话外地一直对好勇做着善意的批判，可是，子路作为孔子唯一一个儒的行动派血气方刚地实践了对于"义"的诺言，他不侥幸于自己的不在场，而非要"驰往"，他不在意子羔的劝告，非要进入已经关了的城门，他不在乎卫兵的长戈，非要结好象征君子尊严的缨冠。在这一连串放不进利弊得失之权衡空隙的事件里，一切都发展得那么本能与自然。站在子路墓前，有两句话是无法不想起的，"食其食而不避其难"，这句话说在进城之前，是对子羔的，另一句是，"君子死而冠不免"，这句话是说在与卫兵血刃时的，是说给自己的。

　　孔子听到消息后是让人把家中的酱都倒掉了，他心里苦倒不能看见。

子路就这样准确用生命证实了老师对他的看法。而且，无意间，透露了儒之尚勇的一面。

可以托六尺之孤，可以寄百里之命，

临大节而不可夺也：君子人与？君子人也。

古史大概正在这一点，让人每每披衣挑灯，感泪纵横，夜不能寐。

13世纪南宋的文天祥可谓少有所成。二十岁初试便中了状元，并得理宗之赞——此天之祥，乃宋之瑞也。本来按照事情的正常发展，文天祥会延展着儒士——一个读书人的仕的道路走下去的，可他偏偏生在一个国家危难、边境日瘦、虽偏安临安亦不保的南宋时代；生在这个时代也罢了，那么多读书人或潜入学理不问政治，或偷安一时觊觎于仕，或隐居求志对朝廷的更迭做消极而清高的不屑而置之，那样中世纪的中国历史上会多一个鸿儒，而少一个先烈；可文天祥不是，他偏偏不走上述道路的一条，不走也就罢了，他偏偏投入得很，对于大节大义，他无法做到旁视罔闻。

整整十五年，文天祥在出仕与罢官间相反复，做了无数个大大小小不同职位等级的官，而那名称也着实让人记不得了，然而文天祥这个名字，却是刻入了历史。文天祥的最后一个官职做到了丞相，然而却是在国家危难到覆灭之时，在那个特别的前夜，铁肩道义，已是责无旁贷，按照一般人的观点，尽职尽忠也就足矣，可他偏要力挽狂澜。在此之前，先是应召组织义军，这时朝廷中的许多大将都弃城而逃了；后是在能否被允进入临安而待命城外，这时竟还有谗臣怀疑他会对大宋起兵，心虚若此，文天祥是早该从中看出江山社稷的结局的，可他偏偏要迎上去。南宋末年，由地方官组织的勤王兵似只有江西这一支逾万的队伍，有人劝他放弃，说元兵长驱直入，足下以乌合之众，前去迎敌，这与驱群羊斗猛虎，有何区别？他的回答却是：我未尝不知强弱之比。不过国家养育臣民三百多年，一旦有急，征兵天下，没有一人一骑前去。我深恨此事，所以不自量力，决心以身殉国。只望天下忠义之士，闻风而起，人众势大，那么社稷便可保全了。大敌临近，他心里放下的早不再是一己的利害与安全。那个早年曾想在和平年代里隐居，并真的骑马走了江西老家的几座山找一适居之地的儒生文天祥不见了，代之以金戈铁马、沙场点兵、堂堂剑气的武士。"平生读书为谁事？临难何忧复何惧！"正是这个起意才会产生后来《指南后录》《言志》诗中如此掷地有声的汉语。

　　所以文天祥总是夹在两间。因为正义，因为有意识地要为儒——平生读书的人一个诠释，一个集解，一个"正义"。所以那个动荡的时代才会把他夹在中间。先是夹在南宋朝内主战还是主降的本国人中间，再是夹在投降派与侵略者中间，夹在元人的劝与南宋的弃之间，夹在生还是死这个亘古来的问题和选择中间。先是他率领的义军如此，后是他一人如此。两间的客观与一人的决意是那么的直线来去，文天祥在大是大非面前做到了毫不犹豫，他最后做的与他起初做的是一件事。他的选择，从身在都城临安的大臣纷纷弃国而逃——上朝官员曾一度只剩下六个人——而他一个文职人员却危机时挺身而出、领兵作战的那一刻起，就已做出了。而他的这个选择，又可以更早在他少年时答卷中寻见发端。那中了状元的《御试策》中写道："今之士大夫之家，有子而教之。方其幼也，则授其句读，择其不戾于时好，不震于有司者，俾熟复焉。及其长也，细书为工，累牍为富。持试于乡校者以是；较艺于科举者发是；取青紫而得车马也以是。父兄之所教诏，师友之所讲明，利而已矣。其能卓然自拔于流俗者几何人哉？"这种与当时"士习"的利欲之风的划界，这种对"利"的批驳，与《孟子》开篇《梁惠王章句上》的开卷相吻合，孟子见梁惠王，梁惠王劈头就问不远千里而来的孟子："将有以利吾国乎？"孟子对答得坦荡而直接："王，何必曰利？亦有仁义而已矣。"可见，中间隔了十几个世纪，儒的义、利之分仍然不浊。而"利之儒"与"义之儒"的区分却也只是到了国家民族生死存亡的关键处才可看得分明。"卓然自拔于流俗者"，这是文天祥给自己的人生定的调子，此后的身体力行，对于一个内心义利泾渭分明的儒士来讲，一切都基于那并不难做的知行相叠上。

后儒时代对于义的阐释多在语言层面，太多的文牍案卷简直要把文人儒士的背都压弯了，纸上的东西弄得学人忙于应付，少有人再对儒之本有的骨头的东西加以关注。自孟子的战国起到汉再到北宋，大师不绝，层出不穷，然而同时学理式儒的方式亦在悄悄走离着春秋时孔子的路。翻读历史，似乎漫长的释义时期只是一个准备似的，直到行动产生，直到有人续写上儒之实践派的断章。

末世争利，维彼奔义。这是《史记·伯夷列传》中的话吗？在一个惊涛骇浪的时代，有着这样的精神背景，文天祥心境若水，去意已定。

于是世上产生了那样一条路线，它纵贯中华版图，我没量过其间的距离，只知道，它正好大致是现今的京广线，还不算水路在内。这条路线，现在在中华书局1962年版的一本沈其玮编著的《文天祥》的小册子的书末可以找见。图名全称是《文天祥被俘北上图》，放在《伯颜灭宋进军图》与《文天祥进兵江西图》之后，密密麻麻的地名和实虚双线标出的陆水两程，我仍然记着第一次看到它时的那阵心惊。

路线的开端在崖山的最后一战。五坡岭被俘的文天祥从潮阳到崖山，是被囚禁于元军船中亲见这场战役标志的南宋的覆灭的。一个武将不能参加保卫自己国家的战斗，一个爱国爱到骨头里的义士自杀不遂而不能不亲眼为他所爱的国家送葬，这种痛苦，在南宋，体验到它的，怕只有一个文天祥。1279年正月十三到二月初六的二十二天里，面对一水相隔海上交锋的两军，尤其二月初六那一整天，从早到晚，我不知道在一片昏暗的海浪里置身，面对宋军战船上纷纷倒下的樯旗，他是怎样把一个宋朝的结局看完的。史册上记载整个崖山外的海面上浮尸逾十万具，陆秀夫背着九岁的宋帝赵昺跳海殉国，已突围出去的张世杰遇飓风，守着自己的战船坚决不肯上岸，以溺死海洋的方式殉国。在大胜的元军的一片欢声中，只一个人在北舟中面南恸哭，一夜没有合眼。由于崖山，那所有的复兴之梦，江西的组织义军，皋亭山进元营果决的谈判，三年前押送北上路上镇江的走脱，以至重新于南剑州起兵抗元的那所有孤意苦心，都一页页被翻过去了。而构成了文天祥比亲见自己国家灭亡更大痛苦的，是灭了自己国家的竟是宋朝汉军将领张弘范。

崖山的悬崖上，张命人刻上了"镇国大将军张弘范灭宋于此"，我没有到过崖山，只听说后人在摩崖石刻上加了一个汉字——这个字不过也是重复了张文中的一个字，碑文便成"宋镇国大将军张弘范灭宋于此"；后来查手头的一些与文天祥有关的文卷，上写张刻下的那行字早在明朝时即被御史徐瑁削掉，另刻"宋丞相陆秀夫死于此"。这个信息引得我在地图上找到了这个地点，广东省地图上可能看得更清楚，在斗门与苍山夹着的那一个三角海域里，现名为崖门，在今广东新会县南，西江入海处。据说山在大海中延袤八十余里，地势相当险要。所以那"最后一个"的痛苦不难想见——诸老丹心付流水，孤臣血泪洒南风。这样的痛心引出的仍是国破家亡若此的愤愤——我欲借剑斩佞臣，黄金横带为何人？

其实在崖山之前，文天祥就已抱了殉国的决心。崖山前夜，正月十二，元船过零丁洋，次日崖山开战前夕，张弘范派人劝文天祥写信招降张世杰，文天祥在那纸上写下《过零丁洋》。这首《指南后录》的第一首诗，上过中学的学生都会背——"辛苦遭逢起一经，干戈寥落四周星。山河破碎风飘絮，身世浮沉雨打萍。惶恐滩头说惶恐，零丁洋里叹零丁。人生自古谁无死？留取丹心照汗青。"只是做学生时只感念于那赴死的决绝，没有去注意他的起句与末句在某一点上的对衬——起句的"起一经"讲了他的研读经书的出身，是一个读书人的身份；末句讲到"汗青"依然是指竹简，是史，是一个读书人的归宿。这一点，在我循着他的路走得愈远，对它的感慨就愈深。

零丁洋就在崖山附近。地图上没有标示。从艾煊发表于1996年第4期《花城》的《过伶仃洋》一文推断，说是从深圳到珠海之间，在珠江门外。这个提法让我心惊，因为读到此文之前，1997年4月在广州开会，我坐着轮渡从珠海到深圳即走的是这一路线。印象中舷窗外的海江一样的颜色，与友人说话时，并没意识到要往右边——那珠江口外的苍茫中看上一眼——后来友人来信中讲他从深到珠回来，一人走到甲板上，我不知道他有没有看到那些个岛屿——后来听深圳人讲有零丁岛无零丁洋，朋友说这话时，我能看见那些零丁（伶仃）的小岛散落在一片汪洋中的样子。珠江门真是一个奇罕的地方，那条去的海路，左舷窗便是林则徐销烟的虎门方向——这也是当时坐在船中的我不知的。

崖山之后，文天祥剩下的便只有诗了。这心内的江山，是谁也夺不去的。从广州到大都的万里行程是由一系列的诗篇串起的，一步步地行走，神州陆沉，故国黍离，几乎是重演了历史上的《离骚》一幕，困厄中，总出史诗，北征的路洒满着感慨的清泪，从"一样连营火，山同河不同"的《出广州第一宿》到《南安军》的"饥死真吾志，梦中行采薇"，到"想男儿慷慨，嚼穿龈血""不愿似天家，金瓯缺"的《满江红》，"金人秋泪，此恨凭谁雪？""睨柱吞嬴，回旗走懿，千古冲冠发"的《念奴娇》，到"文武道不坠，我辈终堂堂"的《白沟河》，几乎一地一首，感念非常，却是步步坚定了肝肠烈烈的初衷，在一首题名《泰和》的诗中，它被表述为——"书生曾拥碧油幢，耻与群儿共坚降"，我注意到这里，他仍用了"书生"一词。这样，一面是绝食服毒的死不成，一面是赣江、东阳的两次搭救失败的生不成，文天祥用诗画出了一幅史所未有的北行图。

1997年5月底终于在北京东城府学胡同找到文天祥祠时，正院居中迎面对着我的是今人立下的一座石碑，上书"文丞相信国文忠像"，有文天祥身着宋服的阴刻头像，头像上方阳文刻着那首他死前的绝笔自赞，是赴柴市前写在衣带上的，站在那样的字句前，我无法走动。"孔曰成仁，孟曰取义，唯其义尽，所以仁至。读圣贤书，所学何事？而今而后，庶几无愧。"在柴市刑场，写这话的人问了看刑的人哪面是南，并南向三拜而死的。"读圣贤书，所学何事？"书写的人，将他的所学贯彻了个彻底。从《御试策》算起，到"起一经"到"书生"句，再到这句自问的话，文天祥一直以一个读书的儒士而自省，或荣或辱，对这个身份与责职他始终不弃，话里话外，他甚至看重于它超过了一朝丞相的名位。做丞相时，社稷为上，国破家亡，则布衣气节跃出海面。其实这在他，是一切行动实践的人格基点。所以他总是有意无意地提醒着自己，做一个读书人。

祠占地不大，相传正是文天祥当年被囚兵马司的一处土牢，从地图上今天仍然可见这一处的兵马司的地名标志，今祠的窄狭也与他《〈正气歌〉序》中的"空广八尺，深可四寻"相对应，不知可否成为佐证；一面墙上刻着《正气歌》的全文，记述着他以一己承传的古人的"浩然之气"与这个当年土牢的水气、土气、日气、火气、米气、人气、秽气诸七气相敌的气魄，"以一敌七，吾何患焉！况浩然者，乃天地之正气也"。这里，他又提到了孟子。他不弃的仍是儒士定位——当什么都被剥夺去了，连江山在内——那最后不被夺去的、他一直小心保护的是一个读书人的自知：

> 其为气也，至大至刚，以直养而无害，则塞于天地之间。其为气也，配义与道；无是，馁也。是集义所生者，非义袭而取之也。

这里，文天祥所要维护的已不再只是一个宋朝，一种汉姓，甚至一个儒家道统，他殉的不是一君一国，而是一种支撑了他也支撑着历代千万儒烈之士的义，"取义成仁"，使得虽假以百龄之寿而不苟生，这种气节不仅使之能够不顾物质生命的消逝，而且能不屑那引动于他治国的大诱惑——元许诺他办教育，并以宰相之位相邀。然而，文天祥更看重那前提，如古人在"苟"前的止步，这个汉子，把儒士的反功利精神发挥到了极致。

一部十七史从何说起？宋代最后一个守住了心内江山的人常常以此扪胸。在此写下的二百首一律五言四句的《集杜诗》做佐证，文天祥仍是一介书生，是一个儒士。然却不同于一般通论意义的儒，不是后人想见的学儒（又包含鸿儒与犬儒），他是儒的更古时含义的体现者，如果说汉后之儒分化为践学派与践义派的话，文天祥则是典型的践义派。时穷节见，道义为根。引为同道、肝胆相照的人也基于这样一种区分。一部用古体写下的《正气歌》即是一方丹青引：

在齐太史简，在晋董狐笔。在秦张良椎，在汉苏武节。为严将军头，为嵇侍中血。为张睢阳齿，为颜常山舌。或为辽东帽，清操历冰雪。或为出师表，鬼神泣壮烈。或为渡江楫，慷慨吞胡羯。或为击贼笏，逆竖头破裂。

居天下之广居，立天下之正位，行天下之大道；

得志，与民由之；不得志，独行其道。富贵不能淫，

贫贱不能移，威武不能屈，此之谓大丈夫。

古人的凛冽磅礴之气，让人读来有一气贯通之感。

君子不忧不惧，一切都因有"亦知戛戛楚囚难，无奈天生一寸丹"的自重。

坐在人影寂寥的享殿门前，对着那棵据说为文天祥亲植、主体树干向南倾斜45度角的枣树，宛若面对"臣心一片磁针石，不指南方不肯休"这样朴素的句子，隔一堵墙便是一学校，可以听到学生们在课间熙攘的声音，不知他们的课本里，是否还保留着那篇《指南录后序》，那里面写了那么多的死，那么深重的"痛定思痛"，那么强有力的"复何憾哉""复何憾哉"的叠句，今人朗声读来有一种吟唱的调子。在读书年龄，在这个读的时刻是不必去问许多的，然而与那琅琅书声一墙之隔碑上的那一问，也会在他们成长后的某一时刻遇到的——读圣贤书，所学何事？这是每一以知识为天命的人都必须做出回答的。

在府学胡同寻访时，不经意发现北京燕山出版社也在此胡同内，距文丞相祠不远，印象中几在斜对面，我的行旅里即有它1995年版的《论语》与《孟子》，在它1991年出版的一本

介绍北京文物胜迹的书中，我后来看到了一句让我读之哽咽的话，第115页这句话白纸黑字：有传说，享殿石阶，每当下雨，即呈红色，相传为文公被杀时血迹。

我不睬它是不是后人的附会。当时坐在前殿背面的我，面对着的正是享殿。

故衣犹染碧，后土不怜才。这是宋亡不仕的谢翱的诗《西台哭所思》，作于文公卒后八年，同时，好像还有一篇《登西台恸哭记》的文字，用典甚密，语多隐晦，然而雪夜的西台绝顶，富春江上，毕竟在同时代时听到了纪念。在祠中前殿图片上看到江西吉安文天祥墓，沿山绵延，气魄浩然，1982年修葺一新，墓前石碑上书，只四个字："为国捐躯"。

志士仁人，无求生以害仁，有杀身以成仁。

四十七岁的文天祥没有像他名字预示的那样享得天年，然却用一己之躯为读书之所学提供了一个答案。"风檐展书读，古道照颜色"，千山以外、文公读过书的白鹭洲书院，不知是否一如这祠边的学校，仍被琅琅书声覆盖着？那正气的诵读里不知是否也有这一种如先人一样、内中清明的声音？

其实这种从道不从势的儒士的烈士传统，自远古至近现代都不曾断绝过。以孔子做一个坐标的话，无论是前儒时代、儒之当时代还是后儒时代，这里我所选择的人物只是以这个意义的儒士或儒者来界定，而不是普遍意义说的儒家。近现代的情况因文化背景的置移而变得较复杂些，但仍能从历史的皱襞中寻见那亮光。"我自横刀向天笑，去留肝胆两昆仑"的谭嗣同，将变法的基点建立于反君主专制上，何尝不是对孔子大义的另种追回，对等级之先、正统之前、未被纳入到一种体制秩序前的儒的追回，其《仁学》复杂地加入了西学佛学成分，但其行动上的持道不屈却是对自孔子起的儒之读书人一以贯之的立人之道的默识心通，冲决网罗、以心力挽劫运的行动，也是中国士之传统——忧患与入世的一种体现。所以在变法失败能走逃时，他拒绝了那一条个人的出路，选择了流血。

鱼，我所欲也，熊掌，亦我所欲也；二者不可得兼，舍鱼而取熊掌者也。生，亦我所欲也，义，亦我所欲也，二者不可得兼，舍生而取义者也。生亦我所欲，所欲有甚于生者，故不为苟得也；死亦我所恶，所恶有甚于死者，故患有所不辟也。

有标准在的，虽然平时看不见它，正如血流在血管里。连那结局都是反功利的，只为一种精神价值，为一种"信"去"自吾身始"的实践。这何尝不一直是读书人最后的选择。"知身为不死之物，虽杀之亦不死，则成仁取义，必无怛怖于其衰"，这种襟怀，谁能不说他是君子。谭嗣同确是被称为"戊戌六君子"之一的，我想在这称谓里已经有着某种对历代来的笃烈之士的肯定成分。当然在现代能举出更多的例子，读现代史，我每每惊讶于读书人在其中的价值，在一个群体中，或者在他们于困厄的斗争中在某一时刻只剩一个体时，他们总能做到凛然大义，这在世界知识分子史中都是一个奇迹。那种纯粹内实与光辉外在，让我不止一次从他们具体到个人的名字想到君子、大人、士、成人乃至祭司一系列儒之称谓，在那里面，贯穿着的究竟是一种什么样的力量与生气，使得一代代人不惜前赴后继而非要把一件事情做得完善、做得彻底？

而且，在许多时候，这种只知做的人总被夹在两难中间，要么是义利，要么是得失，更甚是生死，但更奇的是，他们的每一次选择都是那么准确，我不知道这其间藏有什么样的秘密，我只知道这其间一定藏着秘密。那种选择几乎是不用选择，是一种近于本能的自然的东西，行动的主体是那样的主体，完全不像后来人们所说的儒的四平八稳毫无生气，正是这些人物使我对一直知之甚少的儒产生了写的兴趣，但我却不知该怎样给他们一个总的名字。

广义意涵的儒士人格也许真的无法作为对象去旁观它，犹如人的四肢与舞蹈者的关系，虽然镜子是必需的，但就是无法将之（四肢）拆开放于对面做一旁视，正如人不能截下自己的血管而又要看血脉的流淌似的，它是我们无法放在镜中的东西，无从肢解，尤需诠释、达诂，只是一种不可言的接近，或者事实的远离。我们已在此中浸泡太久，我们已经长成了它，二者不分彼此，叠印是不足概括的，可以概括的只是以文传唱、以人增其大义的"弘道"方式。

对于乐得其道，对于身体力行，对于在大节大义面前没有两堆干草间踌躇而只是直线选择的天然气质，1995年我在写着的一本书中曾试图以"圣人—君子—儒士—祭司—成人"的人格"金字塔"给予概括；时隔两年，再翻阅当时的文字，最感念的不是那概括的是否谨严，而是那一英勇的群体曾经若此时至今日还在感动着我的事实。1934年胡适曾写过一篇《说儒》的论文，长达五万言，此中他提出一个很让儒学研究界吃惊的观点，这一观点到半个世纪后的今天看，仍然是惊人的。他认为儒在孔子之前早已存在而且起码有几百年历史了，儒其实指的是"殷代的遗民"中一个特别的阶层，是殷民族中主持宗教的教士，殷人被周人征服后，这些遗民中的教士，则仍在文化上保持着他们固有的礼仪或者宗教祭典，仍穿戴他们原有的衣冠，仍以他们的治丧、襄礼、教学为业，而以这种方式不仅保存了他们那一族相对发达的文化，并将之自然渗透到当时统治阶层的政治中去。这是孔子以殷人自认的原因吗？胡适说到的文化反征服斗争不知怎么会在20世纪末对我有所触动，他说："在这场斗争中，那战败的殷商遗民，却能通过他们的教士阶级，保存一个宗教和文化整体；这正和犹太人通过他们的祭师，在罗马帝国之内，保存了他们的犹太教一样。由于他们在文化上的优越性，这些殷商遗民反而逐渐征服了——至少是感化了一部分他们原来的征服者。"祭师，或说祭司，就是这样一个意义的实践者，职业的功能渐渐地长成了人格的自觉。他的存在，不仅在传承文化，更在创造神祇和保护信仰，正如殷人中的传教士——儒——在三千年前所勉力做的。

"祭司"之外，还有一个词语让我感念——"成人"。述而不作的孔子仍然没有给出定义式的通用答案，只讲"见利思义，见危授命，久要不忘平生之言"。触动我的是这个词语不同于圣人、君子等所言及的一个境界，"成人"是一个名词，也可解释为一个动词，境界之外，它还代表着修炼。所以对应于圣人君子等高度的概念，它在具备广度同时，还拥有着其他人格范式所不及的长度、标志，提示着修炼的不可绕过。1995年5月，由民间至政府共同组织的以学校为单位的十八岁成人仪式活动在全国范围内全面展开，面对集体宣誓的那个庞大场面，有人问过那仪式后面的责职认定、道义铁肩的传统吗，还有那关于"成人"的深层内涵？

我不清楚为什么在今天我会想到和写下这一切。写下对鲁迅先生在那个特别时代也禁不住以"尽人力以救世乱""孔以柔进取……孔子为'知其不可而为之'的事无大小，均不放松的实行者"如是评价的儒的理解。也许正是为了弄清楚自己为什么写才去写的吧。那个答案，总会有的。那个理想，在书写时，也会清晰；那个一以贯之的"不失其赤子之心"的人格，会显出秩序，又变得活水一般，在它清澈的投影里，我们总能看到自己的影子。波光粼粼中，它依然真实而彻底。

1997年早春，突然就有一个念头，要去看久未好好看的黄河；迎面站在仍有些凉意的风里，脚下是—传说楚汉争雄时古战场的遗迹，我站在那里，从没有以那样一个高俯瞰的角度看过黄河，这条称作民族摇篮的大河，送出去了多少烈士英杰。我仍然记得那浩浩荡荡的水面上，一群精灵般的大鸟擦着水面飞过去的样子，宽阔的河面上那影子一闪而过。也许引不起人注意。但我记住了它，它们，有时会栖落在一个年轻后人的梦里。在那样一面汤汤的川上，也曾站过一个身着长衫的人，从侧影看无法确定他的年纪，但是他的一句话却遥遥穿透了时间：

　　逝者如斯夫，不舍昼夜。

　　他是在说水吗，说如水的时光？我怎么觉得他说的，是包含说话人自己在内的一些人，一种精神，一种使春秋得以兴递、使生命生生不息、使信念得以推进的因缘。

《莽原》，1997年第4期

长　风

（长诗）

何向阳

长风

你从哪里来

告诉我你经过的雪峰

它的名字

还有拥抱我时

你携带的寒冷

出自哪方湖泊的冰凌

你的来路我一一走过

但我已不记得

雪峰与湖泊的姓名

或者

告诉我

长风

你的咆哮里

是哪场雨前的雷电跑进我的眼帘

是哪座高原

任你驰骋而过

哪些弯腰俯身的灌木

接受你粗粝的抚摩

告诉我

你席卷而来的呼啸里

裹挟的草木

跳荡的音符

告诉我

那最高亢也最低沉的

是谁的呼号

是哪一代歌王

站在山冈上高歌

长风

告诉我

你的来路

让我看到你的风尘与灰烬

你途经的圣殿

让我触到

洁净的空气

火与水的纠缠

告诉我

那个背着行囊走路的人

他来自哪里

在哪一条岔道

他重又变得孤单

告诉我

那两行车辙远行的方向

它们又消逝于哪片空茫

长风

或者还有一声叫喊

被粗暴的汽笛撞断

一个缓慢的手势

被疾驶向前的车轮打乱

那一张张面孔

一个个身影

来自哪里

又急忙往哪里去

他们的神色

为什么那么慌乱

告诉我

谁人葬礼上的一声长叹

与谁人怀中婴儿的呼吸

奇迹般接通

长风

长风

你见识过两棵相像的树木吗

你见识过大地的干涸

风土的养成

你目睹过的果实最美的成熟

出自哪方土地

告诉我

在哪片天空下

爱语在耳边

丝丝缕缕

像小小的火苗

灵魂的战栗

长风

告诉我

你的行踪之上

那些纷至沓来的故事

没有结局的开始

那升上高空的

是谁将手中的焰火点燃

告诉我

那些拔地而起的城市

闪着什么样的光泽

那些安谧的乡村

旧衣上的寂静

告诉我

那些决绝的背影

掷地的话语

溅起的泥泞

告诉我

那些行人汹涌的路段

是谁催他们一再加速

又是什么蒙住了他们的

双眼

告诉我

是什么样的坚冰

覆盖了水的起源

是什么样的水

将心田的禾苗浇灌

告诉我

原野之上的雪

它们沉默了多长时间

告诉我

寒夜里这碗粥的来历

小米、大米、玉米、薏米

它们生长的地域和年份

告诉我

谁将它们收获

谁将它们熬制

又是谁将它们种植

告诉我

那手捧鲜花的少女的羞涩

告诉我

那被婴儿吮吸时为母的温存

告诉我

那执火穿越黑暗的人

如今去了哪里

长风

若你见他

请向他表达我的敬意

长风

最后

请告诉我

你漫长的履历

开始的地方

那里曾草木葳蕤

气血丰盈

正像时代的故乡

张着怀抱

却一直后退

长风

如你一样

我们已无法掉头

那被称作故乡的地方

是再也回不去的

地方

长风

这邮票大的地方

像一颗

小小的

心脏

长风　告诉我

今夜

它的跳动

是如何紧紧地

贴着我的

胸膛

作家创作谈

我的批评观

何向阳

事实是，真的写下来，把氤氲的情致生成的思想凝固而为文字，冠以"观念"头衔，构建脚手架已然成型而只须附缀增值叠加复制的"塔"，这样建筑在我不为强项。所以理解同人所言的本心而动，下笔时冲着观念，写下来却是历程。对于我，何不如此！观念一旦定型，成就的却是删减，大多数时间，成型的观念并不丰满，反倒薄弱，所以警惕，极力保有"路上"的知觉。

心肠的区别应该成为一种界限。而我们常用的标准却是观念。新、旧比善、恶省事，所以理论背面往往感情苍白。设若有一种批评，对作家对文学，以心肠而非技术论，设若现在还没有这种批评，我想，会长出和养成。虽然如今，它还只是萌芽，虽然未来的绿意，如今人不知它。与任何写作一样，批评的文字写到最后也是人，是人心肠的区分，是尖锐、激越、刚烈、急切，是理解、宽容、善待、包涵，并不矛盾。最后的文字写到底，其实是人心。而"心"之修得，几乎是一辈子的功课。只是，再没有一种文字较批评这么直白，人心文字相里表。写下来。祛除任何表演粉饰或者姿态。最本色的自我，写下来，到了最后，无从掩盖。或者不可能有比批评更"残酷"的工作，它对写作者自己的锤炼严苛过任何一种写作。它言说心肠，明确界限，关乎人格，立为标准。尤其一个智识的文字时代，它做的事是——立心。

批评是一种叙述。它以人的介入使那言说的对象物复活而为人性的。由此，批评被要求为一种人性的诉求。更多时候，批评家像是一个知识考古者，他在各门类的素材里穿梭，面对着由文字累积而成的人的历史，已消失的，被书写的，有待再度理解的，做细腻的发掘、回溯、解悟或重读，是与古人他人自己同时的对话，有时候深入到哪怕一层土，都会有无尽的怃然。太多要做的事，而人生，苦短。所以，也理解了那观念的拿来。

然而，不。

或者有一种人文，与那历史的故迹有着区分，它不是已然凝固成庙成观的可见的物的过去时，而是一种关于人的——正在发生正在移换正在长成的进行时，这个现在，写下来，比起过去而言，是难的。正如写物——那个静态——从来易过活动的人。然而这个人文才是最值得一写的，文字与它并行着成长，一同经历，却也是最容易将作者写伤了的，那太不易，用固着的文字去述写那并未固定下来的东西，这样一个不同于以往文化概念的人文面前，多少人与我一样经受着时间的淘洗。

观念大约是最易被冲走的部分。

那么，什么才是我们的立足点？

"生命与作品相通，事实在于，有这样的作品便要求这样的生命……生命是作品的设计，而作品在生命当中由一些先兆信号预告出来。"梅洛–庞蒂这段话道出写作的苍茫宿命。事实是，这一种人、文交叠纠缠，可以互换。成型传统，却不为传统所囿。那活水清澈温和，间以厚道，然而究其实，不折中，有温度血性。河一样，中流激进，从不停息。

从未停息的，还有这个鞋沾满泥的人。那些终要沉埋进历史深水里的人、事，是这场人生拼尽全力要记下的。这人知道，如此生活，才是活着，如此写作，才是创造。对于路，她认真得很。而且，停不下来了。

批评家的精神资源

何向阳

深入生活，了解现实，接触实际，作为作家写作的精神资源已是不争的事实。尽管对于"生活"的内涵理解不一，随着时代的进步与丰富，生活本身也获得着常新的解释，但"文学创作离不开现实生活"这样一个命题，可以说经过了时间标准。这两项能量的贮备的多寡优劣也确实影响着一位批评家的批评实绩。长期以来，理论（他的言语背景）、文学（他的说话对象）构成着他的知识结构与话语方式，建立着他的良知系统与人格立场，也成为人们看待一个批评家的两大支柱，久而久之，成为人们看待批评的目光定式。这都是不错的。但是在这样的视阈里仿佛漏掉了一样，比如，没有人问过一个批评家的内心生活，他对现实对文化的看法是否都直接真实写到了批评中去，以及不是从一个既定现成的理论命题出发也不是从一部具体小说或者一类文学现象出发，他仍能作为一个正常正直的人对现实生活下判断，而不是以一种现成的理论模式框套、拘囿、删减或扭曲了生动活泼的现实生活的折射——文学作品吗？这个问题连批评家自己也无暇去问。它的背后是：现实生活的影响力真的可以在一个批评家的写作之外吗？或者问题该这么提：一个要时时以现实生活为基点写作发言的批评家真的能够做到对当代文学当中浸染深厚的现实生活本身不闻不问，而其结果还能获得对文学作品与文化现象的正确认知与深入揭示？答案似乎显而易见。只是平常被忽视罢了。而被忽视了的现实生活和对现实生活的积极认知却正是一个批评家人格确立与良知形成的基点。

20世纪八九十年代直至21世纪初，有关批评的批评不绝于耳，诸如批评的短期行为、理论的实用主义、批评辐射能力的衰微、人文精神的失落、理论的短寿、语码的混乱、学理的不足、规范性的呼吁、艺术概括能力的欠缺，"捧""骂"之弊，"圈子批评""商业化批评""炒作"之虞以及批评的失语等。当然来自批评界自身的"检讨"与梳理更有其严酷和不留情面，面临新时期日新月异的创作实际，批评在做出自己应有的敏锐回应的同时，也意识到了自身建设方面的不足，也在针对诸多问题不断调整和苛求着自己，以适应时代新文学的快速发展，以能更好地阐释和解说文学当中日益成熟的理性思考、美学观念，并在与文学发展的同时期完善着自身学科的理论贮备。回顾20世纪90年代，批评确是一幅带着些许悲壮色彩的突围图景。应该承认，虽然其中存在如上所言许多尚未解决的问题，但是20世纪90年代批评就整体而言仍然较80年代批评有长足进步，它的独立意识以及在自身建设上的用力都标志着某种成熟。但任何一个置身于这一时代，置身于批评之中不仅以批评为职业而且热爱批评，以批评作为自己生存方式的青年批评家也都会觉察到不足。他并不满意于现今的批评状况。实际上，事关批评的批评也正是由他们最先发出声音的。在1993年10月河南省青年作家研讨会上，我做过一个发言："批评的歧义与先锋的模棱"，提出了批评的主体性建设问题，批评家主体自我塑造及人、文统一的命题，设想树立一种理想的人格化的批评和写作，来对峙"圈子批评"和这种批评已经引发的创作的自娱。1997年4月广州"世纪之交的文学批评"会，涉及许多批评改进与建设的话题，至今我仍怀念那个会上的每个人认真介入的气氛，那是一种急批评之所急的心情流露。提交大会的同题论文我谈到20世纪90年代批评在取得了诸多优长——理论贮备、主体意识、独立性等之外的实践性的不足，并向往杂糅20世纪80年代人文色彩与90年代理知功能优长、剥离前者的具体琐屑后者的高蹈务虚，呼唤一种身体力行批评的产生。

当时并没有对"身体力行"做过多解释，只是直觉到批评除了理论的拿来与文学对象的深悟之外，仍需有另外一种更切实的东西来做补充。有这样想法的不止我一人，1997年《作家报》曾有"关于净化文学批评的讨论"，持续一年，王光东、吴义勤、施战军、张清华、阎晶明、孟繁华、李洁非、洪治纲、杨扬、谢有顺分别从不同角度提出过颇具建设性的意见，比如学理规范，比如玄奥理论向真切扎实的文本批评的过渡，比如批评者的艺术良知与批评人格这样一些主体的命题，都旨在针对当时已显隔膜——无论是对社会还是对文学——的批评而发出拯救之音，批评需要净化，批评需要建设，是这么多年来批评界真诚渴望与文学、与社会沟通的声音。然而尽管做出了种种努力，仍然有些问题非但没有获得解决，甚至更严重更恶化了，比如批评当中的骂派作风在20世纪末年似有卷土重来之势，而这正是前些年提倡的学理化、规范化和重实证重考辨的反面。所以方法的倡导是一方面，更关键的原因，追溯起来，批评家主体的塑造可能仍是不能回避的一条。批评家可能往往会因为脱离了文学现实与社会现实的具体语境而使他的批评显出浮躁的文风之外还会生发出不合实际甚至虚无的结论。这样的批评与结论不仅使批评形象大打折扣，而且使真正的批评建设的步伐受到滞阻。

这个意义上提出现实生活作为批评家文学与理论之外的精神资源的第三维，还有一个更个人化的原因。从1998年开始我为《百姓黄河》写作走过黄河沿岸一些村庄，2000年中国青年出版社组织的八位作家"走马黄河"进行社会文化考察活动，参加的人里只我和李敬泽两位从事批评的，敬泽是一个很重实践的人，这从他对法国年鉴派如布罗代尔的历史写作的推崇中可以看出。我当时的想法是，批评总是第二手获取社会的材料，平日从文学作品里获得它，这次终可以从真实的社会现实当中亲手拿来，这是一次获得第一手材料、用自己的眼睛去真切地看现实的绝好机会。从青海上游黄河走到山东入海口，得以以一种从容的眼光看黄河两岸百姓的生活，我选择的点是一个个沿黄的村庄，在那些历史上知名或不知名的村落间行走，犹如走在一幅民族底层生活的地图的细部，也仿佛是走进自己的心脏，是一次接受输血的过程。奔走途中接触到的让我感慨动情的人、事是书斋阅读中替代不了的，深入生活，了解实际到了真走到路上时就绝不是一个虚词。我在想，一个写作者，往往在读两部书的基础上才慢慢获得发言的能力，一部书，是人类优秀文化的传承积淀，一部书是打开的生活，对于前辈而言，生活之书他们是当作写作与人生的精神资源去吸纳的，而这一点对于长于文化之书作为知识结构与人生积淀的我们却相对不足，不能说文化的书就已摄入的营养过剩，它仍然需要花费心力去读和消化，但生活之书确实魅力更大，真正读进去，其中并不乏优秀的文化，这部分精神资源的缺失与营养不良，我想会直接造成与社会与底层的隔膜，而这隔膜可能正是批评自说自话等人们已经意识到了的诸种批评状态的一种文字的结果和折射。

健康的文字首先应是健康人格的丰满表达。批评在自身建设上已经意识到了种种解决自身问题的方法：人格的确立，文化的积淀，良知的追求，正直的品格，价值立场的形成，批评视野的拓展，内在情感的淬炼，真诚坦荡的襟怀，诚恳真情的为人与为文，我以为在加强自身理论修养的同时，也离不开现实生活这样一座富矿所提供的精神资源。文学是人学，文学批评更是一门研究人的学问，这个基点是任何由此衍发的概念、观念、流派、思潮、思想、方法的根本，人的学问，是关于人的，而对社会、对现实生活的阅读有助于我们更深入也更真切地认识人，同时也会在与人的接触中渐次找到一种对人的体贴、关心，为概念观念诸多理念的演绎提供一个人文的支撑，赋予批评一种贴切的人文情怀，使它成为人写的，为人写的，使人看的，使看的人成为人的写作。

常言说，生活之树常青，理论是灰色的。数年前，一位作家回答我的访谈时讲，真正的方法只存在于你为之从事的实践中。我想也许从来没有一种方法先验存在着，一劳永逸地在那里等待解决一切问题。对于批评更是如此。没有先验的方法，只有追寻的实践。实践在我这里的含义还不只是批评本身的实践，那种写作的叠加，而把自己投入到实践中去，不仅是写作的实践，而且是为更好的写作的产生对本人人格的历练，我想对于这一点，没有比现实生活帮助更大的。现实生活作为一个批评家尤其青年批评家的一份重要的精神资源而引起重视，从而将之带入写作，也许会使批评家在与时代的精神信息保持互动的关联上为批评注入生动鲜活的东西，功利上讲亦不失为它自身突破"圈子批评""商业化批评"的药方。建造与创生一个良好的批评生态，这是从大的方面说；对于我个人的意义，是离我几年前提出的"身体力行的批评"又近了一步，有现实生活的介入，使我以一种更从容更达观的心态看待人，它教会我善待。更重要的，它使批评成为一种创作，一种质朴的生命表达，一种自我人格与社会文化人格一同成长的诗意过程。我想，这种批评是带给我快乐的写作。是我理想的批评境界。这样的创造中，那棵理论的灰树或许正长出青色的叶子。希望如此，祈愿它是一处庇护，对于精神，对于人。

批评的构成

何向阳

与所有文字一样，批评，是一种人生的表达，所以它一样有沧桑、棱角、温度与斑驳，有呐喊号叫，有金戈铁马，有杜鹃啼血，有荒野呼告。是内心的"一个我"与"另一个我"的朗声对答，是求证，是博弈，也是激赏、伤怀与同情，总之，人生中有的五味它都具备，是字里行间存放下的一些线索和路径，是正在进行着的两个人生的叠印或碰撞，像探案小说中的悬念，它有方向，但不轻易断言，它是对话，是对于坐在对面的另一个"人生"的关切与尊重。

解　惑

批评是一种解惑。在它对对象物注解的同时，有一个预设的言谈对象，这个对象表面上看是他人，其实他人不过是批评家"另一个我"的影子，就是说，它解的首先是批评家自己的疑惑。所谓将悬念放在文字里，并非有意设计或者卖关子，而是批评本身就是求证的文本，结论并不是事先存在的，批评家必得通过证据一步步地将它揭示出来，积累证据的过程充满玄机，而且相当刺激，有峰回路转的乐趣，我不止一次说批评一旦深入，犹如考古，你不知道这一铲下去会发掘出什么样的东西，那些层叠累积的土，朴实憨厚，却藏龙卧虎，以艰巨性的劳作去向未可知的挑战，当那未曾知的宝物一点点从深埋的土层中暴露出来，那种喜出望外难以形容。这可能是爱好批评的真正动机。它对智力的开掘构成了以此为业并乐此不疲的人的心理基础。

我

20世纪80年代关于批评有过一场影响广泛的争论，"我所评论的就是我"的观点展示了评论家主体意识的觉醒，就是说，评论者本人，不是某种已成定局的意念的传声筒，更不是他所描写诉说的对象的意念转换的某种工具。不是的，长期被掩蔽于这两者之后的评论者的"我"，不仅是没有形象的，而且长期以来也被人默认为一种类似"天外来音"式的不代表某个"个体的人"的普泛语言，随着时间的淘洗，我不认为此种语言会真正留存。我们的理论文化传统在近代之后有所迁移，从原先的相对液态化的流动的思想，比如从《诗品》到"性灵说""童心说"而走到了相当固体化的逻辑性的判语层面，西学东渐的科学性优先的现代化历史进程，它的规范性或格式化要求，使思想的空间反在成型的理论中被删节了，或者说，在言之凿凿的理论自信里面，其实省略了最为可贵的来自个人的经验，当人们都整齐划一地使用一种语言——被认定为科学的、理性的、客观的、规范的话语时，那么便不可能不使人怀疑这一种语言下面的带有巨大能量与权力的"划一"的思维方式，如果每一个个体的评论家所运用的思维方式都这么整齐划一，那么便不能不警觉于这一种方式背后的进攻性、侵略性、剥夺性或者统摄性。

批评的最高境界仍然是一种对话，哪怕它讲出的是公认的真实或者是少数的真理，这涉及评论者的态度，文字在脱离了论者之后仍然带着言说者的气息，它的形式，它的气质，它的风范，它是雍容的还是卑琐的，是清正的还是狡黠的，是厚道的还是刻薄的，白纸黑字，无法涂抹。所谓炼字，到最后仍然是人的冶炼。人与文的这种直接关系，在批评文字中，较其他文体都坦白真实，那种直线的来去，那种非虚拟的表达，是非有赤子之心不可为的。批评，是一件坦诚的工作，它要求工作者必须诚实，不欺人亦不自欺。对此能够做到的，通常不是志得意满的公正，而是真正说出"我"要说的话的人的谦逊，这个个人性价值的强调在于，多年以后你不会为你曾说过的话脸红，因为那是你个人的独有发现，不是人云亦云。时间终会认证，如果每个做批评的人都能讲出真话，道出真情，那么文字世界的真理或许会更多一些，它的图景一定也会因为真实而更多元灿烂。

内　敛

说到批评家的品格，便不能不深究于批评的文风。长期不变的三段论法养就了我们评判的本能，拿到一件作品审视一个作家评说一种文化，我们从来习惯于用好的、坏的、不足的、可改进的诸如此类的方法打发着一个个生动鲜活的对象，说是打发，一点不过分，批评家本人的不融入于对象，不设身处地地贴近对象，其结果是批评文体的长时间的固化，先说优点，再是缺陷，最后是努力方向，思维的单一，语言的贫乏，加之文体的从无变化，使得偏激等同于创新，此种简单化的进取反会使人耳目一新，以为创新便是如此直截粗暴，当然大喝一声的价值不容否定，毕竟文化上积重难返的乱麻有时需要某种快刀了断，但是内在的建构并不只是一声棒喝便可完工，批评家不是破坏者，他需要的是耐心细致，甚至常常是不为人喝彩的搭建。造塔总比毁弃难，岂止是难，还有精神上可以预知的寂寞，已经当惯了振臂一呼应者云集的启蒙英雄的批评家们，是否还具备面对空无一人的观众席的勇气呢？只有当他没有把自己设定为一个全部真理在握的领袖或主角时，才可能平等地对待任何来临的命运和也许终身的幕后工作。不止一次，我以文字表达着对内敛式的作家的敬意，同时，我认定一个真正热爱文学评说文学的批评者也应是内敛的，内敛是沉思的前提，而沉思则是抵达真相的前提。

经　验

经验，对于批评的介入并没有引起相应的重视。正像我们不以为文字最终讨论的是"人"，也不只是"理"。以理作为重心的批评，往往屈从于先验，而以人为起点的批评，看重的是人生感悟相交换时的心心相印。作文，用作动词，其实是做文，做文，再往深里问，是做人。中国文化思想史中的人与文从不分离，它的人、文互动造就了中国文化中的道德意识与人文精神，文独立于人而存在，有这样的特例吗？我们在谈论文字时完全不去考虑创造这文字的人的背景，而使那谈论只悬在空中？经验是何等宝贵的东西，它较理性更坚韧，更不可割除，而文字只是作为人的诸多经验的集结，它是成型的晶体，你可以暂时不计因果不顾其余地谈论这块水晶，但是成因总归是你最终回避不掉的东西。经验的存在，是人理性论点的最好打磨石，归根结底，文是人的一面镜子，如果不是很细微精确，也大致可见出轮廓，这一见解已是不争事实。时间检验着这种对位、暗合或者轮回，于时间的深处几成定律的东西，似乎未可更改。然而做人的"做"字，我本心并不喜欢，总归有吃力、费心、劳神、勉强甚至强制之意，不那么天成自然；还有，文与人间的种种驳杂繁复，好像也非一个"做"字了得，其中与劳顿磨折一起的快乐即使富丽如中文的哪一个字词都无法概括。所以期待于己的文字是一种融解，一种并不急于定型的液体的经验。

文　体

　　终于说到了形式，批评形式的建设不仅滞后，而且几乎没有文体的变化。新时期二三十年来，文体的实验与革新几乎波及文学的各方面，诗歌的实验作为先声，紧接着小说演绎出了更为丰赡的经验，戏剧则从来不甘落后，它的全息性带给它文字平面无法达到的多维空间的氧气，还有散文，20世纪90年代之后开始大踏步地赶超，从内里到形式都有颠覆式的创造，可是曾经为诸种文学样式的出现鼓与呼的批评却仍板着几十年不变的冷面，一方面阅读的快感丧失大半，一方面批评家的才力智慧也得不到应有的体现。批评，变作了没有魅力的文字，它外表简陋粗糙到人们不愿细看。形式不全是内容，但形式绝对是内容的一部分，某种意义上讲，形式是精神的外化表现，我不是形式唯上论者，但是我小心着自己的文字变得懒惰，我诚心实践着文体所承载的人生的丰富，它是多变的，它不拒绝鲜活。

成　人

　　成人，最初，是儒家的概念。与"圣人""君子"一样，述而不作的孔子仍然没有给出定义。只讲"见利思义，见危授命，久要不忘平生之言"。触动我的是这个语词不同于圣人、君子的一种境界，这是一种与"做人"不同的境界，其中的浑然天成，不同于"做人"的勉力为之。成人，是一个名词，也可解释为一个动词，境界之外，它代表修炼自觉自愿。对应于圣人君子的高度，它在具备广度的同时，还拥有其他人格范式所不及的长度，标识、提示着修炼的不可绕过。

写作，何尝不是一种"成人"。批评文字，以真理与善美为目的的文字，何尝不是一种精神与思想的"成人"。在无论个案解说现象阐述还是人类精神发展的探索途中，我们押上的这一份，不止青春。从这种意义上说，要感谢那些给予批评营养的作家，他们同时是以人性的美的向度与丰赡赋予文字生命的作家，是他们，完成了文学对批评家人生人性人格的教育，使双方懂得文字的生命只能依靠创造它的人的生命之琼浆不懈地浇灌。

是一种绝美的历程，犹如历险，每一步，都不能跃过。

祭　司

1934年的胡适曾写过一篇《说儒》的论文，长达五万言，此中他提出一个很让儒学研究界吃惊的观点，这一观点到半个多世纪后的今天看，仍然惊人。他认为儒在孔子之前早已存在而且起码有几百年历史了，儒其实指的是"殷代的遗民"中一个特别的阶层，是殷民族中主持宗教的教士，在公元前1200年至公元前1010年间即三千年前殷人被周人征服后，这些遗民中的教士，则仍在文化上保持着他们固有的礼仪或者宗教祭典，仍穿戴他们原有的衣冠，仍以他们的治丧、襄礼、教学为业，而以这种方式不仅保存了他们那一族相对发达的文化，并将之自然渗透到当时的政治中去。这是孔子以殷人自认的原因吗？胡适说到的文化反征服斗争不知怎么会在全球化的今天触动我，此时此刻，我仍愿引用他的以下一段话解说感念，他说："在这场斗争中，那战败的殷商遗民，却能通过他们的教士阶级，保存一个宗教和文化整体；这正和犹太人通过他们的祭师，在罗马帝国之内，保存了他们的犹太教一样。由于他们在文化上的优越性，这些殷商遗民反而逐渐征服了——至少是感化了一部分他们原来的征服者。"祭师，或说祭司，就是这样一种意义的实践者，职业的功能渐渐长成了人格的自觉。他的存在，不仅在传承文化，更在创造神祇和保护信仰，正如殷人中的传教士——儒——在三千年前所做的。

治当代文学的曹文轩先生在他一部20世纪文学现象的研究论著后记中感慨于专业的难度，讲到它的时过境迁与花容失色。然而他还是选择它，之于这个变动不居的对象他认定一种无私精神的支持，那是检验激情生命的冷峻沉着的一面。我读之感慨万千。我也是选择当代文学作为专业方向的一分子，当时间的大潮向前推进，思想的大潮向后退去之时，我们终是那要被甩掉的部分，终会有一些新的对象被谈论，也终会有一些谈论新对象的新的人。

这正是一切文字的命运。

那么，就将一切视作传承，像一代代人已经做的。我们仍在做。

一边是灵魂，一边是肉身

何向阳

1.朝夕

20世纪一位中国诗人在他的诗句中这样写道，"一万年太久，只争朝夕"。而这句诗在21世纪被许多阅读者改写为，"一年太久，只争朝夕"。我说的改写不是字面上的，而是人的心态变了，这种改写在更深的层面展开，人生加速度地要去完成一项任务，人们的生活节奏，已似乎等不了"一万年"那么久，而只觉得"一年"都有些长了。速度，成为现代人追逐的目标，而那个在远方的真正的目的地，却是离人们越来越远，也在速度的挤压下，变得愈来愈模糊了。

"一万年"也好，"一年"也好，对于一个诗人而言，又有什么不同？或者，换种思路，诗句中的"一万年"也好，人生的"一百年"也好，生命中的"一年"也好，只不过是个时间的概念，当这个空洞的时间并没有被注入"诗意"的内容的时候，它仍是不须诗人关切的，从时间上来看，只是长短，在质地上并无不同，那么，它至多是历史学家考证的事；如此看来，诗中的"只争"，应是经济学家兴味的事情；那么，诗人关注什么，什么应该是诗人关心的事物，我想，就是诗句中的那两个被我们一再忽略的字——"朝夕"。

朝夕，太普通了，是不是？是的，它就是我们的日常。它很短，具体可说只是一天的时间，从太阳初升到暮色苍茫，谁不天天与它擦肩而过？比起"一万年"，甚至"一年"，它都是一个小概念，从历史学家的时间上计算，它更是小数点的后面可以忽略不计的那一部分。但一万年与一年，是时间概念，朝夕不是，朝夕，是什么？它实在就是你我心中的一方幽深、微妙的天地。

2015年深秋在琼海，一个下午，朋友来短信，问要不要下楼去外面看看，我回信，"去看看太阳落山？"便下楼去。一辆车就等在那里，朋友，还有朋友的朋友，我们坐车去追落日，一直追到东屿岛的山上，而太阳早已入海。朋友指着天上的一道东西横贯的青光，讲必是有贵人到了；仰望天空的我，心里想，这是太阳走过的履迹。生日那天清晨，拉开窗帘，初升的太阳在云层里，但它的光芒已照亮了整个大海，我站在阳台上等它的出现，海水和我一起，被它的不同的光线映出不同的颜色，那时心中的感动真是难言。我想，这就是朝夕吧。朝与夕，不过就是太阳落山，明朝升起。但是比起一万年而言，又是谁更恒久？

朝夕，是如何地在时间之外，在心内活着，面对着这同一个景象，已有多少人如我发出感叹，但朝夕仍然在。在我之前，在我之后。正如一位作家小说中所言，你我之后还有你我。

不知道还能有什么时间，能比"朝夕"更久远？

2.一切刚开始时的样子

某种意义上说，《青衿》这部诗集是一次对自己三十年来诗歌创作的捡拾或回眸。或者叫它"出土"也好。一切都是原来的样子，一切刚开始时的样子。一字未动。就是想让时光重现，看看以前。20年前，曾经有一机会出版这部诗集，后因因缘未到，就搁置了下来。21世纪轰然而至也已十有五年，有高校学术机构已将新世纪文学十五年作为选题研究了。可见时光的迅疾和无情。某天，因准备搬家，我整理抽屉，发现有那么一个牛皮纸袋子，在最里层，落满了灰，灰尘下面的牛皮纸上写着：诗集。两个字也褪了色，抽出来，是三百字的稿纸——那种80年代最常见的带有浅绿方格子的稿纸，稿纸正中，手写两字：苍白。这个书名，一看就是当年的英雄蓝黑墨水钢笔写的，而不是今天随处可见的水笔。说实话，我对着这沓诗稿有些不知所措，岁月里，这些诗，沉睡的时间真的太久。也许到了唤醒它的时候了。所以诗集的序和诗，一切都保留着原来的样子。1993年写的序言，我只字未动，我知道，这些文字距今已经二十二年——想一想都觉得时光流逝的凶猛可怕。但心里坦然的是，对于这些好似"冬眠"的文字而言，不管它是天真的，单纯的，还是简洁的，晦涩的，除了当年的"苍白"书题，这次出版前我改为"青衿"之外，对于全书中的诗题及诗句，我绝不修改，正是在这个意义上讲，诗集自序中第一句，便是："诗歌犹如我的编年，我是把诗作为日记写的。"日记无法涂改，正因无法涂改，它才可能是原先真实的自我的样子。

3.诗是深水火焰，诗是春光乍现

诗，是置于深水还能燃烧的一种蓝色火焰。写作于我，无论诗、文或其他，都无法违背当时的这种初心。这种初心，正如诗集的名字——《青衿》。也如诗集中的《蓝色变奏》式的间奏，是青涩的，也是忧郁的，像蓝调一般，覆盖着80年代时的青春。约瑟夫·布罗茨基在《文明的孩子》中曾说："任何一首诗，无论其主题如何——本身就是一个爱的举动，这与其说是作者对其主题的爱，不如说是语言对现实的爱。如果说这常常带有哀歌的意味，带有怜悯的音调，那也是因为，这是一种伟大对弱小、永恒对短暂的爱。"这部诗集当然出于爱，写的也是爱，但更像是一种弱小的、短暂的、易逝的爱，像青春的转瞬间。把握不住，但又偏要去抓住的感觉。这种"哀歌"的意味，也使我的诗无可挽回地走入内心，走向封闭。一些好心也好奇的朋友在谈论我的诗时总是不解，拿它来与我的尖锐、激烈甚至有些老辣、泼皮的评论对比，我想这不解已经有了几分不屑在里面。然而，我还是较为看重我的诗，它免除了几分职业的关系，与我的心靠得很近。

诗是深水火焰，诗是春光乍现。什么意思？是说在所有以语言为载体的表达里，诗的表达最不可思议，也最转瞬即逝。这种特点是由诗的性质决定的。正如我说过的，把诗作为心灵成长的一面镜子，而不是其他别种镜子，是难的。难在在一个陌生的氛围里不恐惧地解剖自己，而且要假以时日。刀便变成了锉，再以后，是打磨灵魂的锯齿。

然而，理性的切断，又常常使我不能彻底。这一点，友人们是对的。在我的诗里，固然难以找到近年诗潮的形式或观念滑过的痕迹，同时也因了性格，而变成一种自语，或自娱。历史就是这样不可修订，本色地保留下来，当然也源于与诗同样重要的诚实。

单纯是别一种苍白。

今天，我不想掩盖。

春光乍现。还有一层，就是青春再无可能在人生中第二次浮现，而留住青春的唯一的方式就是经由文字，将终将逝去的它牢牢地铭刻下来。别无他法。"青青子衿，悠悠我心"，两千年前到今天，都是如此。如果不是这些诗的存在，我们可能根本不知晓古人与我们一样，也有着与我们相像的青春的感悟吧。"青衿"字面意思为汉族传统服饰，在《诗经·郑风·子衿》中表示男子思念情人。原诗第一章的四句是："青青子衿，悠悠我心。纵我不往，子宁不嗣音?"译成现代汉语就是，你那青青的衣领，深深萦绕在我的心间。虽然我不能去找你，你为什么不主动给我音信? 也有解释说，把"青衿"作为春天颜色的象征，诗是用呼唤的口吻表达少女盼望春神来临的心情。从诗中看，我以为是写少女的爱情的，是少女在思念着如春天般青春挺拔的恋人。

或者可以这么看，两千年前的那位男子在吟着"青青子衿，悠悠我心"的诗句，表达着对他爱着的少女的思念，而这诗句穿透了两千年的光阴，来到一个出生于古"郑国"的少女的心底，她的回答是《青衿》。我与你虽然时隔千年，但万山无阻的却是这样一种心心相印。"纵我不往，子宁不嗣音？"哪里会不回答？哪里会不给你答案？哪里会让你的"音"断掉而从此消逝！诗之回应也正如朝夕。爱情虽和青春一样，是深水火焰，是春光乍现，可遇而不可求，诗也正是在这层面上与之对位，与之谐音，但一切美好的心愿，终会在迢遥的时光中找到那个应答的人。

4.大约总有些水，溅在水渠以外

谈这部诗集，话题自然离不开80年代，这几乎是我们谈论同时也正是新时期文学的真正起点，80年代，构筑了新时期文学的基石，许多对于今天文学发展影响深广的理论与观念都始自80年代，所以，80年代能够看作新时期文学的主体部分——注意，它不是萌芽，或者幼儿部分，80年代的文学一出手就是青壮年的，它在六七十年代时就已完成了精神的婴幼儿期，到了80年代，那些作家一上来的面目就是成熟的，甚至有些少年老成的样子。就是今天看，我们的文学能够有今天的模样，直接得益于80年代，可以断言，如果没有80年代的小说、诗歌和理论，今天的文学的整体面貌将是另外一番景象。打个比喻，如果没有80年代的青年的王安忆、韩少功、莫言、铁凝、路遥、张炜、张承志、史铁生，就不可能有今天的这个在世界文学格局中日益强大的中国文学阵容。

诗歌，在80年代同样是功不可没的。这个结论，已有文学史定评，我不在此赘言。但是有一点，我想放在这里说一下。文学的有意思之处，除了它是我们人在一定历史阶段中对"我们"的发现之外——新时期文学的立意和贡献我以为就是对于这个"我们"的再发现基础上的，对于"人"的发现基础上的对于"我"——"个人"的发现，在这之外，还有意义吗？有，文学史只是记录了当时的"共识"，这共识形成"公知"，在历史阶段中凝结、固化而为"知识"。这"知识"就是我们现在普遍认同的文学史。但时间中，总会有一些，甚至是更多的漏项，不止新时期，文学自有"史"以来，都避免不了。这一点我们必须承认，不然不会有今天，我们不会有对食指的认识，对木心的解读，也不会有"地下诗歌"或者"抽屉文学"、"潜在写作"的概念和研究，时间中总会有"漏下"的部分，我们每一代都不能够说我们的文学史已臻完善，如果完善达成的话，我们就没有去重写文学史的必要了。但事实上，文学是一直在"被"重写着，这个道理已是理论界的共识。这可能就是当代文学的特点，或者魅力所在。它有不确定性。它是变动不居的。其实，不仅是当代文学，现代文学也是如此，甚至，我以为，古典文学也存在着这种可能。

我说这些，并不是想说被遗漏的文字有多重要，但是被遗漏的文字的存在构成了文学的丰富性，同时也说明了文学史的复杂性。我说这些是想强调我们面对的是永动的时间之上的人类的情感，后者也是永动的，它从不固定，而且不会停止不前。我们每个个体——无论作者，还是读者，都处在这样一个永动的而不是僵直的时空中，所以从广义的角度而言，了解自我都是一个新的课题，更遑论概述一整部文学史。

同样，从这一角度看，《青衿》是我重新面对这个时空时，对自我的一次认定和检视。大约总有些水，溅出在水渠以外。从我本人的角度讲，也是这样。我的这多年的对外"形象"，或者说是界内认定的话，总是一个评论家的形象，大多数人知道我写散文，不知道我写诗，更不知道我八九十年代就一直以笔名发诗，那时在《诗刊》《十月》都发过诗。很多人看了我最近在《上海文学》《十月》《人民文学》发的诗，见面说："你开始写诗了啊？"其实，写诗，量不多，大多时候一年也就十几二十首，产量很少，但一直也没停过。以后也不会停下来了。

放在这里的，不足十一，且都是旧作。

一百零八首诗，与岁月一起浮现出来。一百零八，依老说法，有人解释为人类经历的百种劫难，如佛家人手中的念珠，可以计出劫难的数目。1990年，去五台山，请了一串桃核的，就一直放在匣中。今年去海南，又请了一串砗磲的，一百零八颗小小的凝固的瞬间，就这样隔了近三十年，又放回在了苍白的纸上。

只有这些了。

但不是一切。

可以为证的，只是白发暗生。衣襟青浅。仿佛是在印证，劳累的、不朽的青春，你度我，我们，选择了怎样苛刻的方式。

5.什么是灵魂，什么是肉身

我在这里所说的灵魂与肉身，没有任何褒贬意味。生活本身就是"肉身"的形态，相比之下，文学是"灵魂"，而文学中如果再分，从语言呈现的形态而言，小说像肉身，诗歌是灵魂，这并不是说小说就不呈现灵魂，但小说呈现的方式是借助了更多的生活原有的形态，比如人物、事件，种种。这么比喻，我也不认为灵魂就比肉身高一等级，我只是从语言的提炼，或者诗歌不同于其他体裁尤其是我们更多人阅读的小说的性质来看，小说无论体积还是重量而言，都远远大于或重于诗歌，它的内藏的丰富性和复杂性，它的体量，它的对于人物、事件、历史、现实等的叙事和对于心灵、人格、伦理、思想的借由人、事的诉说，都远大于和多于诗歌。诗歌也有人物或事件，但它是片段的，并不一定要将整个来龙去脉交代清楚，它的这一刻与另一刻，也是可以跳跃着走的，但小说就不同了，跳得太快的话，会让读者摸不着头脑，可能还会造成叙事硬伤。这是诗歌比小说自由的地方。小说无法逃离它的肉身，小说自身就是一个肉身的存在，这个存在里装了器官、内脏，还有供给它们生存的血液循环系统，缺一不可，它是一个系统工程。当然偶有小说也写得如诗一般，并不讲求小说做法。但相对于小说法则而言，诗化小说仍是少见。诗歌不然，它像灵魂一样，或只有"21克"，可以不那么"实"，更多时候它是一种"灵"的呼吸。它可以暂时逃脱烟火气，而不通过过于具体的人、事言说存在，就是说，它所言的存在可以跨过大量生存的事实而直接言说。而我做当代评论和自身写作，就如厕身于两者之间，一边是肉身，一边是灵魂。有人问我你不分裂吗？灵与肉的关系其实并不是分裂的，小说给我们认识，诗歌教会我们爱。爱必基于认识才可能真实和持久。其实这才是常态，灵魂与肉身俱在，文学与生活共存。甚至是，文学依生活而存。

文学不等同生活，正如诗不等同于"艺"一样。敬文东曾在一篇文章中引用过诗人 T. S. 艾略特的一个观点，艾略特的目标是要写出一种本质是诗而不徒具诗貌的诗。他说，诗要透彻到我们看之不见诗，而见着诗欲呈现的东西，诗要透彻到我们在阅读时心不在诗，而在诗之指向——跃出诗外，一如贝多芬晚年的作品"跃出音乐之外"。而那"跃出诗外"，则是对于灵的触摸。虽然诗人知道大多数时间这种"触摸"也是一种心存的可能，并不能够抵达得到。

关于"灵"之所在，每个写诗的人都有个人见解。我曾在一次国内诗歌节上借朗诵自己一首新诗做过表达，这首诗是《此刻》：

此刻地铁 / 灯光转暗 / 车厢沉寂 / 突然来临的 / 静默 / 好似时间 / 被谁裁掉 / 此刻 / 被拿去的 / 这个瞬间 / 你不坐在我的 / 对面 / 你在 / 哪里

此刻深夜 / 我对人生的 / 奥秘 / 并不全然 / 了解 / 比如 / 血与钙 / 骨 / 密度 / 爱或 / 苦 / 此刻车行 / 南京合肥 / 膝上纸笺 / 已缀满 / 抵达的 / 珍珠 / 此刻夏至 / 字句汹涌 / 繁华无尽 / 此刻 / 你不在 / 我的 / 纸上 / 你在哪里 / 隐身

这首诗写于南京至合肥的高铁上，其中深夜、地铁言说的是具体的时间、地点，但是那个反复出现的不在场的"你"，却是抽象的，"你"的抽象不在于所指的"不在场"，而在于这个"你"，是一个在所有时间地点中闪现的"光"，它不落定，它总在别处，它是一个乌托邦式的存在，是一个指向未来、不确定但也不虚无的"实在体"。

叙利亚诗人阿多尼斯在他的短章中，曾写下这样的诗句：

每一个瞬间／灰烬都在证明它是／未来的宫殿

这个意义上讲，那个"你"的不存在或许是现实的，但是对于那个"你"的呼唤的确是必要的。

与小说家不同，大多数时间，诗人言说的不尽是一种现实。他传递给我们的更多偏向于真理。战火纷飞的灰烬，身体躯壳的灰烬，日常生活的灰烬，生存磨折的灰烬，它们本不具备诗意，它们甚至在诗意的反面，是对立于诗的"物体"，但诗人的心仍对其保有怀想和信念，这些人类制造的灰烬，它们的指向并不是坟墓，不，它并不指向死亡和掩埋，而是成就着未来的宫殿。

这就是诗歌，于荏苒时光和日常生活的"灰烬"中证明，活着之上，仍有一个宫殿。小说家当然也造屋，但我以为，小说是在现世世界造的房子，而诗人，更像是被"上帝"选中的人，在世界不断的破坏和有序的更迭中，他们重任在肩，身负使命，在现世之上，要造一个"天堂"出来。

这样理解，诗人的写作，正是借助生活中的最具体的"灰烬"，而呈现远在天边的神秘之城，那个"海市蜃楼"一般的"宫殿"；它虽其遥远，看不分明，但却在你我的书写中渐次成形，真实存在。诗歌是什么？要我看，就是借由沉溺的日子、混沌的景色、绝望的气氛、滚动的海滩，借由流沙、坚石和水，借由轻的回忆，重的思想，惆怅、孤独和伤痛，而打开一颗颗封闭的、幽深的、隔膜的、"囚室"一般的心，在这座心的宫殿里，点上一盏灯，笼上一把微火，备上一些取暖的劈柴，让整个心房，像宫殿一样亮起来。

正如现在，在我们的言说中，书写中，在我们的讨论中，朗诵中，在我们的心跳中，呼吸中，大殿正在搭建，正在筑成。它植根于大地之上，完工于一代代前赴后继的"我们"手中。

在这一点，我赞同约瑟夫·布罗茨基《悲伤与理智》中的观点，"就人类学的意义而言，我再重复一遍，人首先是一种美学的生物，其次才是伦理的生物。因此，艺术，其中包括文学，并非人类发展的副产品，而恰恰相反，人类才是艺术的副产品。如果说有什么东西使我们有别于动物王国的其他代表，那便是语言，也就是文学，其中包括诗歌，诗歌作为语言的最高形式，说句唐突一点的话，它就是我们整个物种的目标"。

诗歌，正居于由语言搭建的未来宫殿的最高层。正如布罗茨基更为诗意的表达——诗歌作为语言的最高形式，它是我们整个物种的目标。

此刻，我想，因了这个目标，这最顶层的未来宫殿，我们今天，以语言为生存方式也视其为生命的人，才会顶礼膜拜，不懈不倦，躬身前行。

2015年8月写，12月改定

《作家》，2016年第2期

对

谈

"我看见她手的温度将矿石唤醒"

何向阳　舒晋瑜

歌德曾说:"在艺术和诗里,人格确实就是一切。""……关键在于是什么样的人,才能作出什么样的作品。"

近些年,评论家何向阳在深入研究人格论、撰写评论文章的同时,重又回归到少年时期就挚爱的诗歌创作。说"回归"或许并不准确,因为她一直也并未远离,只是生命的年轮流转,以无可名状又不容更改的理由将她慢慢带到既有的轨道。

诗歌于她,既如瀑布奔流不息,也如泉水潺潺而流,从长句到短句,从纯真而稚嫩的情诗到充满思辨的哲理,何向阳的诗歌充满生命的激情,饱满着,怒放着,诉说着。

她曾如此形容作家的使命,"像茑萝,它们长在潮湿破旧的矮墙旁,发现它们,写出它们,并把它们牵引到有阳光的地方去",其实,这也是她作为评论家的使命之一。而此时,她将二者无缝地美妙对接,呈现出一个多面而丰富的诗人兼学者的面貌。

我们相识于2001年。在北京图书大厦举办的"走马黄河丛书"发布会上，第一次见何向阳。丛书中收入她的《自巴颜喀拉》。在人声鼎沸的嘈杂中，何向阳安静、温婉、谦和，和她细致入微的文学笔调紧密地糅合，留下一个严谨扎实、温文尔雅的学者印象。一晃，时间过去了十九年。

2008年，何向阳自河南省社科院文学研究所调入中国作家协会创作研究部，一直活跃于文学评论界；近两年，何向阳先是拿出了封存多年诗歌集《青衿》，紧接着又出版《锦瑟》，于是"著名评论家"何向阳又加了一顶"诗人"的桂冠。

舒晋瑜：2015年出版的诗集《青衿》，是你创作于上世纪八九十年代的诗歌，一直没有出版？

何向阳：其实诗集已经编好，序也都写好了，因为那时相对于现实的丰富性而言，觉得自己的经历很苍白，诗集当初就定名为《苍白》。

那时候还不太用打印稿，直接把发表的诗粘贴到稿纸上，很厚的一本。评论家耿占春看完说：可以出版了。但是当时我正专注于理论评论，一直也没理会出版的事，那是1993年。诗集的稿子一放就二十多年。1996年，我出版了第一本评论集《朝圣的故事或在路上》，入选"21世纪文学之星"。

舒晋瑜：听说出版时一字未改。是不悔少作，还是对自己青春岁月的一种纪念？

何向阳：《青衿》是从几千首诗里选出来的一百零八首。那时写诗就像写日记一样，状态极好。当时辑在一起的一百零八首，取名为《苍白》。现在的《青衿》，只是书名改了，重新取的这个书名有一种青春缅怀的意思，同时也是对"青青子衿"岁月的一种致敬，当然，也包含有对于《诗经》传统的一种文化上的呼应与传承。毕竟，"青衿"这一书名的来源是《诗经·郑风·子衿》，与我成长的家乡也有一定渊源。当时上海人民出版社文景出版公司的编辑问我其中的诗是否要修订一下，我坚持一字不改。我对自己文字原初的样子，还是很有信心的。

舒晋瑜：为什么？你的信心来自什么？

何向阳：从理性上说，同时做评论的我很看重作家的第一部书——不是出版意义，是生命意义上的第一部书，可以从中解开他的创作奥秘。也许作家写到后来风格、思想都会起变化，但是倒腾一下"线头"，总会从他的第一部书里发现很多节点，也就是创作的秘密。这种发现很有意思。为什么做创作心理研究？源于我对这初始的"线头"很好奇。当然这种好奇也包含对自身的好奇。《青衿》里有我十几岁写的诗，到出版的这一天，三十二年过去了，我最初是什么样子？那个最初之中隐藏了哪些也许连当时的我都不甚明了的东西？总之，有一点"寻找初心"的意味。

从感性上说，《青衿》出版后成为一个引子，引出我重新写诗的兴致。我的诗歌创作曾中断了几年，2010年之后写得特别多。

舒晋瑜：《青衿》成为后来诗歌创作的引子？

何向阳：随着现代化进程的加速、生活的迁移，我们离自然越来越远。可是在重新整理、录入诗句的时候，我发现自己写了那么多苹果树、梨树、山楂树……这也是诗评家霍俊明的一篇论文中提到的。大自然就放在那里，它一直在那里，不曾远离，只是我们走着走着看不见它了。诗，让那些景象跨越时光又回来了。有一种找回亲人的感觉。

也和心境有关。这几年，我经历了和两位至亲的生离死别，又生了一场病，对生命有一个重新认识的过程。长时期以来我不曾注意季节变化，我的生命是在格子里的，无论是办公还是居住环境。我只是和电脑和书和论文和思想打交道，生命中的有些疼痛是思想和理论解决不了，但是在大自然开阔的视域中它得到了修复。病愈后我经常去当时居住的院子的后山——the post mountain——散步，发现好多植物，有叫得出名的，也有更多叫不出名的。在跟自然的对话中，以前的那些美好的场景又返回来了，人生的疼痛得到了疗愈。格子打开，自然的、诗歌的气息又回来了，有点"灵光乍现"的意味。但这次我不会再让它消逝了。《锦瑟》就是从近几年——大多在2010年以后创作的诗歌中选了七十首。其中的后半部，关于自然的诗非常密集。

"我的文学初心从诗歌开始，这颗心一直保持到现在。"何向阳依然是美好的、安静的，岁月似乎没有在她身上留下太多痕迹。但是，只有她和熟悉她的读者知道，这平静的背后，隐藏着生命的裂变和重生，她以最接近灵魂样式的诗歌，勇敢地解剖自己，书写生命的灿烂和优雅。

舒晋瑜：评论家程光炜认为你的诗歌是"别样的'八十年代'诗歌"，你如何评价自己的诗歌在那个年代中的独特意义和价值？

何向阳：程光炜对《青衿》有专门的文章，他的观点给我启发。文学史上，"60后"的诗歌创作遗漏了很多。"归来的诗人"、朦胧诗人、西部诗人、女性诗人等，上世纪八九十年代，中国的诗歌队伍庞大而整齐。我所在的郑州大学也成立了清潭诗社，几个爱好诗歌的同学一起油印诗刊，发表后在学校广播里播出，也很红火，但毕竟是一个省会的大学校园。邵燕祥、叶延滨、昌耀、舒婷、海子、骆一禾、西川、臧棣、欧阳江河……他们的诗歌和时代关联密切，是火山的姿态。我们生活在一群声名远扬的著名诗人的影子下，表达不是第一要务，我那时的诗有感受有激情，也很纯净，很可贵，但可能在那个光芒四射的时代，只是属于萤火的光，的确，它确实是生命中发出来的火光，但并不光焰万丈，而呈现出的是一种低语的带有思辨色彩的倾诉。

舒晋瑜：从少年时代开始写诗，写了近四十年，你如何评价自己的诗歌创作所经历过的变化？为什么那么喜欢用短句？和气息有关，还是其他原因？

何向阳：诗风、修辞、格局都有变化。原来的诗歌中，有"蓝色变奏"，除"蓝色变奏"之外，总有一个"你"的存在，"你"是理想的，强大有力。到了《锦瑟》，毕竟是中年之后的写作，反思、追问的东西多了，有了一个"谁"。《青衿》诗集中，多首抒情短诗之后，总有一个名为《蓝色变奏》的组诗，作为间离，仿佛一个"隔断"，让漫步的"我"有一次加速度，短跑中的冲刺一般。当然，"蓝色变奏"的反复出现，也不只是起到一种"体例"式的作用，而是多种"心情"组合而成的一种"心象"。这种"心象"仍然是与青春时的那个"我"有着内在的呼应。那是一种勃发的行进，深度的自律，理性的怀疑。而到了《锦瑟》诗集，它的间离变作了一首同题诗《谁》，这七首《谁》，隔开了多首短诗，多首短诗反而成了一组一组的，而《谁》却成了一首。当然，这也不只是体例上的故意。当然，这个"谁"的所指空间是无限大的，"谁"不是一个具体的他人，也不只是一个有待无限认识的自己。他究竟是"谁"，还得由每一个读诗的人去解读认识。

说到短句，原来我写的句子很正常，现在逐渐做减法了。生病之后，病愈之后，最想写的都是诗，想写自己最有感触的也最让心灵自由的东西。写短句主要和我的气息有关。有时候一个句子分三行，不是有意为之，写到那里，自然而然地觉得就该转折。2015年在上海参加国际诗歌节，我朗读《此刻》一诗，臧棣注意到了这一点，短句子，我们还就此做了简单的讨论。这倒提醒了我。而霍俊明在2017年关于《锦瑟》首发的对谈中，将之表述为"悬崖体"。这种讲法很有意思。当然这是从气息与形式而言，到了后来，与北乔谈及这种"悬崖体"风格时，他又讲了气息、形式之外的东西，一种革除，删节，或留白。我想到的是，自觉不自觉地选择这样的"悬崖体"，大约是对我个人喜写长文理论的一种叛逆，那么在诗里我尽量短，用最少的字，极简主义。诗人之间的谈话往往就是这样，在对语言的追索和表达上，他们不打妄语，较小说家之间的对话要更认真和准确一些。

舒晋瑜：很多人注意到你的"典雅温婉"，总觉得你的诗歌中流淌着一种淡淡的忧郁。你写诗的状态是怎样的？青年评论家霍俊明说你近几年的诗歌写作几乎达到"休眠火山的密集喷发"，是这样吗？

何向阳：诗歌的灵感稍纵即逝。我是随时随地在写，散步的时候，买菜的时候，看孩子的时候……床头备着纸笔，有时候深夜醒来，有几句诗觉得不错赶紧记下来。好多诗最终还都呈现出"正在进行时"的状态，有着未完成的面貌。诗在日常状态中是一个停顿，我称之为"美的时刻的停顿"，它一下子提醒你：日常生活之外，还有另一种人生。它让你不断地回到纸上。

霍俊明评价的"火山喷发"有一定道理。我的诗歌写作虽然开始得很早，但在总体写作中占的份额很少，一直处于压抑状态，从1993年以后有将近十年时间的断流。2014年之后，《十月》《人民文学》《诗刊》《北京文学》《上海文学》《作家》《大家》等十几家刊物都发过我的诗歌，2017年还获得"上海文学奖"的诗歌奖，这是我的第一个诗歌奖，也是目前唯一一个诗歌奖，我很看重。在此之前，我获得过鲁迅文学奖、冯牧文学奖、庄重文文学奖，都是文学理论评论奖。当然理论评论也是创造，是思想的创造，但自己在中年之后的另一种接续起少年时期的创造——心灵的创造——得到一种承认，心里的喜悦，可想而知。

舒晋瑜：《锦瑟》中有一辑是"不止是火"；还写过组诗《淬火》；诗集首发，主题是"谁的手扶着火焰"……你如何看待"火"的意象？

何向阳：火的意象的确常出现在我的诗歌里。我也写过关于水的诗歌，水的波纹涟漪都是平行的、顺从的。如果说我的青年时期是水，内敛平稳安静，是吸收的状态；中年时期就是火的喷发，是一种上升的状态，想要把自己的表达释放出来。每个人生命的状态不一样，这个状态在别人可能来得比较早，而我就迟了一点。我母亲曾说我是大器晚成，也许有些道理。"火"的意象，的确在我的诗里是常常出现的，但它们并不孤立，它与水的意象大多在比例上还并不失衡，比如写水的较有代表性的一首是《顺从》，而写火的比较好一些的可能就是《淬火》，前者从水写起，当然写的是道之柔弱，是大的文化意象，是一种联结了传统的文化意象；而《淬火》一诗，写的则是写作本身，是火中取栗，它有些现代感，而且是写一位女性诗人的写作。所以有那些诗句写出来——我看见她小心地／把手伸入／矿井，以至——曾经的烈焰／烟火的纹理／幽闭的灵魂苍老，——直到——我看见她手的温度／将矿石唤醒；最后是，而我最想看见的／是她如何／将火种／从地心取出／以一种洗礼的仪式／完成淬火／再将亘古的疼痛／揿成纸上的／一枚枚／铆钉。这是作为诗人的我的精神自况。

2017年《锦瑟》在小众书坊首发，来了许多朋友，有的根本不写诗，评论家、小说家、翻译家、编辑家都有，多是我的朋友，还有更多的朋友我未及通知。那一天正值我生日，一切都是机缘巧合，小众书坊的院子，已经有秋叶在地，风很大，彭明榜将"谁的手扶着火焰"印在院子门口的广告立牌上，风吹得上面嘎嘎作响。那上面的字，是我的一句诗，在《锦瑟》诗集中的《谁》中的一个诗句。《锦瑟》诗集中有七首以《谁》为题的诗，它的命名也是无名，似乎像一个不断重复的句式，或者音乐中的复调，一再地出现。而这句"谁的手／扶着火焰"其实是当时的一种场景，或者一种心理的诉求，那时我的身体正在恢复之中，生命的火焰需要护佑，的确，我得到了。生的喜悦，手的搀扶，感谢这些在我的生命之火最需要保护时出现的友人，火仍在燃烧，这燃烧的能量也更懂得了怎样为别人贡献出自己的热能。

舒晋瑜：《锦瑟》作为"第三季中国好诗"之一出版，能谈谈你对"好诗"的理解吗？

何向阳：每个人评价诗歌的标准不同。不管时代如何变化，我觉得深入灵魂的诗歌才是好诗，把灵魂深处的奥秘揭示出来给他人以恢宏的想象空间。好诗有点像音乐，给你提供无穷的想象力。比如第三季里，荣荣有一首诗《隔空对火》，提供想象的空间就非常大；娜夜有一首诗《合影》："不是你／是你身体里消失的少年在搂着我……"这是一种时间意义的美。商震的《心有雄狮》意象也非常美。前一段读保罗·策兰的诗，他的《暗蚀》是在精神病院写给爱人的诗，特别敏感纤细，内藏激情。那是爱与死亡的较量。你会发现原来有那么多美好的东西被我们忽略掉了，蓦然回首，它一直在那里，它就在那里，只是我们出于各种各样的原因没有与它保持同频，只是平日里我们没有带有深深的尊重和虔敬的心情去看。那是一次重新的看见。诗的意义，我以为，就在于记录和保存这种日常生活中的虔敬感。它使我们的生命不同以往，获得提升。

舒晋瑜：诗歌创作大约总是需要激情和灵感，很多诗人年纪越长创作力度越小。你的情况恰恰相反。

何向阳：诗歌与诗人的关系极为微妙。相对来说，有顺其自然产生的诗，也有因了生命中的某些事情的出现而突然降临的诗。于我而言，两种情景均有经历。第一部是前者，第二部是后者，所以《锦瑟》较之《青衿》而言，更像一个"突发事件"。是诗意的突然降临。也是一场疾病之后，身体调动了生命中顽强的力量，并激发你自己可能都意识不到的能量——那些日常生活中被遗忘掉遮蔽掉的东西，总有一天被生命中突然出现的与生命有关的事件激发出来，如果能够超越日常而将之记录下来加以留存，以一种非同寻常的方式，完成与自我生命的一场对话，这本身就是诗的。这种诗有一种趋光性，它较之前者情形出现的诗歌——青涩的甜美的惆怅的——有了极大的改变，它的凛冽与尖锐，它的质询与坚持，以及于此磨折中产生的对于艺术的信仰，都是以前不曾出现的。总之，它要"真"的东西，你要以最"真"去对待它，否则它不给你。就是如此。诗歌是人类语言的峰顶，登顶的过程，是诗人成为诗歌的过程。这种峰顶之险峻，这个过程之壮丽，不亚于攀登珠穆朗玛峰。当然我说的是精神意义的。许多时候，我们可以凭借一定的才华到达半山腰，有的登山者就待在了那里，但是如果你是一个真正的登山者，你绝不可能停足于此，许多时候，你以为诗歌的到来可能只是生命力自然呈现的一种状态，但实际上它一直在向你要一个高度。它也始终在检验你能够达到的高度。

　　在众多的评论家当中，何向阳是少数能够坐下来与作家对话，愿意深入作家内心深处的评论家。这种对话，无疑使她付出更多的精力和心血，但收获也是毋庸置疑的。

舒晋瑜：和多数评论家不同，你既做理论文章，也和作家有过深度对话。

何向阳：我们习惯于通过阅读作品认知作家，其实不论是评论家还是专业读者，不能把人的因素忽视掉。作品和作家是相互补充的。西方的评论家，"别车杜"和他们同时代的作家都有深度的交往，不是只看文本。那是一种面对面的交流。英国的伍尔夫也有很多作家朋友，凡·高和高更曾住在一起，他们之间有交流也有冲突。总之他们之间的文学理论和文化交流都是互相渗透，并非互相隔离。作家和艺术家之间、和哲学家之间、和思想家之间，精神领域的创造者必须有这样的场域，就像《流动的盛宴》，进行精神的互惠，共同创造文学的高峰。如果都只满足于单独的隔离的个体，就容易闭门造车。在一个时代，在一个地理文化环境中，和作家一起创造精神的深度交流、深度对话，探索他们的精神世界，再去复读他们的作品，他们创作出来的文本，大有不同。理论家评论家做的是这样的事情：把散落在不同树上的最好的果子采摘来，供奉在读者面前，告诉他什么是成熟的，什么是生涩的，哪方面是有阳光的，哪方面可以更丰满一些。这是理论家评论家必须完成的使命。

作为普通读者，可能只满足于作品对自己的营养，更高一层的阅读需要在精神链条上衔接传统，进一步提升精神领域的话，我们的阅读应该是深度的，这样才能够帮助读者，引领阅读。同时也在阅读中经由思考完成自我的创造与进化。

舒晋瑜：你的第一个对话对象是？

何向阳：陈村。上海一位非常优秀的作家。上世纪80年代末或90年代初，我读了他很多描写安徽知青生活的作品，包括《蓝旗》等，非常打动我，能够拨动我的心弦，大概和基因有关。我父亲祖籍是安徽，小时候我曾经随父母下放到乡村，陈村的作品对接了我的生命体验。

我写了一篇《隔着墙壁的对话》发表在《上海文论》。后来陈村看到了，觉得很独特，特意给我写了一封信。80年代，上海作协组织了一次与河南作家的互访，有三十多位上海作家来到郑州，那是我第一次见到金宇澄、陈村等。陈村见到我说，咱们一见面就不是"隔着墙壁"了。我还把陈村请到我家，我母亲做了火锅，边吃边聊。所以有一种观点说是理论评论家不要与作家交朋友，会影响对于作家的客观评价，我不以为然，与作家的真正对话，或者说与那些可称为真正朋友的作家之间的对话，是谈问题的，是相互激发的。

舒晋瑜：你为什么喜欢对话？对话次数最多的作家是谁？

何向阳：原因大约是想更深入地了解一个作家的真实想法。或者同时也在印证自己对于作品阅读得来的一些想法。作家写作时屏蔽掉个人很多东西。我在《人格论》这部书的写作中发现，作家艺术家有人格统一体，但这个统一体是由"写作者他"和"作品的他"结合而成的，这是一个非常复杂而且丰富的"他"。这个"他"的体量，远远大于"他"提供给我们的有限的文本，就是说，在他提供出这些文本之前，那个"他"就一直在场。是那多个在场性组合而产生了文本。文本只是一个结果，无数个"在场性"才是过程。我想很少有理论评论家不对这个创造的过程感兴趣而只在意一个结果是什么。可能性本身就是文学的。阅读作品时，我会希望了解文字背后的东西，一个人喜欢作家的文字，就想全方位地了解作家的精神世界，不是说只看到作家的简单"供词"——纸上的文字就能满足。

我和李佩甫进行过多次深入的对话。那时他刚从许昌调到郑州，在《莽原》杂志当编辑。传说李佩甫对写作要求特别高，周围不能有任何声音，要绝对安静。我特意找他核实，他没承认也没否认。李佩甫的写作有寓言性，《红蚂蚱绿蚂蚱》写得很瑰丽，有魔幻现实主义的色彩。当时就觉得很新鲜，感觉他在天空俯瞰平原，跟其他的河南作家不同。采访李佩甫，是在他家里，用了几个晚上。访谈在他书房，氛围确实神秘，没有现实干扰，没有任何声音，我们谈得也很充分，包括关于神话如何进入书写——中原的这种神奇只在上古时期才有，精卫填海、女娲补天……随着战乱、饥荒，神话的东西在文学中消失了，人的襟怀缩小了，变成实际的生存，想象力也萎缩了。这篇长达万字的对话题为《文学与人的神话》，发表后收入《彼黍》理论集，我想1994年12月的这次对话让我掌握了深入了解李佩甫作品的一把钥匙，后来看到的对于平原植物与人的比喻我便不感惊奇。当然对话并无终止，直到2020年第5期《北京文学》我还有一篇万字的评论《何以无边无际？——重读李佩甫〈无边无际的早晨〉》，这与90年代初我们的对话时间已过了近三十年了。

舒晋瑜：选择与张承志对话，有何背景？

何向阳：1988年我读硕士研究生时，导师鲁枢元给我们布置的论文是从作家论开始。我在《十月》上看到张承志的《北方的河》，写一个决心报考人文地理的研究生去田野考察，我非常喜欢那种理想主义气质和对青春、对生命的思考，一种气质上的吸引，同时也是一种文学理想的共鸣。这也是我后来参加"走马黄河丛书"的原因，我写的《自巴颜喀拉》和《思远道》两部书，其中可以看到这种影响。张承志所有的作品以及相关评论，能找到的我都找到了，还在1990年和作家本人有过一次访谈。我列了很多问题，有十多张纸吧，他都耐心回答了。张承志是很真诚的一个作家。他当时看了我写的研究论文，《朝圣的故事或在路上》的初稿，就问："这些话是我说的吗?"我说是，发表在某年某月第几期《上海文学》上的，篇名是《泛夜海记》。我对他作品的熟悉程度，令他本人都非常吃惊。

舒晋瑜：我发现你特别重视作家的访谈。一般评论家只是面对文本，很少有人像你这么肯下功夫面对作家采访。

何向阳：人与人之间面对面的交流特别重要。访谈在我的评论中占的比重很大。多数评论家更注重文献，我看重访谈的鲜活性，比看作品的信息量大，有作家的气场、气息，还有很多信息扑面而来。访谈是了解作家的重要部分，有点口述史的意味，访谈里的作家是立体的、活生生的人，而不是打印出来的字。好的作家都应该留下访谈，否则这个作家是平面的、隔离的。

现在大家对访谈有曲解，认为是初级的对话，把访谈理解成新闻报道。要想深入认识作品，和作家的深度交流非常重要。当然也可以通过散文、不同的回忆录还原一个作家，那只是轮廓的还原。面对面的访谈，就像进入后台，进入心灵的暗示。好的访谈是两个人心灵的碰撞，是相互提升，共同成长。

舒晋瑜：张承志后来几乎不写小说，你理解他放弃小说的原因是什么？

何向阳：小说的叙述方式大概已无法涵盖他的思考。小说毕竟还是要找到人物、故事框架。他在散文中找到了更直接的表达方式，这种变化丝毫不影响他的文学成就和文学史地位。

舒晋瑜：选择谁作为评论对象，你都有哪些标准？

何向阳：还是希望选择和自己有精神共鸣的作家。还有那些给自己对世界的认知带来启示的作家。第一种作家，于评论者而言，是一种镜像式的存在，他就是你。你之言说带有自述的色彩，你需要在他那里印证到一些东西。第二种作家比较复杂一些，他带来一些你之外的东西，这些东西——也可以是自然的，也可以是你原来并没注意到的人性的种种，总之，总以一种你意外的方式提醒你。

我最早做作家论，大多倾向于第一种作家，就是"他"与"我"有着精神上的联系，我需要在我对他的解读中，解释我。

这从我曾写出的作家论中可以看出，比如写莫言的《一个叫"我"的孩子》，写张承志的《朝圣的故事或在路上》，写曾卓的《无名者的潜在写作》，是一种自证。有一天，我翻看自己的书，被这三篇长文给震了一下，把它们并排放在一起，是童年、青年和壮年，难道在自己的评论文字中也隐藏着某种生命的秘密吗？梅洛－庞蒂曾说，"生命与作品相通，事实在于，有这样的作品便要求这样的生命……生命是作品的设计"。这句话我于《文学：人格的投影》中曾着重引用，这篇写于1991年的论文于今已过二十九年，反身再看，梅洛－庞蒂的话的确是至理名言。而到了后来，对于作家的定向的解说已不能满足一种表达时，评论转向于问题和现象，这时写了一系列的现象论，比如《家族与乡土——20世纪中国文学潜文化景观透视》，就是将"家族—乡土"母题视为一种业文化思潮作为视点，研究这种将人类寻求一种更大力量的渴望和与这强大力量永远结盟在一起的理想，这种以乡土文化为基石，以家族文化为核心的理念在一个世纪中文学作品里演变揭示出来，如此，《白鹿原》《李氏家族的第十七代玄孙》《活着》等中的历史现象、文化寓言、生存镜像都可以迎刃而解。

再比如，《不对位的人与"人"——人物与作者对位关系考察暨对20世纪中国文学知识分子形象及类近智识者人格心理结构问题的一种文化求证》，探讨的是20世纪中国文学中的知识分子形象，所谓的"不对位"是指作者人与作品中的人物的不对位，这个话题从冯雪峰回忆录中讲到的与鲁迅先生于1936年6月言及的中国知识分子问题谈起，不仅有纵向的检索，也有横向的比照，如此梳理了中国作家对于知识分子形象塑造中的种种问题，以亲证那个"刚健不挠，抱朴守真"的文化人格。这次梳理对我而言非常重要，如此，鲁迅、茅盾、巴金、叶圣陶、钱锺书、路翎、王蒙、张贤亮、贾平凹及其笔下的人物，以及但丁、歌德、赫尔曼·黑塞、罗曼·罗兰、卡赞扎基斯等，他们和他们的人物已经越过一大堆历史的材料而成为你的对话对象，在论证中变得清晰。

还有，《12个：1998年的孩子》，从1998年发表出版的十二部文学作品主要是小说中选出十二位孩子的形象，一一述说，想要解开中国当代作家对于孩子心理探索的深度，莫言、王安忆、王小波、刘庆邦、迟子建、艾伟、李亚等十二位作家的作品，给我的认识可真多啊，这种对于作家作品的深入解读，加深了我对于文学作为一种语言呈现方式的目的的认知。同样，《夏娃备案：一九九九》，以1999年度小说中的女性形象作为线索，从中选择出十二位女性作家的女性小说中的女主人公形象加以论证，试图从铁凝、池莉、蒋韵、孙惠芬、魏微、方方、王安忆的女性形象中找到她们书写下的"她们"人生。这种论文颇费心力，第一，它面对年度内的大量小说文本加以打捞，读书量很大；第二，它首先面对的是问题，女性问题、孩子问题、知识分子问题，你得对此加以打包、归纳、梳理、解答；第三，你的知识系统中除了文学这最基本的人学素养，还得有与人密切相关的哲学、心理学、社会学、人类学诸多积淀。但是解决种种繁难的过程也是一个相当迷人的过程。有一天你发现，把它们放在一起看，咦，这四篇长文，研究的农民（家族）问题、孩子问题、知识分子问题、女性问题，也是20世纪初鲁迅小说中抽出的四个线头，或者对于它们的论述不过是对鲁迅先生的《阿Q正传》《狂人日记》《孤独者》《祝福》中的问题思考的延展。所以，你在文本解读与现象阐释中不仅在与当代的一个个优秀作家对话，而且同时也在与思考过这个问题的历史上的优秀者对话，这种对话大多时候也是精神意义上的，因为许多文学史上的优秀者我们真的是在现实中已无缘谋面，比如鲁迅。当然对于他的精神性继承，每个人采取的方式并不一样。

舒晋瑜：这种对话对评论有何补充？

何向阳：这种对话不仅对评论有补充，我以为对未来的文学创作本身都有一定作用。它是双重的，也是双向的。我们这一代"60后"人，上大学时正值改革开放，各种哲学思想被介绍到中国，受康德、黑格尔、尼采、叔本华、海德格尔影响较大。如果学习的全是理论的知识，只是接受，那么创造在哪里？我们长期以来习惯于自己是一个接受者，一个学习者，一个读者，但是接受不是目的，接受的目的在于创造从接受者到创造者的角色转换，其实并不简单，这里面有一种内在的主体机制在起作用。就是你必须在一大堆的"材料"中找到你"自己"！当然在一个接受者的层面而言，在文学研究方面，我希望材料也不单是集聚在文学文本方面，若想从思想方面得到有力的、个性的补充，从而找到真正的"自己"，就必须越出文学这种单一的材料。一句话，你要做一个文学人，必须对人所创造的一切与人有关的思想感兴趣。就是说，你必须对人感兴趣，对人生活于其中的自然感兴趣。文本对于理论的补充，对话对于文本的补充，以及在这所有过程中的你的创造如何对时代思想有所补充。一代代作家在他们的写作中想着什么？这个想法又是通过怎样的方式去呈现的？它们，给这个时代提供了哪些新的东西？这是我感兴趣的。作家的对话和作品阅读，丰富、补充了理论认知，而我在对话中想亲证一些东西，也总能从对话中找到和作品蛛丝马迹的对接和印证，这种解题的方式如同探险，而且面对的是人，所以你会一直受其吸引，而同时你的表述也会更加灵活生动。

日常生活中，我其实是一个不太爱讲话的人，但是面对熟悉的人又可以滔滔不绝，这样的人也许更渴望着对话，一种真正意义的两两对话，而不是众声喧哗，两两对话的好处，在于你必须保持耳朵的灵敏与听力的清晰，真正意义的对话带给人的就不只是文学，它超越文学的具体，而向着更高的可能性进发，对话的作用并不简单，虽然在理论评论之中它是一种极简的方式，但在思想的交锋与互融中，产生一种新质的"心"的文学，也成为可能。对话之于我，就是评论，同理，评论，就是一种隔离式的对话。基于怀疑，对话有了可能，基于信仰，对话方能继续。在怀疑和信仰两极之间，本能地想对他人也包括自我做进一步探寻，所以必须用实证的东西，用第一手得来的资料，打消自己的疑虑。

舒晋瑜：比别人更多的付出，你收获了什么？

何向阳：我不满足于局部的侧面的个别的了解，不满足于轻浅的认知或者任何似是而非的结论。比如一块石头，在一般人眼里只是一块石头。不去追究也是一种生活方式。它是哪里的石头，从哪里发现的，火山的还是海洋的，是温带的还是亚热带的，很多人认为是没有意义的，对我来说是有意义的，我想了解它的本源和根脉，了解它个性的组成，智力的提升和仅满足于它是一块石头不一样。你看到的是石头的肌理和表面的斑驳，但是有了对石头的理解，掂起来的分量、从中获得的能量会有不同。当然对于作家的认识更不是一块石头那么简单，他们有经验、有来源、有世界观——我特别强调作家的世界观，有世界观的作家才可能是一个时代的好作家，比如雨果的人道主义，比如阿来的万物有灵。

她在对话中发现，在发现中思索，在思索中进一步挖掘作家与作品文字背后的深意。从早期的对话开始，何向阳就已经在无意识地进行"人格论"的爬梳与探索了。

舒晋瑜：人们常说文如其人，在对话中，你发现了什么？

何向阳：有颠覆，也有和理论认知不对位的情况，有人格悖论的情况，不是道德层面的而是心理的。写作，大量还是文化人格、个人人格在起作用，是经验与认识以及艺术表达的结果，作家给我们看的是他个人所有综合性的结果。他通过写作整合个人人格。这种整合的关系也挺有意思。持续跟踪一个作家，会发现作家不断提升修养，不断自我创造的过程。他的文化人格在书写中不断变化。我曾提出"精神人格统一体"的概念，作家在创作中是以整体人格投射于作品中的，而完成了的作品不仅补充地提升作家本人人格，同时直接参与人类精神的创造。

舒晋瑜：能举例说明吗？

何向阳：像李佩甫，我跟踪了很多年，不只看他的小说，所有形成文字的我都看。他的创作谈，他言说他人的文字，平时聊天时他提到的书籍。大约从我是一个中学生开始直到我也步入中年，持续不断地阅读与关注，其实也只写了四五篇关于他作品的评论和一篇对话。他有底线，有固化的东西，总有一个核是不变的。这个"核"使他进步很慢，也使他的几乎所有现在已经写下的作品，如一棵树的年轮。他写《无边无际的早晨》时，并没有意识到"平原"将成为一个线索，"平原"是在他慢慢书写中清晰的。几十年来，他的作品中总有一条主线，总有一个男人，在城乡之间分裂自身，一方面"他"生于斯长于斯，乡土是"他"无法从心中挪移的风景；一方面为了另一种"他"同样期待走入的风景——城市，而不惜一切甚至不择手段，一种力量使"他"一定要走进城市远离故乡，一直到把"老娘土"抛到身后去还在犹豫自己要不要停车要不要下去捡拾。他的许多中篇、长篇，都有这么一个男性主人公，他有明确的目的——知道要向何处去，但有时又不免怀疑自己向往的去处——那个城市真的是他的新的故乡吗？他真的愿意把自己的半条"命"放在距离他的故乡那么远的"城"里？许多人物，但大多只这一个疑问。只不过场景换了文化背景换了。《无边无际的早晨》开始的追索，演化为两条线，一条是《羊的门》，一条是《城的灯》《平原客》。《生命册》又生出了另一条线，更接近于《羊的门》。这么多年，李佩甫一直在平原里深耕细作，对他来说，小时候关于时代贫困的记忆一直到现在的书写中仍时时浮现，这种记忆一定要在文学中找一个空间安置。主人公有不同的名字，却是一个人物的灵魂的碎片，分裂成不同面目的人，却都有一个强劲的"核"。这个"核"，写出了个人性也写出了人的普遍意义。城乡选择身心异处的主题，在李佩甫这代作家身上普遍存在，路遥的"高加林""孙少平"身上也或多或少有着这样的影子。当然"他们"的走向不同。

很多作家的创作都有一个核心。李佩甫的内核是这样一个犹豫却也决绝的男人，莫言的内核是备受创伤却不放弃天真的孩童。我曾写过一篇评论《一个叫"我"的孩子》，发现莫言小说尤其是他的中短篇，无论《透明的红萝卜》还是《枯河》、《拇指铐》，都有一个孩子，这个叫"我"的孩子遍体鳞伤，饥肠辘辘，心思细密，无比善良，这个孩子在莫言小说中贯穿了三十年。如若对这个三十年进行细读的话，你会发现，涉水溯源，从《拇指铐》到《弃婴》再到《枯河》，那个"孩子"无论是叫"我"还是叫"阿义"，更多时候，"他"是一种无名的状态，是一个孩子的状态。在对孩子的书写中，我们眼见莫言还原成一个孩子，正像他后来自述中说的，一个作家成为这样的而非那样的作家，有他自己的理由。莫言成为莫言的理由就在于童年。孩子，这个离"心"最近的状态，赋予了他艺术的感知，这种感知在已经来临的岁月中没有被磨折和代替掉，而这种"孩子"的状态成就了莫言。

舒晋瑜：前面谈到，你并不太认同"评论家不要与作家交朋友"的观点，能否进一步谈谈？你不认为会影响对作品的判断吗？

何向阳：我不大赞同这个说法。如果说评论家与作家交朋友，会影响对于作品的判断，说明评论家的主体还不够强大。和作家交朋友，认识生活中的他，才能更充分了解文字中的他。文字只是他的冰山一角，更多的是冰山下的海洋。较之前者，我更着意那更为广大的部分，相对于已经变成了文字的生活密码，它们之中，才蕴含着更多宇宙间的秘密。我有时想，那种"秘密"可能才是真正文学的，而写出来的"冰山"只是语言的一部分。

舒晋瑜：对话中的问或不问，你在选择上有什么倾向性？

何向阳：出于对作家的尊重，有些问题不问，可能会变成一种琢磨或者揣测。理想状态还是应该无话不谈。比如李佩甫，他谈到文字之外的经历，童年、亲戚、大杂院对他的多面影响。生计方面的挣扎，性格的分裂，亲戚邻里、作家朋友之间的关系……这些了解印证了我在小说中看到的东西。如果评论家与作家是多年相熟的朋友，对话中便不存在单纯的提问者与应答者，两者可以同时空相互提问与应答。而那种境界的对话，非常微妙，你会进入一个巨大的空间，你们言不尽意，相互完成，妙不可言。就像门多萨与马尔克斯的对话，《番石榴飘香》关注的更多的是"海洋"部分。许多年前，曾经一直想与同时代的一位作家有一个类似这样的对话，但因缘际会，一直还没有启动。所以现在还在研读——那"冰山"的一小部分。

舒晋瑜：能否谈谈，对话之外，你做评论的具体方式方法？

何向阳：最近读阿来的六卷本，他把原来的《空山》重新架构，新出版了《机村史诗》，为了陆梅《文学报》评论的约文，我又找来原来的《空山》，找来他的中篇阅读，包括最近的自然三论——《蘑菇圈》《三只虫草》《河上柏影》，和他的散文，《草木的理想国》，还有讲稿，大量诗歌。包括收集与他故乡相关的一些资料。前面提到，上世纪四五十年代出生的作家路遥、张承志的世界观很强大，但是60年代的很多作家还没有用自己的写作建立起自己的世界观，我跟踪阿来多年，他是有世界观的作家，他的世界观是完整的世界观，更确切地说是包括自然的大世界观，人与人之间的关系，人与万物之间的关系，人与内在自我的关系，在这个大世界观中都保持得相当完整。

阿来一篇后记呈现了他坐在家乡的曾有他儿时记忆的高大云杉的荫凉中，他说："如今，我也不用担心，这些树会有朝一日在刀斧声中倒下。"阿来小说中的自然观，是我一直以来想深入做的一个课题。他的世界不只是人与人的世界。如果这个世界观里只有人与人，那么它还不是一个完整的世界观，甚至说得严重一点，那种只有人与人的关系的世界观，都不能严格地算作"世界"观。世界是什么，人在这个世界里所占有的只是一小部分，如果人还要骄傲到漠视其他的存在而只视自己的存在为存在的话，那么，人的存在我不知道还会撑多长时间。也许很长时间，人都要为他的漠视去付出代价。因为只承认有人而看不到更多生命的世界是不完整的，是一个不完全的世界，是一个不平等的世界，也是一个不爱的世界。这样一个世界肯定是残缺的。所以为什么我们要这样一个残缺的世界呢？谁愿意要这样一个不平等的世界？除非他自私到容不下别的生命存在。为什么我们要成为那样的人呢？所以所谓的世界观，其实并不只是我们文学中关注的城市与乡村，或者不只是我们要求的孩子与成人，除了这些，它肯定还包含着万物，人只是这宇宙万物中的一部分，只是宇宙万物的一小部分，就是这一小部分也是和万物有着一样的结构一样的起源。那么，你若轻慢万物，你其实还是在轻慢你自己，因为你自己就是万物的一部分。那么为什么不能保有一颗平静平等的心，去爱这包容了你在内的一切存在呢？阿来的文学给我们的启示，比如说在他的《机村史诗》中，那些被人创造出的"物"和一直在那个高原上生活着的人，他们，它们，都获得了某种生命感，都也在文字中再度获得了生命感。这是一种什么样的世界观，我昨天还在和同时看过《空山》和《机村史诗》的朋友谈这两部作品，这两部作品其实是一部作品，但是《机村史诗》与《空山》不同的是，它将虚拟的空间打破，用生活日常中的"物"和"人"，增加了文学对现实存在的触摸。这种触摸是有温度的。这可能就是为什么很多自然的东西在别人的文学作品中都消失了，但是在阿来的小说里不仅没有消逝反而越来越浓烈了的原因。

包括我读到《作家》2018年第4期刊发的阿来写程虹翻译自然文学的书评，也是谈到自然，所以这种世界观、自然观，其实是一种宇宙观。不要以为科幻小说家才有宇宙观。但的确，曾任《科幻世界》主编的这个作家与众不同。一个作家若能将自己置于宇宙的联系之中，他所获得的能量与眼光将大不一样。第七届鲁迅文学奖获奖时阿来谈到"人是出发点也是目的地"。但他却不是以人为中心的作家。很值得庆幸。他的文学中不仅人人平等，而且人与树，人与物，人与他的创造物——拖拉机，或者收音机，等等，都是平等的。当一个作家的眼睛所看的万事万物都是一个个充满了生机的生命体时，他就走出了初级的探索的好奇心而获得了慈悲心。当前文学中，以人为中心是大多数同时代作家的共识，但阿来的文学所呈现的东西有些不一样，他的文学构筑的世界里还有人生活于其中的自然。从2009年到2018年，阿来的作品不再是以人为中心，自然的声音越来越多，他的文字呈现了——人只是自然的一部分，自然之中，人并非自以为的那个中心。相反，自然并非人的外在环境，自然在人处于最好的状态时，它是人的中心。甚至可以说，它就是人的"心"。如果反过来，人就会出问题。所以找到与宇宙的同构性特别重要。当然我说的并不是一个自然科学的问题。

舒晋瑜：2017年河南设立了"南丁文学奖"。能谈谈父亲对你的影响吗？

何向阳：我父亲南丁，安徽出生，却自十九岁开始到河南工作，他的一生贡献给了河南。以小说名世，曾与王蒙、邵燕祥一起参加全国第一届青创会，早年写小说，《检验工叶英》等作品入选《中国新文学大系》，并选入中学课本。也写过诗歌，晚年写散文、评论。他新时期复出写作，记得刚在《人民文学》发表三四篇小说，正处在一个好的写作状态时，1983年组织任命他担任河南省文联主席和党组书记，上世纪80年代之后他大部分精力都在发现作品和培养作家。经由他调动进入文联做专业作家的张宇、李佩甫、田中禾等都成为了河南文学的中坚力量。他还创办了《莽原》《散文选刊》等报刊，前者发表中长篇小说为主的文学作品，后者凝聚了中国文学中的散文力量。父亲解放前参加工作，是新中国培养的第一代作家。那一代作家是无私的，他可以放下手头的个人创作，而为了河南文学的发展呕心沥血，他能够放下自己的创作而大量地阅读中青年作家的作品，为他们写评论，探讨写作方面会遇到的各类问题。这种园丁式的工作，现在想起来是很动人的。我想如若时间可以重来，如果他一直创作自己的小说，是不是新时期之后会有另一个南丁。但我知道，就是时光重来，他仍会选择园丁的工作，信念使然，他对于更多的人的才华的重视盖过了对自身才华的珍惜。父亲对我文学上的影响是一方面，主要还是人品人格上的影响。他善良、宽容，特别求真，正直。这些品质都在他的《被告》、《在海上》和《旗》等小说里，对我影响很大。非常怀念上世纪80年代时爸爸在家中写《旗》、妈妈给《旗》

画插图的岁月，真是安静美好。那时候一到夜里家属楼经常停电，好像是为了保证工厂用电，限制民用电。他们就点一支蜡烛，就着烛光，在一方长书桌两边，面对面坐着，一个写作，一个画图。直到现在我眼前常常浮现的还是那个场景。其实相对于父亲，我和母亲待在一起的时间更长，父亲要上班工作，而母亲因为比父亲年龄大所以离休在家很早，母亲在艺术感觉上给我的更多，父亲许多歌剧的咏叹调还是母亲教他的，比如《叶甫盖尼·奥涅金》中的《连斯基的咏叹调》我小时候听他唱过多遍。父亲更多的时间和精力在上世纪80年代之后并没有放在家庭，文联的工作繁多，我感觉他一直在工作工作，无私地、利他地工作。离休之后父亲常常跟我说的话是，作家最后拼的是人格，艺术上再讲究，人格上立不住，也不会让人服气。他说，人的一辈子，最重要的就两二步，要走不好，人格下去了，文学也不可能上去。这些教诲，终身受用。做人，是文学中最重要的一课。这是人生的一个严肃的实践问题。当然从理论上，也导致我想看看人格到底是什么，它的构成为什么对一个作家来说重要非常。这也是后来我做《人格论》研究的一个根本原因。

舒晋瑜：2011年《人格论》第一卷问世，反响如何？听说你计划要写三卷，进展怎样？为什么会有这么大的动力？

何向阳：我1988年开始着手准备硕士论文《文学：人格的投影》，1993年修改定稿后在《文学评论》头条发表，之后又经过反复思考，拟定《人格论》的大提纲，2011年交由中华书局出版了第一卷。"人格"是我从青年时期就开始关注的问题。现在想，硕士论文选择这一问题，一方面和父亲的一再强调相关，一方面也与读硕士学位时的导师鲁枢元先生创作心理学的教诲相关。搭建三卷本构架时，第一卷写人格与史，在人格历史的思想长河中，回顾中国思想史中与人格思想相关的关于人的"模式"的探索与论述，梳理近现代心理学发展中对于人格心理学的奠基与建立起过重大推进作用的学术观点。第二卷写人格与文，研究文学与人格的内在关联。第三卷写人格与人，从人类创造的历史与文学中再回到人的起点，探索精神的个体价值及其对全社会文化的促动作用。计划分别从心理学史与思想史、文学、哲学伦理学三个方面展开，自科学始，至哲学终，以人学贯穿。目前第二卷正在进行中，有点难产。人格悖论在心理学层面上已经解决了，在文学层面又卡住了，还要继续解题。好在理论的写作不是想好了再写，而是边想边写，不断完善，是一种求方程式的过程。也不知道是不是我太享受这个过程了还是别的什么，造成写作的延宕。更可能是我还没彻底思考好，自己还在想问题，就没法提供给别人答案。我很欣赏芝加哥大学的学者，不写小论文，一辈子心无旁骛就写一部传世之作。

说到动力，一方面，作为一个理论研究者，我和别人一样都有一个雄心，那就是像恩格斯说的力图"从当前时代的深处把人类情感中最崇高和最神圣的东西即最隐深的秘密揭示出来"，当然也有极为个人的一个原因，如歌德所说，"在艺术和诗里，人格确实就是一切"。在我们的内心都有一个寻求自我本来面目或伟大灵魂的人，我想更深刻地认识这个人。所以我在导言中写，这不仅仅是一个单纯的方法论问题，它为我们提供了这样一个机会，那就是，在人格研究同时，正在进行的，还包含有对研究者本人的人格检验。

舒晋瑜：《人格论》三卷本完成，你希望达到怎样的目标？

何向阳：一切文学作品，其实都是人格的投影、人格的烙印。其他艺术也一样，都是作家艺术家人格的外化。承认这一点，人，又回到文学是人学的起点。

简而言之，理论研究就像做一道方程题，是解别人的方程也是在解自己的方程，首先要说服我自己，才能影响别人。这是一个炼"心"的过程。我希望能以这三卷本打通心理学、伦理学、社会学和文学之间的关系。能否起到这样的作用，更多的是对我个人认识与意志的考量。说到目标，人格其实是一种有着命运感的东西，人格决定了人的走向和取舍，对于常人如此，对于作家艺术家更如此，但愿能够引人更加关注人格问题，更多时候，人格不只是一个纸面的理论问题，它更是个人一生具体的实践。

何向阳将细腻的艺术感受与深湛的理性思考融于一体，使其文本展现出丰沛的人文意蕴，她的批评实践注重广博地占有材料，爬梳辩证，沿流溯源，达到对批评对象的深入认识和丰赡繁富的表述。

舒晋瑜：作为女性评论家，你觉得自己有优势吗？

何向阳：开始做评论，我没有把自己列为女性评论家，关心的都是公共问题，在我的评论中一直如此，它们大于性别问题。但事实是无论是评论家还是作家，写作中还是不自觉会带出一些性别视角。这是无法回避的。我曾写过张承志另外一篇小说评论《图腾与禁忌——张承志男权文化的神话》，对张承志笔下的女性形象提出一定的反思。深入到作家文本中就会发现性别问题，《黑骏马》中的女性，包括其他作品中的所有女性形象，比较板结，缺乏立体感。而且多是作为男主人公的配角出现。我就设想，一个男性评论家，可能不会看重这些，他们相对看重外在的问题，或是更聚焦于男性主人公的形象。这就是思维方式的不同。

马克思曾说过，每个了解一点历史的人也都知道，没有妇女的酵素就不可能有伟大的社会变革。社会的进步可以用女性（丑的也包括在内）的社会地位来精确地衡量……考察女作家的作品，比如王安忆的《剃度》、铁凝的《永远有多远》，方方、池莉、魏微……不同的成长阅历，处在社会的各个角度，观察到的东西和得出的结论也会是不一样的。这是一种优势吗？性别的确带来了不同的视点和思路。

舒晋瑜：你的《12个：1998年的孩子》曾获得第二届鲁迅文学奖评论奖，能谈谈这篇文章吗？好像评论界对于作品的文体有不同的看法。

何向阳：前面我简单介绍过。《12个：1998年的孩子》一文，长达四万多字，发表在《青年文学》杂志。这篇评论可看作针对现象出发的问题型的评论，它以1998年的十二部文学作品（小说）作为取样，这十二部作品都写到了孩子，或以孩子作为主人公。包括莫言、王安忆、刘庆邦、迟子建等作家，也有王怀宇、李亚、艾伟等年轻一代作家的作品，十二个作家，十二部作品，十二个孩子的文学形象，十二种对于孩子成长的不同角度的思考，有爱，有恐惧，有忧伤，有伤害，有坚强，总之是一个人在孩童成长阶段要面临的种种身心问题，这些问题通过那一年度的文学作品集中表达出来，给我触动，也让我在这十二部文本之上，看到了当代中国作家的责任心，这种责任，是与历史上或世界范围内的历代作家对于孩子人格成长的思考一脉相承的。所以这篇长文后还有一份长长的附录和索引，也旨在说明此意。它不是严格的传统意义上的论文作法，而是着重从文本细读出发的问题研究。

所以要用传统论文作法看待它，肯定会存在些问题，比如注释啊什么的是否规范，但我觉得它的可贵之处恰在于从文本出发，现在想来将这十二部文本从1998年度海量的小说中"打捞"出来也是相当不容易的一件资料爬梳工作，当时之所以不觉繁难，其原因在于问题的集中，当时正在关注童年人格与孩子形象问题，所以大量的阅读中有了一个问题的去向和锁定。从具体问题出发，而不是从空泛的理论出发，写下来的评论便与文学的正在发生距离很近，避免了从理论到理论的空泛。

舒晋瑜：早年诗歌创作的底子，使你的语言富有诗意，感觉也特别敏锐。评论具有这样的气质和个性，是不是也觉得还比较满意？你如何评价自己的评论？

何向阳：一是思，一是诗。不少同时代的评论家都或多或少有着这样的双重气质两套笔墨。比如张新颖、张清华、树才、高兴、汪剑钊、霍俊明、杨庆祥等。写评论的时候，逻辑性强，表达缜密，因有诗情而文字的感觉会更加敏锐些。而在写诗的时候又能沉得下去，触碰到与精神性的存在等相接壤的大题。语言诗化不会缩小和掩盖问题。但较之理论，我个人还是爱诗歌更多一些。理论写作，毕竟是讲理，讲道理，是一个人说服另一个人的层面，为了把道理讲清楚，也为了让对方相信你自己的道理，这时的文字就特别冗长，而诗不一样，诗歌的到来，是一个让自己沉浸其中的过程，这个过程好像没有更多的要让别人相信或者是寻求同盟的道理。它完全是感性到理性再回到感性的过程，当然，它直接、简单、天真、纯粹，就像我们不去问宇宙何以如此、明天何以来临、阳光何以普照一样，只接受它，就已足够。相反，理论写作在本质上是一种"不够"为前提的写作，或者是一种有欠缺的"不安"的写作，是一种"问题"写作。而诗歌写作全然不同，它自足，自在，它是在问题几乎全然撤走之后的一种对万物的拥戴和包容，这个时候还有什么问题的位置呢。你只是去欣然接受语言的到来。鲁枢元曾经写过一篇《苍茫朝圣路》的文章，谈我的评论，讲有点"小丫耍大刀"的感觉，是说我写起文章有大刀阔斧的感觉。看得很准。我的理论关注的问题相对广阔，好像和传统意义认为的女性应关注的问题不太一样，但细读的话，你会发现，那个好辩的我已经在向沉静的我转化，之于未来的我，最好的理论就是把逻辑写成诗，仁智兼备，而我现在是仁有余，智不太足。诗意盎然地去表达逻辑后面的包含了人的万物，对于这个前景而言，我仍须与更为深在的我接通。

2018年10月于青岛—2020年6月于北京

此对谈部分发表于《上海文学》2020年第10期

研究论文

"文学：人格的投影"

——何向阳《朝圣的故事或在路上》述评

刘怀玉

《朝圣的故事或在路上》系百花文艺出版社隆重推出的"21世纪文学之星丛书"的"1996·理论卷"之一，是作者在1988—1995年七年间公开发表的最有成就的论文汇集。这部集中批评作家人格、作品人格和"文学人格论"著作，按作者和编辑们的精心编排的逻辑思路，可分为三大部分，从中我们同样也可以看到何向阳本人的鲜明的个性文学形象：（1）文学批评理论本身的批评与重建（第1—3篇），这是一位综合创新、长于思辨的何向阳；（2）文学人格类型的比较与批评（第4—9篇），这是一位视域开阔、目光深邃的何向阳；（3）作家人格与作品人格的个案研究（第10—14篇），呈现在读者面前的又是一位感情细腻丰富的文学女性。

人的主题、人道主义、人性的论争是20世纪70年代末以来中国整个人文科学研究领域的最强音。正是在这场旷日持久的讨论中，现代中国文学最终从政治神坛上解放下来，回归到"人的世界"。何向阳的全部文学批评理论研究正是开端于她对"文学即人学"这一模糊界定的独特而清晰的确认。收入本书的《文学：人格的投影》实际上是全书的核心提纲。正是在这里作者集中而明确地表达了对"文学即人学"的深刻理解：它不仅是指"文学是写人的"（文学社会学研究），"文学是写给人看的"（文艺美学研究），"文学是人写的"（文艺心理学研究），而且是指文学是由带有人类共性与作家个性的人写的（文学人格研究），"文学即人学"的更深含义应是对理想人格的创造（人格教育）。如果说时代背景、个体信仰是"阳光"，政治、经济、文化是"空气"，理论源泉是"水分"，个人现实生活、经历是"土壤"的话，那么这几种条件及关系不同，则形成发育不同的人格之树，文学作品就是这棵树上长出的叶子，文学—人格研究就是由叶子的良莠辨识人格这棵树的强柔特质，并由此追溯到它生长的环境影响。透过这段有些复杂的比喻，我们会发现何向阳实际上对"文学人格论"的双重性内涵界定：一是作家人格论即"以人观文"，也就是从分析作家个人人格形成条件、过程入手，以此作为理解作品意义的心理基础；二是作品人格论即"由文寻人"，也就是通过分析作品的语言心理世界反映作家和作品人物、社会大众的人格良莠，并从作品中追寻那些有个性、教育意义的理想人格、典型人格。何向阳的全部文学批评著述大致上是围绕着"作家人格论"和"作品人格论"这两个"集中意识"（博兰霓语）或"主导范式"（库恩语）展开的。

收入本书中间部分的是何向阳近些年来对新时期乃至整个20世纪中国文学发展的特点、流派、趋势等问题的"鸟瞰式"描述和透视主义心理分析。在这里，她向我们展现出了当代中国文学形态各异、丰富多彩的人格形象。总地说来，作者所关注的不是当代的大众的主流的通俗的小说文化，而是带有较强哲学伦理批判色彩的以及被内行人视为"先锋"的那些非主流的和边缘化的文学流派。

在"怀旧""后撤""部落与家园""审父与恋祖"等主题形象鲜明的系列论文中，何向阳对中国新时期先锋文学探索者们独立人格精神及其分裂、矛盾性格做了深刻的解剖，一方面给予了充分的理解与善意乐观的支持，另一方面则毫不隐瞒地表明了富有建设性的批评意见。而在《复制时代的艺术与观念》这唯一一篇评论大众文化的文字中，何向阳则对当代中国文学逐渐消失本来的人文教化意义与功能的现状表示出了深切的忧虑，并对在市场浪潮、市侩需求冲击及政治干预等多重条件影响下的作家人格众生相的畸变特征进行了一番并不宽容的理性解剖:"人格定位问题未解决,知识界面临着以下三个向度的异化:殖民人格的异化、专制人格的异化以及职业人格的异化。"

值得专门一提的是,何向阳对新时期文学人格内在矛盾及畸变现象的深刻分析建立在对整个20世纪中国文学发展的内在矛盾——文学的本性与文学所承担的社会使命的矛盾——的辩证把握基础之上。换言之,文学的自律自卫发展与文学为大众为现实服务之间,文学的自由创造精神与文学的启蒙教化使命之间,文学的自由人格与文学的公仆人格之间……这些紧张与矛盾,都意味着文学的人格内裂与难以定位。如果说当初的"伤痕""反思""寻根"的后视仍是基于社会良知、现实关怀的立足点与出发点而面向未来的一种积极反思,那么,始于80年代末的"后撤文学"则带有许多消极的人格意味。诚然,"后撤"告别了多年的急功近利策略,捍卫了文学自律自卫的生存发展的权利或尊严,但为此付出的代价是它放弃了自己对社会现实的责任良知,并因此导致如出一辙的双重畸变人格:一是貌似现代老庄,超然世外、冷漠人生的逍遥人格;二是貌似价值中立,实乃无立场地认同大众需求的职业人格:它"不同于职业道德、岗位意识,它是将知识分子精神使命蜕化为养家糊口的一碗饭的混世哲学的人格体现,是人道激情冷却为机械操作的典型自我复制"。而继"寻根"之后的部族文化小说,"从对具原始生命力的人群与事物描绘中以达到对现代文化孱弱、畸形一面的反叛",同样是优劣参半:呼唤自由个性,但忽略理性规范;有一定生态意识和美文学价值,但往往对原始的负面性意识不足。但如果部族小说能在人物—家族—民族—种族—人类的链条发展中融入对历史的责任对未来的使命,它则可望诞生纪念碑式的作品。与20世纪中国文学发展的这一"出"与"入"、"出"与"处"(观)之间基本矛盾主线相比,在"向后看""向内转"的寻根文学这一亚形态中则存在着"审父"与"恋祖"之间的矛盾。正是这后一种矛盾造成了新时期先锋文学的探索者们人格定位的艰难与尴尬。显而易见,"寻根"派内部同时出现的"审父"与"恋祖"倾向对文明所采取的态度是水火不容的:"一面是由文明的悲怆而感'改造国民性'的需要,一面是由对文明异化的感受而呼唤野性。"先锋派很是狡猾地摆脱了这两种理性认真的执着态度,既对"恋祖"的痴情无动于衷,也对"审父"的忧患嗤之以鼻。它想在"审父"与"恋祖"之间找到一个空白地带。在这里,有关"审""恋""怀"等带有的情感色彩与主体因素皆被抹去,被零度化,但表面上的超脱、世故无法掩盖其逃脱使命责任的空虚人格。所以,先锋文学实际上是一种"无关人格的存在",一种"无文化"的文化,一个形式主义的抽空一切感情的冷漠"黑洞"。但正如何向阳自己总结的，"文学人格论"并不一般地拒绝独立的形式，只是要说"在我们能够坐下来安然讨论文学之所以为文学的纯粹艺术的一面同时，还有一些东西是不应被我们轻易丢弃的，譬如，文学的建设功能、批判精神、价值关心，文学的民族重铸意识，以及它为寻找推动历史前进与文化更新的内在力量而不惜潜入历史生活积淀的深层结构中对整个民族人格进行检视的勇气"。

本书的第三部分是作者对那些不同于"先锋派"的，带有强烈人道主义情怀、鲜明个性特征和地域文化特征的作家们的作品人格的个案分析。当然，何向阳投入研究热情最高的，不是别人，正是她心仪已久的、具有"丰富又特异的心理品格与超人气质"的宗教哲人张承志。也许，张承志的书与张承志的人就是作者向我们展示的理想类型文学人格形象。

不同于陈村笔下的那些具有存在主义荒诞畸形意味的人格形象（卡夫卡主义者），不同于田中禾的"自我放逐"的风格，也不同于张宇笔下活得有些累，站在十字路口徘徊，缺乏英雄气的哈姆雷特式的主人公，张承志和他的主人公们则是一群活得很苦、活得很坚强、活得很焦虑的现代堂吉诃德。他们要以对世俗、对历史、对自我的背叛，要以一种超常的殉道、忏悔精神，在"无神的世界"上建立"地上的天国"——金牧场。"张承志笔下的主人公是坚韧不拔、不折不挠、威武不屈的男子汉形象，同时，也有着某种因禁欲而带来的自虐症。"

也许，张承志及其所塑造的主人公最符合荣格所说的那些旨在追寻精神家园的现代人格形象。"一位道道地地被我们称为现代人者是孤独的。""因为每当他要向意识领域作更进一步迈进时，他就和他原本要和大众'神秘参与'——埋没在普遍的潜意识中——的初衷离得愈来愈远，每当他要举步向前时，其行动就等于强迫他离开那无远弗届的、原始的、包括全人类的潜意识。"也许，张承志的焦虑、寂寞、孤独是现代的先知者、前卫者们的悲壮、困惑的表现。与传统的麻木与腐朽，快乐主义的享受与嬉戏相比，"我们追求，我们寻找，我们在路上，我们忍受焦灼与饥渴，我们把青春、爱情、生命都搭了进去"，这无疑是伟大的、神圣的。但我要说的，一如作者看得很真切的，"张承志模式"的致命缺陷——缺乏沟通未来与过去这一现实的联结点，导致人格的自我分裂。缅怀过去，抑或追寻未来？想在现实大地上建立天国，却无法正视现在。为了捍卫不在场的权利，却不惜牺牲在场的权利。这是一个更深刻的致命的人格异化——不是为了认同在场的世俗的需求而牺牲文学本体发言权，而是为了追寻那永不在场的神圣理想而自我牺牲。

一方面诚心实意为了英雄的回民、伟大的人民而写作而歌颂，另一方面却又是愤世嫉俗、孤旅天涯……

我们要说，张承志们也会承认，其实"朝圣的故事"就在世俗的路上。人类精神家园、文学圣殿不在天堂而就在当下的人类实际生存状态中。所谓的绝对理性永不在场，出场的永远是沟通主体间的情感思想的公共的理性。文学不尽是一种"救世"（messianism）的、承担人类终极关怀使命的宗教，更是"淑世"（meliorism）的关切世俗人生的伦理。"文学（即人学）"的本意不是追寻那神圣的（理性的）形而上学，而是传达在世之在的合理性的解释学。

《东方艺术》，1998年第2期

苍茫朝圣路

——我所了解的何向阳

鲁枢元

从20世纪后期开始，现代科学技术对于地球人类的人性乃至人格的干预能力在急剧提升。现代科学技术，再加上现代商业运营，人类在几百万年间形成的某些生物属性、社会属性，以及在几千年间形成的某些心理人格、文化人格，都有可能被在商业利润推动下飞速发展的科学技术轻易抹平。

对于改变人们的思想观念、信仰情操、风气习俗、趣味爱好来说，资本与技术，比起以往的意识形态以及文学艺术要强大有力得多。以往总说"潜移默化"，现代动辄"更新换代"，由"旧人类"到"新人类""新新人类"，也不过就是二三十年的光景。随着基因转换技术与克隆技术的进一步完善，"人性"与"人格"也许很快就可以成为"期货"由顾客选择预购、批量生产。

科学与市场，正像大浪滔天的洪水，汹涌地漫过人文领域的家乡、田园。人文学者的处境从来没有像现在这样尴尬、艰辛。

就是在这样的时代背景与社会情势下，何向阳踏上了她文学研究的漫漫征途。

从《文学：人格的投影》《复制时代的艺术与观念》《不对位的人与"人"》到《人性世界的寻找》《原则、策略与知识分子个人》，再到对于孔子、鲁迅、泰戈尔、曾卓、张承志、张宇以及塞林格、昆德拉、凯鲁亚克、曼殊斐尔的人格的个案分析，她渴望在人性突发变异、人格日渐扭曲的天地间，追寻着辉煌的人格、理想的人格。

何向阳其实正是在诸神已经祛魅、诸圣已经逊位、神殿与圣山已经颓圮的时刻，踏上她的"朝圣"之路的。

正如她在与曼殊斐尔拟想中的对话里所期望的：一个社会更加人工化之后，便会产生能够充分表现自然美的作家。这有点像是海德格尔的推论：一个贫乏的时代将产生伟大的诗人。然而，这也不过是一种假设的哲理，伟大的诗人和作家也可能刚刚萌生便被坚硬、冰冷的时代氛围所窒息，而时代依然通畅无阻地贫乏、坚硬下去。但是，文学似乎就是"宿命"类的东西，不以成败或效益为抉择，何向阳身不由己，她已经不能不在一种近乎无望的希冀中，朝着天际的苍茫毅然前行。细心人不难读到，在她的文学的间架空隙处总是萦绕着一种挥之不去的孤独和荒凉。

肩上是风，是一种透明而且无助的沉重。

一定有什么被遗忘了。桐花早已开得繁星满天，道路已经焦急得不能再等。

一个独自在漫漫孤旅上跋涉的我，曾经想有意看错路牌，想逃避、走脱这无尽的旅程，但最终还是按捺疼痛，一次次捡起行装，面对荒野、大漠、荆棘、泥泞。

风里的霞焰喷射出暴烈的光芒，是第几次看着自己燃烧了呢？从什么时候，我由歌颂顺从转而歌颂顽强、歌颂火鸟甚至道路的凸凹不平。

烈焰里必定有些什么遗失了，是所有应珍惜但终不免毁弃的昼夜，是一切应保有但来不及重温的梦。

这是何向阳在她的一本书的序言中写下的一些句子，大抵表达了她内心深处的真实境况。

以年轻的生命为火烛，在文学的昏天黑地中一味痴情不移地燃烧，"以至除了尽力地写作之外，已找不到更令她向往的事情"。我曾经顾虑她难以承担，曾规劝她略放悠闲一点，似乎未见接纳。

然而，她的燃烧终于照亮了一片风景，并且在濒于失语的文学批评界赢得了一些真诚的喝彩。在新旧世纪的交接之际，何向阳荣获冯牧文学奖，评语中赞扬她的批评文字中充盈着"丰沛的人文意蕴"与"真挚的精神品格"，她为文学与人性所付出的努力开始在更大的范围内引起人们的注目。为此我深受鼓舞，在我看来，这远不只是何向阳个人的一项光荣，更是在这艰难时期里的文学研究与文学批评的庆幸，或许，还是人性与人格避免自己全线溃败的一次抗争。

何向阳的文学研究与文学批评已经成为当前文学界一个富有独自个性的存在，"何向阳"这个名字也往往成了一些文学聚会上谈论的话题，还曾有不少人向我打听过何向阳。作为何向阳攻读文艺学硕士学位研究生的导师，我也许有责任向人们尽量做出一些介绍，但说实在的，我以往对她的了解与判断却是非常不足的，这里的评说，便不能不加进许多当下的影像。

由于和她的父亲、著名作家南丁先生及她的母亲、画家左春老师交往在先，于是，在我的心目中她就成了一个文弱腼腆、不谙世事的小姑娘。比起她的那些独标性情、流光溢彩的师兄师弟来，尽管那时候她已经开始在报刊上发表了不少的散文和诗歌，我仍然并没有对她持有更高的期望。

我曾说过，在她攻读的三年里，她没有和我说过三十句话，一个月平均不到一句。这虽然有些夸张，但向阳的不苟言笑却是实事。令人费解的是，这样一个少言寡语的人，一旦捉笔为文，却如纸上跑马，驰骋腾越、恣意汪洋。为她赢得声誉的《澡雪春秋》《三代人》《12个：1998年的孩子》《曾卓的潜写作》《朝圣的故事或在路上》等文章，全都在两三万字以上。读这些文章，我的脑海里总会闪现出一幅"小丫耍大刀"的图像，而且"耍"得还那么得心应手。

不是说文章越长质量就越高，但是，读向阳的"长文"，与文章中饱满丰蕴的内涵相比，其洋洋万言仍然像是一件紧身的衣裳。于是，历来惧怕长文章的理论期刊编辑，仍然乐于发表她的长文章。应当说这是一件很有些出格的现象。但是，如果能够核查一下何向阳为一篇文章投注的精力，人们也就不奇怪了。比如那篇《朝圣的故事或在路上》，缘起于我在为研究生讲授"创作心理学"时布置的一道作业，同时选定的作家还有王安忆、莫言、史铁生等，向阳分工研究张承志。其他同学多是不了了之，唯独向阳一丝不苟，潜下心来收集资料，阅读了张承志的全部作品，并反复与张承志书信来往、当面切磋，从1988年酝酿，到1996年发表，为时八年，四易其稿，这样写下的区区几万字，还能够说"长"吗？著名评论家雷达先生曾对她的这篇文章做出这样的评价："迄今为止，也许还没有人比她更淋漓尽致地阐述过张承志。"就连一向以冷峻孤傲著称的张承志，在读了何向阳的这篇文章后也不能不对她另眼看待。

年轻的批评家，干的是"指点江山、激扬文字"的活，因此往往显得放荡不羁、剑拔弩张，甚至略带夸耀之色，对此我已经看得习以为常。

日常生活里的何向阳，却总是一板一眼、中规中矩，处处表现出周到的礼貌与良好的教养，我倒反而为她担心，担心她由于过多地服从社会法则而压抑了在学术研究中突破、超越的力量。后来我渐渐发现，这种"温良恭俭让"只不过是她对付日常生活的一种策略，这使她轻易排除了人世间经常会遇到的许多无谓的摩擦与纷扰，从而把自己浸沉在钻研学问所必需的那种沉静的读书与思考的境界中去。这你只要看一看她在《不对位的人与"人"》一文中如何对一部中国文学史勇猛地挑起事端，就可以发现她那"刑天舞干戚"的一面。

但即使在这样的文字中，她也并不过分地去张扬她的锋芒、显露她的勇猛，扮作"黑马"的模样，刺激人们的耳目；而是尽量靠翔实的材料、细密的说理培植起自己的论点。在20

世纪90年代日趋浮躁的文坛上，向阳的这种治学风格就显得格外可贵。

在20世纪末的中国文坛上，性别，尤其是女性几乎是被不怀好意地渲染了，那明显可以看出是出版商的炒作，竟也诱惑了一些实在算不上美丽的女作家浓妆艳抹把万般风情揉搓进作品中，以填补才情与智力的不足。

不知是不是有意地规避，在何向阳的文学中，尤其在她的文学批评文字中，几乎看不出明显的"女性"的痕迹，反倒时常流露出些阳刚之气与"硬派小生"的力度。况且"何向阳"又是一个极富中性的名字，以至于不少人读她的文章便把她认作"男生"。

在女权运动中是有这么一派，认为女性获得自立的途径是抹平性别的鸿沟，使女性与男性站在同一条地平线上。向阳恐怕是并不赞同这种观点的，她在日常生活中的举止也并不这样。

综观中国当代文学批评界，为数不多的女性批评家们在她们的批评文本中好像都有程度不一的中性化甚至男性化的倾向。我想，这也许与"批评"这个行当有关，批评本身要求批评家"居高临下"、高瞻远瞩、骘擘抉择、命名判断，置身于男女作家的性别之上。因此，就性别特征而言，女作家们就要比女批评家们显赫得多。

尽管如此，我还是心存疑惑，"批评"难道真的就像"战争"一样，不可能是"女性"的？细品向阳的文章，尤其是她不久前写下的《立虹为记》《从此人心坚硬》两篇与生态学相关的文章，其实又不难感受到其中女性的关爱、细密与柔韧，这显然也是批评的一些品格，甚或是"女批评家们"的一种天然的优势，无须去有意地回避它。至于能否产生一种"女性的"文学批评，亦如能否产生一种"生态的"文学批评一样，也是不妨试一试的。

套上一句俗话，何向阳差不多算得上"名门闺秀"，她留给人们的最初印象常常是一个由父母精心呵护的"乖乖女"，甚至在单位分给她一套大房子之后，她仍然让它空着，仍然乐于住在老屋的斗室中，依偎在爹娘身旁。

但若是读一读她的文章，或只消掠一眼那些文章的标题：朝圣的路上，匆匆赶路的血液，肩上是风，旷野无边，如水的天命，灵魂的翅膀，梦游者永在旅途……你就会发现她的心其实很"野"，她的灵魂似乎一刻也不安闲地在旷野大漠上奔走呼号，她倾心地羡慕着那些以自己的身体丈量着黑色土地的勇士，盘算着在怎样的跋山涉水中磨破那五十九双鞋！

那也许仍然是由于文学的呼唤和"勾引"。

十多年前的那个夏天，在湘西天子山中的一个学术会议上，何向阳"失踪"了一个下午并加上黄昏。暮色苍茫时她才从山林深处土家族的吊脚楼里走下来，手里握着本子和笔，脸上洋溢着丰收的欣喜。那是向阳的第一次"离家出走"，第一次在大自然中"撒野"。

"山野"对于这个"乖乖女"似乎有着不可抗拒的诱惑力，此后，她曾经驱车西夏荒原、饮马黄河湿地、驰骋内蒙古大漠、徜徉陕北沟壑，恰恰是这些尚未被现代人类文明覆盖的裸露着的自然，给她灌注了从事文学研究的灵气与活力。

既能奔突于大野，又能潜心于书斋，这是向阳个性上的又一特点。在我们置身其中的这个地球生态系统中，自然、女性、艺术三者之间原本就拥有一种神秘的关系，向阳以自己的身心投入了这种关系，这也许就是她获得成功的奥秘。

向阳是单纯的，如果仅只查看她的履历表，她的单纯近乎简单，不过是从一个个的学校大门走到一个研究所的大门，而且基本上没有走出这个地处中原的城市；向阳又是丰富的，如果阅读她写成的那些文章，她的丰富近乎玄奥，几乎让人难以把握，这种丰富主要来自她对人类精神文化的游览与反思，对世事人生的品味与体验，以及对她自己内心世界的审视与想象。这就使她在一定程度上超越了她自身所处的时间与空间。

在《风云变，或曰三代人》这篇文章中，她以三部外国文学作品——奥斯特洛夫斯基的《钢铁是怎样炼成的》、塞林格的《麦田里的守望者》、凯鲁亚克的《在路上》为参照，分析了文学阅读与创作中的三代中国人，姑且将其命名为"锤炼者""反叛者""行走者"。代表这三代人的中国作家，诸如张承志、王朔、韩冬属性迥异，何向阳却能够体谅到他们各自存在的历史的合理性，在她的笔端表现出一个批评家必要的严苛与应有的宽容。

按年龄，向阳无疑属于"王朔""余华"一代，拥有一种对传统怀疑、审视的目光；但她又能够深深地敬重"保尔"们的赤诚与信仰，还愿意静心面对中国的"萨尔"与"狄安"们尚显稚嫩的号叫与疯狂。在向阳这里，人类的精神文化脉络并不存在"断裂"，在文学批评的竞技场上，看似柔弱的她，却可以超越道道沟壑，勉力打一个"通关"。即使不把这说成是成熟，起码也是由于丰富，心灵的富足。

对于精神活动来说，丰富，才是超越的台基。

何向阳的丰富，还表现在她对文学批评理论与方法的选择与运用上。

向阳在攻读研究生期间，曾经较为系统地接受过文艺心理学的训练，对荣格与马斯洛尤其偏爱，这使她始终把研究的核心落实在作家、作品人物的人格建构与演进上。但是，她对于文学现象的分析，又总是牢固地站在社会文化历史的立场上，从社会发展的大趋势中把握一个时期中人性、人格、人的精神活动的走向。她的那篇探讨诗人曾卓在逆境之中潜在写作的长篇论文，突出地表现了她的这一特点。早在五六年前，她又开始把生态学的原则引进文学批评的领域中来，以梭罗、爱默生、史怀泽、谈家桢、芭芭拉、埃伦费尔德的理性与情怀去阐释张炜、张承志、史铁生、韩少功、徐刚、李杭育这些中国新时期作家的作品，并一针见血地提出了"批评的心肠"来对抗已经被炒煳了的"批评的观念"，在中国，何向阳算得上"生态文艺批评"的一位开路先锋了！

比起对于概念、规律的信守，何向阳明显地更热衷于对现象的观察、捕捉、表达、描摹；比起对于普遍法则的归纳，更致力于对个案的过程研究；比起对于研究对象的客观冷静的剖析，她更擅长于饱含情绪的主观投入，不时地把自己摆放到自己当下书写的批评情景之中。

她的这种写作态度，使她的批评文体呈现出引人注目的灵活性、变化性、多样性。读向阳的文章，就像是随她一起上路，路上随处展现的是变幻不定的风景：无边的旷野，静默的水流，寒夜的繁星，长空的彩虹。有时她指给我们看那气塞天地的风起云涌，有时她又从万绿丛中寻觅出细微的芒刺与花瓣；有时她从历史的隧洞深处给我们搀扶出一位白发三千丈的老人，有时她又从时代的托儿所里为我们牵引出一群形色不一的孩子，而且不多不少，一共十二个⋯⋯

"在路上"，是何向阳文学思维中一个潜在的、柔韧的、挥之不去的意象。她的第一本论文集就取名为《朝圣的故事或在路上》；第二本文集《肩上是风》，其实还是"在路上"；其他一些文章的篇目，如《远方谁在赶路》《穿过》《梦游者永在旅途》，也都是"在路上"；在尚未结集的《三代人》一文中，她又用近万字的篇幅满怀热诚地分析了凯鲁亚克的长篇小说《在路上》。

也许，生命的固有属性就是"在路上"。

我们生活着，也就是行进在路上。

然而，各人选择的道路并不相同，各人对上路的意义的理解并不相同，各人对路上的体验更不相同。

向阳或许是矛盾的。比起保尔式的"我们走在大路上"的坚定昂扬，多了几分困惑；比起狄安们狂放地向着"快乐老家"的进发，多了许多沉重；比那些放荡不羁的精神漫游者多了一些责任；比那些痴迷沉溺的宗教徒多了一些清醒；比那些虚无主义者多出了坚实的目的；比那些功利主义者多出了强烈的憧憬。这些矛盾与冲突在纠缠着她，也在支撑着她；在折磨着她，也在成就着她。

"在两个极端之间，在存在与空无之间，我们是徘徊于一种暧昧渺茫的中间地带。"

"我清晰地看见有一条雄壮的大河般的道路在山间谷底奔腾蜿蜒。没有人知道它，只有我和那些牧人想着它……英雄的时代结束了，英雄的道路如今荒芜了。"

这是一场生命的跋涉。在苍白、孱弱的世界里存留自己仰首为人的执着与肃穆，在如潮如涌的喧嚣中从容淡泊，怀着朝圣的心灵，殉道的精神，在征服世界之前首先征服了自身。

我们追求、我们寻找、我们在路上、我们忍受焦灼与饥渴，我们把青春、爱情、生命都搭了进去，或许奋斗到底依然看不见可意的结局，可是生命毕竟燃烧过，粉碎过，奔涌过，升腾过……苍凉的路的主题即是苍凉的人生的主题，追寻的焦虑与壮阔始终困扰着人而无法割舍，由"不甘"导出奋进与热情已逐渐成为我们的生命方式与精神原则。

以上这些文字，摘引自何向阳对于张承志的评述，其中显然也透递出她自己的心声。尽管她在那篇文章中对张承志内心世界的矛盾冲突进行了理智清明的剖析，我仍然确信，张承志的困顿也是何向阳的困顿，"荒芜的英雄路"与"苍茫的朝圣路"仍然是一条路，这个文静柔韧的"中原女子"与那个凌厉强悍的"突厥男人"其实是在同一条道路上行走的人。

宿命的写作者

李洁非

写作是人类的独特行为。人类的文明，强烈地需要着这种行为。

很多人喜欢从"爱好"的意义看写作，不对。假使只是个人消遣，譬如养养花、弄弄草、唱唱戏、织织毛衣，称之"爱好"也可，因为它只对个人的情趣或情调有价值。写作不一样。写作的意义不是个人的（虽然它也能给个人带来这样那样的益处）。写作是用来形成文明的一种机制，犹如思考、研究和探索。

所以，"写作者"也不是指一种职业，而是指一类人。

不管有没有上帝，人这种生命被创造时，其实是被灌注了一种先验意味的。

很多吃音乐饭的人，并不是音乐家；很多吃科学饭的人，并不是科学家；很多吃写作饭的人，并不是写作者。而像贝多芬、爱因斯坦、李白这样的人，却并不是吃音乐饭、科学饭、写作饭的人，他们是为音乐、科学或写作而生者。

职业和本质是两码事。职业，得之偶然，包括碰巧生在什么家庭、修了什么专业、拿了什么学位、谋了什么差事等，皆系偶然。而一个人的本质，却是一种宿命，或者叫作命中注定。

在我们这个行当，或者说，在文学界，有许多吃写作饭的人，人们通常叫他们"作家"、"学者"或"批评家"。他们写字、发表作品、挣取稿费，有一些人甚至很有名气，取得了社会公认的成功。

但我现在所谈论的，并不以名气、轰动、发行数字为标准。事实证明，那些东西如果不是常常为写作之外的种种因素所左右，至少也常常被写作之外的种种因素弄得颇暧昧可疑——在市场化的文化现实之下尤其如此。

真相是，在赖写作而活甚而由于它立足于世的人当中，只有很少一部分，属于"宿命的写作者"。很多人假如去干别的事情会更符合其天性——我讲的是天性，亦即做什么才使自己更快乐的问题。李白说"安能摧眉折腰事权贵，使我不得开心颜"，讲的就是天性和快乐的原则。应该说，现代人做事普遍地不以天性和快乐为原则，而以机会为原则。抓住某个机会，比从所做之事中体验到一种完美的快乐重要得多。这正是现代社会有大量的人终生从事并不符合其本质或天性的职业的原因。各行各业的情形都一样。

这未必谈得上什么悲哀，不如说，它只反映出一个"就业"或"谋生"问题。然而，为着文学和学术自身的缘故，我们仍有必要谈论它。至少我相信，文学和学术的生命力有赖于"宿命的写作者"的存在。当众多碰巧吃写作饭的人，为了生存的缘故抛出大量文字制品时，"宿命的写作者"则在延续写作的真实性，维系着写作对文明的那种特殊价值，因为他们的写作是以写作自身为目的的。

关于何向阳，动笔之前也曾有过一番思忖。有很多可以谈论她的角度。比如，谈谈她作为一个文学批评家在这一领域里的分量，谈谈她切入自己工作的独特角度，谈谈她在哪些问题上付出了较别人更多或更特殊的努力，等等。

但终于放弃了这些打算。不是不可以这样来形成这篇文章，但那显然不属于我有机会谈论何向阳时最想表达的看法，也不是她真正和首先应被人们了解和认识的地方。

必须道出我从其作品所得来的最深感受。20世纪90年代中期，我开始较多地阅读产生于这个名字之下的文章时，还没有形成过于特别的印象。此时的作品，大致以她第一本作品集《朝圣的故事或在路上》为代表。不错，那时她也是出色的，在同行中。但只是一个尽管好然而颇为标准的批评家。她做到的，别人也做到了——我并不能将她从一大批"称职"的批评家中间单独地区分开来。如果她继续这样做下去，也相当成功，然而现在我恐怕就将为她写另外一篇文章。

1996年、1997年，是一个关键。从那时起，她开始偏离我们，或者说偏离标准化批评家的行列。直到发表在《莽原》并登上《北京文学》年度排行榜的《澡雪春秋》，上述偏离终于被意识到不是偶然的。但起初，人们都把这类作品理解为"散文"，亦即作者在另一文体中的开拓和施展；我自己也曾陷在这种混淆中，并可笑地建议她不妨"多写散文"。在时间拉开一段距离后，今天我已知道当时我是何其为"形式"所蔽。

促我醒悟的，是她近两年的写作。我指的是《风云变，或曰三代人》《12个：1998年的孩子》这样一些作品。这些作品较诸《澡雪春秋》《百姓黄河》等的一个显著特征，便是虽然具有超越标准批评模式的形态，却再也不会让人误读为"散文"。

我意识到我面对了一种在这个行当里崭新的写作。

批评的理念和方式被打破了。当其他批评家被动地工匠式地遵循这个行业的"工艺规范"做着手中的活计时，何向阳却使它回到了个性化写作的意义。

不知道是否还有其他同行意识到并愿意承认这一差别，但我相信这是无法回避的。在何向阳最自由最放松的作品里，"批评家"的职业相荡然无存，甚至"批评"这字眼固有的内涵、外延似乎也消弭于无形；她割断了自己与"批评"这一事物以往的概念定义的联系，却又使"批评"真正地与写作者自我融为一体，使之成为一种自主性写作。

于是批评得到了解放。这以前，批评已沦为批评家对批评对象的一种试帖式应对，对象被封闭起来和命题化，批评行为则只能以被动的猜谜和求证的姿态出现，而且它们之间的界限是分明的、不可逾越的。可以说，这正是批评不断地贫血甚至趋于僵死的主要原因。何向阳从根本上解决了这个问题，她把批评的位置提前了一步，即推倒矗在批评与批评对象间的那堵人为的墙，让批评一开始就进入一种生产的过程；对象不是先于批评存在，相反，它包含在批评过程中，甚至随时由于批评的展开而出现和形成，同时，批评者与批评对象之间发生一种共振关系——最终来看，她的批评不是旧意义上对文本或人本的解读、诠说、阐发、论述，而成为思想的融流体。

这样的写作真正到了物我相忘的境地。文字的流动，简直有生命再造的力量。谈秋瑾的《如汝须眉巾帼》以及其他一些篇章，令我陷于恍惚和惊诧。文本的英豪之气与作者其人的形容反差如此之大，竟教人难辨其孰为真伪。而稍思则释悉：这当属写作的创造之力使然！在写作中，作者不单激活着她的对象，自己也一道被激活。或者，文本居然就成了一眼新掘的汩汩泉水，物我无间的新生命力从中喷涌而出。

这是有所生长、活血活肉、发性遂情的批评。我甚至听到在那文字的延续中间，生命细胞因裂变而发出的欢欣的声响；真正的写作，都会发出这种声响。

我们已经很少谈论"创造"这样的字眼，表面上看，是我们面对知识的限度，变得谨慎和理性，实际上则只不过掩盖着我们因丧失思想的能力和兴趣而陷入的胆怯的内心世界。很明显的事实是，批评界多年来日益地躲在概念术语的背后，躲在理论空壳的背后，尤其是躲在作为强势话语的西方理论这张"虎皮"的背后。具有讽刺意味的是，这种玄虚和"深奥"恰恰源于思想的软弱以至空洞。

作为写作之一种，批评在许多人手里基本已经失去了它的功能——如果说写作的本质在于生产，任何有效的写作都应该对文明的发生形成一种贡献的话。然而在我们这里，批评却主要变成了一个流通领域，它不导致思想的生产和发生，而只是借助现代发达的信息渠道从一个地方转移到另一个地方，就像货币在银行间的流动。近年学界接二连三被揭露出来的国内学者抄袭国外著作的事件，不过是这种思想状况的某种极端化、喜剧化的表现形式而已，而从实质上说，未曾直接抄袭的学者的作品，丝毫也好不到哪儿去。

问题回到了我开始提出的对写作本质的认识上：写作是形成文明的一种机制。然而，现实却制造了许多游离于这种机制之外的人。我不是说这种情形有何反常之处，也不是主张唯有"宿命的写作者"才能够从事写作。对任何事情采取理想主义，都是不明智的。没有人能够阻止对写作抱有各种各样意图的人进入这个领域，以及阻止他们通过写作实现自己的意图。但是可以肯定，写作不是替他们准备和为他们而存在的，他们也无法激活写作的意义。人类的写作的历史证明，尽管这历史慷慨地养活了成千上万的舞文弄墨的人，但却只给"宿命的写作者"——亦即在写作中焕发了生命同时使写作获得生命力的人——留下位置。

《南方文坛》，2001 年第 4 期

用脚步丈量黄河，以心灵感应河山

——学者作家何向阳和她的《自巴颜喀拉》

葛景春

　　中国青年出版社在21世纪的第一个春天出版了何向阳长达二十万字的文化大散文——《自巴颜喀拉》。

　　好像哪位西方学人说过，不懂得黄河就不懂得中国。中国的文明与历史，一直与黄河紧密相关。黄河是中华民族的摇篮，黄河流域是中华民族的发祥地。没有黄河，就没有中国五千年的文明史，从这一点上来说，不懂得黄河就不懂得中国的说法，一点也不为过。可是，我们国人，对于这条养育我们民族成长的母亲河，又有几个人真正了解她呢？她的长度、厚度、发源，她的人民的历史，她的杰出的人物，他们现在又是怎样地生活？黄河到底为中华民族做了怎样的贡献？有谁去做过认真调查，去问个究竟？我想，大概正是这个原因，青年学者、作家何向阳，怀着对母亲河的拳拳孺慕之心，踏上了走马黄河的万里征途。她不但要探访这条河流，揭开她的面纱，而且还要进一步挖出深埋黄河泥沙之下的丰厚的黄河文化以及绵延了五千多年的中华民族的文化精神。

读过何向阳的《朝圣的故事或在路上》和《肩上是风》，那时候只觉得是不安于平静的书斋生活，冲出家门，直感到她的书或文，总在不停"行走"，然而终其实，那只不过是在书斋里的"挥斥八荒，心游万里"的精神行走，而这本《自巴颜喀拉》却真付诸了实践。作者从黄河岸边郑州出发，西行直寻黄河之源，然后又从黄河的上游，沿着奔腾的大河，途经青海、四川、甘肃、宁夏、内蒙古、陕西、山西、河南，入山东，"走马万里"，历时十个月（如果包括1990年开始的沿黄访问，历时十年）。对于一个从未经过专门探险训练的弱女子，这是一次了不起的"行走"壮举。

然而这只是外部。何向阳的黄河情结，那一份河山，深藏心底。她出生于河南，从小学、中学、大学以至研究生毕业、工作，一直是喝黄河水长大的。黄河游览区怀抱婴儿的母亲塑像以及那几根粗大的血管般引黄管道，在她心灵的深处，留下了永难忘怀的印象——中原人就是靠吸吮黄河乳汁养大的。她更从黄河的精神上，得出自己是黄河女儿的认同，从李白那"黄河之水天上来，奔流到海不复回""黄河落天走东海，万里写入胸怀间"豪放的诗句里，从河南画家谢瑞阶悬挂在人民大会堂《大河上下·浩浩长春》那宏伟的黄河画卷里，从作家李準《黄河东流去》史诗般的小说里，从张承志《北方的河》那具有父亲般意志的黄河形象里，对黄河产生了精神上的皈依和认从，黄河是中原人的血脉和根，是中华民族精神和灵魂的象征。

从对黄河源头追根到底的文化考察以及对黄河上游的历史追寻中，可以看出何向阳对黄河的"寻根"意识。黄河的源头在哪里？中华民族五千年的文明之根又在哪里？这是作者探寻黄河时最为关心的首要问题。为此她不惜花大量的功夫进行文献的考证。从先秦的古老史书《尚书·禹贡》，神话传说中的《山海经》《穆天子传》，屈原的《九歌》，到汉代的辞书《尔雅》、中国最早的通史《史记》，都有河出"昆仑"的记载。"昆仑"这个古老的地名，包含着丰富的地理知识和丰厚的文化意蕴。很难说古人没有到过黄河之源。因为从中华民族"西来"说中，就有人认为中华民族的文明源自"昆仑"。在《山海经》中的《西山经》中，就记载着"昆仑之丘，是实惟帝之下都"，在离"昆仑之丘"几百里的地方，还有"轩辕之丘"，传说黄帝曾在这里住过。在"昆仑"附近还住着传说中的"西王母"，并记述那里的风物甚详。先秦的故事《穆天子传》中就曾说周穆王驾八骏到昆仑山上的群玉之山与西王母相会。这虽有神话色彩，但古人的迁徙和跋涉能力远超出现代人的想象。如我们今天就很难想象中国古代的殷代遗民，是如何漂越太平洋远行迁徙美洲，成为"殷地安"人的。所以，河出于昆仑的结论，并非完全出于古人的想象，不管怎样，黄河之源在出于昆仑山的东脉这一点是不错的。只是古时不叫巴颜喀拉山罢了。所以古人的说法是有一定根据的，但因为古史记载过于简略，今日对古史真相所知不详罢了。以汉、唐的国力，到达河源也是完全可能的。《旧唐书·吐蕃传上》曾记载文成公主出嫁吐蕃时，"松赞率其部兵次柏海，亲迎于河源"。文中说松赞干布为迎娶文成公主，率兵等待的地方就是在"柏海"，并进一步指出其迎亲的地点就在"河源"。"柏海"即今称为扎陵湖、鄂陵湖的地方，离今黄河的源头不远的地方。"河源"即当今之河源，扎、鄂二湖之上游的地方。从唐代以来的诗人的歌唱中，"黄河西来决昆仑"已经成为古代诗人的一种共识。但作为科学的考察，从史书的记载来看，则从元代始。何向阳本着科学的精神，对元代和清代对黄河源头的五次考察及解放后的多次科学考察，做了诗意的介绍。特别是对解放后的有集体的也有个人的、有国家的也有民间的多次对黄河源头的考察，做了高度的评价。对洛阳黄漂队在卡日曲河源立碑，从河源直到入海口的全程漂流，更做了动情的描述。书中还特别对毛泽东同志多次莅临黄河，或路过，或作战，或考察，"一定要把黄河的事情办好"，以及这位伟人一生最大的愿望，横渡黄河，并骑马亲探黄河之源，都有点睛之笔。她用一种散文化的调子将一位领袖还原为一个对江河有着痴迷心态的生动的人，作者是在亲自走过了毛泽东在河南黄河走过的路线，采访了原黄委会主任、黄河专家袁隆等同志后而获得文学的发言的。书中长达四十多页对从先秦时代到20世纪80年代，从传说、诗歌中的"昆仑"到现在的巴颜喀拉山的两千多年的河源考察史，做了系统而又生动的叙述，将世代对母亲河源头，对中华民族文化之根的穷追不舍的探索精神，做了高度的赞扬。其中不但体现了作者对这条"无论是从地理长度或是血缘长度都堪称生命双重资源的河流"的无限深情，而且表现出作者作为一个学者对中国古代文献掌握和运用的扎实功力，且处处显现判断历史的明识高见与对历史的锐敏的穿透眼光。

书的重点并不在对黄河的静态研究与观察，而在作者对黄河用脚步进行丈量的同时，考察黄河两岸的大河儿女的原始生态和风俗文化。作者有感于"经由了太多的有关民族风情的书，写得渐已变得失真的边地，同时失真的还有不辨真情与假意"的文学作品，她决心"要用脚丈量大地""要用心与大地相交换"。为此，作者拒绝了去沿河各处的人文景观，舍弃了那旅游者的好奇和轻慢，而一头扎进了黄河沿途的深山百姓家。去用手触摸真实的现实和历史。这正是一个学者可贵的求实精神和风格。作者经历八省，访问了沿河的藏、汉、回、蒙、东乡、保安、撒拉等七八个民族，行程万里。访问的人有藏区蒙区的牧民、乡村牧羊人、唐蕃古道上的朝圣者、筏客、农民、保安刀匠、砖雕艺人、农家妇女、乡村教师、摆渡的老汉、藏学院的大学生、水文站员、麦客、移民、抗战老英雄、入海口渔民等。何向阳所遵循的原则是"写底层，更是写自己"。因此，她每到一地，就专门到底层的百姓家去调查，了解他们的实际生活的苦乐酸甜，梦想与理想，希望与愿望。她在青海湟中地区专门访问了当地有名的农民女画家华生兰，她的作品《鸡花图》曾代表中国农民画在挪威和芬兰展出过。当何向阳在华家见到华生兰时，五十五岁的华生兰一脸病黄色，家中贫寒，周围的环境也十分恶劣，可是她的画却"色彩明艳到和周遭地理对不上号"。她发现就是在极端恶劣的自然环境下，人仍不放弃的是对纯美和理想的追求。她还从上游地区少数民族的火辣辣的民歌中，看到了倔强不屈的民族性格和浓烈圣洁的感情。从黄河两岸的各族底层人民的生活中，看到生活的艰苦，求生之不易，但却活得扎实、坦然、乐观、从容。他们像黄河水一样默默地流着，在困厄中开辟着挺进的正路。

何向阳还在黄河上游地区的历史地层中，看到了中华民族像黄河一样一往无前不可阻挡的顽强斗争精神。她写了历史上羌族、回族反对民族压迫与清朝统治者的英勇斗争、途经黄河上游松潘若尔盖地区草地的红军的长征的大无畏的革命精神与自费走上巴颜喀拉山长江与黄河源头、漂完长江又去漂黄河全程的河南洛阳漂流队对长江与黄河的征服精神。其中尤其是对红军的长征精神进行了热情的歌颂。她认为，红军的长征就像是无法拦阻的黄河一样不可阻挡和战无不胜："他们赤手空拳，真的除了勇毅一无所有。然而就是这薄衣单衫的一群人，他们决心要走到哪里，是任何自然外力都挡不住的，这一点气质很像那必要在一条峡谷里冲出出路的黄河，她要到哪里去，也任何山峦湖泽无法拦阻！"站在黄河、黑水河和白水河三河的交汇处，作者发出这样的感叹："到了需要穿峡越谷之时，它的激越与澎湃也是人所想不见的。站在这样一个地点，暗自吃惊，其实每一个民族都有它的血性，尤其是黄河这样一条本就桀骜的河流。"对于洛阳黄漂队的征服和献身精神，作者也做了心情激越的赞颂：他们为了甩去"东亚病夫"的帽子，甩掉"丑陋的中国人"的称号，激励和焕发中国人民的"民族精神"，以他们满腔的热血和年轻的生命所呈现出的"匹夫之勇"，让人震惊，让人们以一派正气去感知、寻求那金子一样闪光的东西。这才是独一无二的黄河给中华民族的精神启示。

除了对现实生活中的底层人民生活的热情关注之外，何向阳还将目光深入地下的历史岩层。黄河哺育了中华民族，也哺育出了她博大璀璨的文化。她不但是中华民族成长的摇篮，同时也是中华民族文化的滥觞之地。黄河上下都印满了大禹的足迹，这位与黄河有着密切关系的历史的巨人，在传说中变得更加具有神奇的色彩。青、甘交界的积石山，陕、晋夹河而耸的龙门山，河南三门峡的原来人、神、鬼三门及中流砥柱石，河南登封嵩山脚下的启母石等处都留有传说中大禹治水的痕迹。大禹为治水，腓无毛，足生胝，三过家门而不入的忘我精神，为百姓之大家，牺牲小我小家的献身精神，以及继承父志，不屈不挠，不懊不悔地前赴后继、勇往直前的精神，这些都是我们中华民族最可宝贵的精神遗产。在黄河流域有着我们先祖的丰厚的文化遗存。如陕西西安的半坡村文化遗存、河南灵宝铸鼎原黄帝陵附近的新石器文化遗存、河南渑池的仰韶文化遗存、河南郑州大河村文化遗存及在黄河和洛河交汇处的河洛文化等。还有河南淮阳八卦台及太昊陵传说，易经文化的创立者伏羲和文王，以及道家文化的始祖老子和庄子、儒家文化的创始人孔子和孟子，都出生或曾活动于黄河流域。在最早的中国的佛教祖庭洛阳白马寺里，就埋葬着最早来华传经的天竺僧人竺法兰和竺法道。儒、道、释三大文化体系构成了中国传统文化的思想的主要构架，它们都与滔滔黄河善纳众流，融为一水的博大胸怀和性格有关。中华民族的始祖传说中的三皇五帝，其中三皇中的二位（伏羲、黄帝）、五帝中的五位（少昊、高阳、高辛、尧、舜），即除了炎帝神农之外，他们主要的活动舞台，全是在大河南北。中国七大古都中最早的四座——安阳、西安、洛阳、开封，都是黄河流域的明珠。何向阳曾亲登陕西韩城黄河西岸的龙门山上凭吊司马迁，是这位吸吮黄河乳汁长大的伟大的历史学家写出了中华民族最伟大的历史传记——《史记》，将中华民族五千年文明史绘成了最壮丽恢宏的历史画卷，将历史泥沙掩埋在地下的我们伟大的祖先的宏伟业绩一一挖掘出来并展现于世人面前。滔滔不尽的黄河水养育了无数的风流人物，也孕育了光辉灿烂的华夏文化。这条母亲河实在是给予我们民族的恩惠太多了，以至于无法言说。

从一条河来解读我们的民族和民族文化，这是何向阳的初衷。感动我的是书中始终贯穿着作者对现实和历史的一种深切的人文关怀。这种人文关怀在目前商业经济冲击下，已经日渐式微。在孔方兄的诱惑下，许多人已被阿堵物所障目，只见钱而看不见了人，尤其是对底层的芸芸众生，已失去了往日的兴趣，采取漠然视之的态度。在现代以高扬主体为时髦，以深入群众、关切人民大众为过时的观念中，何向阳以走马万里，深入底层百姓的千家万户，进行采访和调查为己任，对黄河沿岸各民族的兄弟和姊妹献出自己的真诚的发自心底的人文关怀，这样的心胸，这样的气度，在现世作家中已实不多见了。作者呼唤人文关怀，其实也是在关心人类自己的前途和命运（其中当然也包括个人的自体命运），让人文精神重新回到我们的文学中来，这正是作者与时代的共同期盼。

文学永远是人的文学。离开了人，离开了数以亿计的居于主体的黎民百姓，它所传达出的时代呼声，就显然是不全面的。文学若不能揭示出几千年所积淀的民族文化底蕴，其所反映的民族性和民族精神，也将是不深刻的。而何向阳的这本著作，也正是这方面良好的成功尝试。还应特别指出的是，此书图文并茂，不但图片为文增色不少，而且图片本身也有它本身独立的存在价值。那藏族老人深沉的眼神和回族大嫂深情的微笑，都是文字所无法完全表现的。而为图片所写的解说文字，也别有特色，堪称美文。

那些愿意多了解黄河、多了解黄河两岸普通百姓是如何生活的，想深入了解黄河所哺育出优秀文化精神的人们，我建议多读读这本书。在整个"走马黄河"的丛书中，我认为这本书是写得最好的。因为这是一位学者型的作家用心来写的书，智识兼备而兼以文采。她以女儿之心来为母亲黄河作传，书中处处流淌的是作者对黄河及其两岸人民的真情与实意，深情与厚意。西人曾有《尼罗河传》，诗意地写河。何向阳，这位在媒体面前一直低调却在学术、写作两重空间里奋然前行的青年人，给我们捧出的是一部21世纪之初个人化民间化写作的"黄河传"。

《中州今古》，2003年第1期

一位行走的思想者

陆　草

是谁在默默行走？是一位文弱的女孩。

2000年初夏，她独自背着行囊，开始了她的黄河之旅。她从中原出发，沿着黄河，西行至青海省的巴颜喀拉山，然后又折而东返，仍是沿着黄河，一直跋涉到黄河入海口，历时四个月，行程万余里。于是，到了第二年春天，就有了这部书——《自巴颜喀拉》。

清初学者顾炎武曾倡导"读万卷书、行万里路"，躬行"知行合一"之说，开三百年来经世学派之先河。他的《天下郡国利病书》，以及同时代人顾祖禹的《读史方舆纪要》，成为晚清影响最大的两部著作，曾经启迪了几代士人的心智，包括林则徐、贺长龄、曾国藩、左宗棠、梁启超这些叱咤风云的大人物。而如今，专心致志"读万卷书"的人早已难得一见，踏踏实实走在地上的文人也已经越来越少了。光怪陆离的社会现实使文化变了味道，使学术变得贫乏，使思想变得枯竭。学术界早已不是一方净土，"以术为学""以学附势"，引谋官之术入治学之道，变治学之道为谋官之术，乃至"以势谋学"，已经成为一种风尚，而中国文化，正亟须一次认真而持久的反思，以赓续五四先贤们的未竟之业。恰在此时，这位女孩执着地、默默地从黄河之畔走过，而且是非常认真地走着，让人不得不佩服她的胆识和勇气，以及她对世俗的蔑视。

《自巴颜喀拉》不是模山范水的一般游记，也不是优雅精致的文化随笔，更不是无病呻吟、浮艳媚俗的消遣文字，它是发自生命深处的一串长叹，又是回应历史的空谷足音。这位女孩把她对黄河文化的探索，对民族精神的解读，以及她的快乐和忧虑，发现和失落，都记录在这部书里。她从滔滔东去的黄河中寻觅着失落已久的历史记忆，将自己的整个身心都沉浸于黄河之中，试图去触及那神秘而令人心悸的民族之魂。她一直在思索着一些相当沉重的问题。而这些问题，在今天似乎早已被许多人忘却了，但这位女孩却表现出出人意料的执拗。从她的前两部著作《朝圣的故事或在路上》（1997年）和《肩上是风》（1999年）来看，她大概早已在思考这些问题，但那时还只是些思想的碎片。这一次，她终于借着黄河把自己的思考比较完整地表述出来，因而也使不足二十万字的《自巴颜喀拉》显得很有些分量。这是一份实实在在的黄河人文考察记录，是一部不乏精辟思辨的文化反思之作。它自有其存在的价值。

她执着地走着，渴望走进黄河精神的深处，乃至最深处。她以黄河为线索，从春秋说起，囊括汉唐宋元明清，褒贬千古风流人物，字里行间火花迸射，灵光闪烁。在淡雅的行文中，自有一股豪气沛然而生，给人以凌轹千古的鹰扬之感。且看论述历史上有关河源诗文的一段：

　　历史就是这样，对于河源昆仑，唐代有诗，却无疆土，所以那诗仅止于昆仑语，没有展开境。元代有了疆土，却没有了汉诗，所以那对于河源描述（的）丝缕公文，连昆仑语都奢极，到了明代，疆土也有，诗也有，却失了作诗的心境，匆匆而过的宗泐并无逗留之意，而整个明代却在忙于筑墙，那心中的敌意恐惧，怕是顾不上对于一条河的思想的。这一点倒是文人政治取着一致，明代山水咏文少得可怜，气象之语更为考辨论证所代替，学术渐次成形，而文学退至次位，一个好理辩而不靠诗情的理性时代终至到来。于是，山水不再志向喻，倒过来，恰是志向未喻的隐者语了。

　　这是一种大文化的全景式扫描。这种评述方式在中国由来已久，到近代尤为盛行，梁启超将它发挥得酣畅淋漓，其后的鲁迅以入木三分的冷峻和深邃而走向极致。在沉寂了半个世纪以后，中国终于开始了文化反思。与之相应的，是这种评述方式在国内的重新活跃。在一个新的历史阶段，在一个新的思维层面上，学者们几乎是全方位地反思历史，呈现出新的文化整合趋势。这次文化反思正在表现出越来越鲜明的个性化特点，学术开始疏远权力，淡化庙堂意识，向着真正的独立的自我回归，个体学者的独立思考成为推动其不断深入的原动力。学术正在艰难而缓慢地恢复它的独立与尊严。先是有李泽厚先生的《美的历程》，其后又有余秋雨先生的《文化苦旅》，另外还有一大批著作（如刘梦溪先生的《中国现代学术经典总序》）。而《自巴颜喀拉》，却似乎介于《美的历程》与《文化苦旅》之间，同时又有自己的尝试。

　　《自巴颜喀拉》既不像《美的历程》那样，粗笔梳理几千年的民族文化史，熔哲学、文学、绘画、雕刻、书法、建筑于一炉，锤冶出各个历史阶段的审美轮廓，给人以明洁简要的文化结论；也不像《文化苦旅》那样，着意于历史意象的渲染，始于细节的工笔刻画，终于写意山水般朦胧的时空长卷，给读者留下了惆怅的感受和略含苦涩的回味，那是一种对业已消失的美丽和诗意的追忆，渗透着生命的沧桑和历史的积淀。《美的历程》自有一份学问家的大气，《文化苦旅》弥漫着江浙诗人的秀润。而《自巴颜喀拉》，则是走出书斋、源自旷野的作品，浸润着生命的原色。它把黄河文化还原到若干具体的生命，使黄河文化呈现出鲜活的真实，赋予它以川流不息的动态之美。即便是早已凝固的历史，也被这位女孩搅动得现出了些许生气。因此，《自巴颜喀拉》更像一首基调明快的长诗，它如同溪流一样奔淌着，腾跃着，盘旋跌宕，飞珠溅玉，洋溢着特有的青春气息，其中又隐含着一股锐气。那股锐气似乎来自大漠荒原之上，来自万山之中，深谷之内。那是一种尚未被世俗侵蚀的勇敢率直的书生之气，天真无邪的少女之气，独立思索的学者之气，秉笔直书的良史之气，又是一种苍凉悲怆的山野之气。

如果说《美的历程》重在揭示作者心中那些业已考虑成熟的若干观点，《文化苦旅》重在展现作者对某些历史文化现象的思索过程，那么，《自巴颜喀拉》则自始至终是在抒写作者自己对黄河精神的理解和感悟，而很少含有结论性的内容。她沿着黄河，边走边思索，把许多文化现象，历史的和现实的，交融在一起，去感触历史的律动。她以自己那特有的聪慧和敏锐，去感知着，参悟着。她提出了问题，并沿着这条线索一直思考下去。她并不在意去解决什么问题，得出什么结论，而是始终把自己的感悟放在首位，同时也给读者留下了更大的思考空间。所以，《自巴颜喀拉》是一部"开放性"的著作。

她始终在关注人，从她的长篇论文《曾卓的潜在创作：1955—1976》（2000年）和《12个：1998年的孩子》（2000年），可以窥见她的学理思想与人文关怀。《自巴颜喀拉》关注的也是人，是黄河岸边那许许多多普通的生命，是个体的人与黄河的关系，是个体的人因黄河而被赋予的命运。因此，她所展示给读者的，是黄河的地域性人文特征，是20世纪末的黄河人文长卷。通过对黄河沿岸人文现象的考察，她似乎触摸到了深藏在民族精神深处的某些特质。所以《自巴颜喀拉》本身就带有厚重的人文地理学精神，因为人文地理学就是"研究人与地理关系的学科"。

她谈到孔子"以身为文"，认为"那时的理论与人是那样不可思议又必然地合一，他就是他的思想，他的理论就是他本人"，而"从道不从势"才是儒家的真正传统，因而"对于后世阐释的已成典范的孔子"，"习惯于抱着一份敬重的怀疑"。

她提到松潘羌族妇女额能做领导的起义，然而如今这位传奇女性已从当地"口口相传的历史中消失了"。

她谈到哲合忍耶教派道祖马明心的全家殉难，以及晚清金积堡战役的惨烈。她写道：

> 今天，我怎么再能够描绘它，那个史中的秘密，对于
> 异族的我，一切的生命、死亡与信仰，一部在民间打开由
> 底层传唱的史诗，站在这红彤彤的山岗面前，我该如何学
> 会对任何许诺，不发一言，对一切激情，不为所动。

她梳理了毛泽东与黄河的缘分，从他的青年时期一直写到晚年，而这位历史巨人终于未能实现横渡黄河和骑马考察黄河全程的夙愿。

她写到耗尽毕生精力，为搜集蒲松龄佚作而备遭磨难的淄川民间文人路大荒，感喟于这个被抄家抄得"连一张纸都没有"的文人之家，竟然能在大难之后"薪尽火传，父子相递"。

她默默地伫立在黄河唐乃亥段的峡谷中，祭奠1987年6月在这里遇难的河南黄河漂流队的勇士们，惊异于人们的健忘和媒体的势利与浮嚣：

> 事过境迁，热点沸点被制造着，那场轰烈，那些小人
> 物们于时代大台子上上演的一出壮烈大剧也许就这样合上

了？像一本书？山河凝烈，多数时间无须我代言的，一定时候自有出来说话的人，他们，才真的是用身体做语言，说到了连生命都搭进去，也不惜的。是种什么力量推着，让这些底层的人站出来说话，大声的，借助于河，他们要讲的那些话，有听懂的人吗？

·

"知我者，谓我心忧；不知我者，谓我何求。"在这个浮躁喧嚣的世界上，在许多人（当然也包括若干文人）对权势金钱顶礼膜拜，连知识分子的人格和尊严也不断缩水的今天，她却孑行独立，离开喧闹的大城市，走向高山大漠，走进荒僻的小村，走进茫茫的大草原。她似乎一直在不停地走着，因为"只有行走让我意识到生命的奔涌，四壁下只怕热血慢慢流空"。她的心中似乎凝聚了太多的思虑，她一直在寻求着什么。或许，黄河"何以称为母亲"，便是她寻求的答案：

1990年开始的陕、晋、内蒙古、河北农村行旅，也许是最早向往答案的一个开端，然而那时并不明确自己要找的东西，其后相隔数年，到1998年，尤其是2000年下半（年）在黄河沿线乡村底层游走的经历，好似又把一个答案还原成了许多问题。随着路的加长，走远，我渐渐地看到了心中的一个地图，它是在行走中慢慢清楚的。

走马黄河，教我再次阅读这幅底层民众地图的细部，更多时候，真正的大地，用脚丈量的同时，更须用心去交换。

我想，我心里的有关黄河的话，得写出来，无论如何，无论遇上什么，想说的这些话已经熬了三十四年，如果从母辈算起，也许更长。这三十四年我切实喝它的水，吃它的水浇出的粮食，它给我生命的恩惠，无法计算。"何水德之难量！"古人说。难量的还有它其中的精神，那是没有物的测杆的——文字能不能成为它呢？也许还是不能，标尺的想法是多余的。因为躺着的水激散到每一个人那里，就是每一个人——这直立的黄皮肤的水，他们奔涌，在历史间，一幕幕大戏开和阖，他们也是为了一个方向，一个必要到达的目的而不懈不屈。我写，在那熟悉的身影里，不止一次找得到我自己。其实是想说，在他们为理想叠加生命进去的队列里，我想找到我自己。

把命交给这样一条尊严威仪的河，正如这一滴直立的水，回到起伏澎湃的全数波澜里去。

是太好的归宿。

已经挑起了，就不会放下。

怀抱着热切的盼望，她在黄河之畔顽强地行走着。她没有失望，从社会的最下层，从农舍和帐幕间，从许多平凡的生命中，她发现了心灵的启迪者。正如古人所言："学在民间，道在山林。"于是，她写下了如誓言一般的文字。而这些，对于那些长年埋头书斋的学者而言，恐怕是很难体味的，甚至无从言说。象牙之塔隔离了许多真实，人格的萎缩使更多的真实被漠视。在一个侈谈"尊严"的时代，看到的是人格的普遍沦丧，是假和空的泛滥。一方面是有识之士的认真反思；一方面是泥沙俱下，鱼龙混杂。

她是一位思想者，而真正的思想者都是卓然而特立的，他们在思想层面几乎永远都是孤独者，这似乎是历史早已安排好的命运。她又是一位行走着的思想者，正因为她在社会下层的不倦行走，她常常感到充实，激情勃发，冲淡了忧郁孤独的阴影。她的生命在行走中燃烧着，她从生命的火光中寻找到本真的自我，心性由此而澄澈，睿智由此而启瀹，才情由此而释放。

每当此时，她就天性流露，变成了阳光下的女孩，美丽而活泼，文字也明朗了许多。有人说，20世纪80年代，有思想而无学术；20世纪90年代，有学术而无思想。然而，她却的确是一位认真的思想者。在苍莽的大西北，在绵延万里的黄河之畔，她找到了足够的思维空间。那里成了她思索的立足点和出发点。

近年来，一大批尘封已久的有关西部的人文著作被纷纷再版，这是因为历史选择了西部。21世纪的中国人似乎应该从西部的人文底蕴中悟出点什么来，为我们现在的文化补充点什么，比如钙元素和铁元素之类。中国大陆的东西方文化之间原来就具有很强的互补性和交融性。在中国大陆的南北方文化之间，如黄河文化与长江中下游文化、钱塘江三角洲文化、闽江口文化、珠江三角洲文化之间，也同样是这样。在中国这样一个幅员辽阔、民族众多的国度里，文化的多元化格局是历史发展的合理结果。任何一个地域文化中都蕴含着宝贵的精神资源，有待于人们去发现和认识，这是建构我们整个民族文化体系的基础。因此，各地域文化之间应当是平等的，而不应由某一两个地域文化充当评判者，垄断话语霸权。正是基于黄河文化的底蕴，再加上作者的责任感和她多次在西部考察的阅历，《自巴颜喀拉》才洋溢着朴茂的生命活力，呈现出荒原大漠般的浑厚与苍凉。《自巴颜喀拉》的思想质地和语言外壳都是坚韧的，它们既不缺乏文化意义上的弹性，又富于历史的刚性。作者于精微之处的点睛之笔，又常常具有某种穿透力，那大概就是思想者的毫光吧！

　　大概由于所见丰富，感触太多，而她又急于倾诉，所以《自巴颜喀拉》的行文节奏给人以急迫之感。她太吝惜句号，有时十几个逗号连用下来，才不得不"句"它一下；有时明明该用句号了，她偏偏还要"逗"下去。面对大量史料，她用于判读和甄别的时间似乎还是少了点。如七朝古都的开封，是黄河文化的一座标志性城市，它在北宋时期曾经是世界上最繁华的大都市，后来在1642年遭到黄河的灭顶之灾，全城尽毁，1841年又遭到严重渗蚀，围城达八个月之久；开封民风的强悍坚忍，以及那种乐天知命、崇尚仁义的品格，也正是黄河人文的一个重要特征。开封有着太厚重的人文积淀。如果作者熟悉《东京梦华录》和清代的《祥符县志》，读过周宝珠教授的有关开封历史的论著，也许就不会在书中将这座古城轻轻地一笔带过了。她毕竟还缺少如李泽厚、余秋雨先生那样的从容，她还需要寻找更多的学术支点，因为她还年轻。不过，也许正因为年轻，她还没有学会矫情与做作，才使得《自巴颜喀拉》同样带来了思维上的冲击感，显示了对历史文化的某种洞察力。另外，书中所附的大量考察照片，倒在一定程度上缓解了行文节奏，收到了很好的视觉效果。

　　想起了莱蒙托夫那首《帆》的开头：

蔚蓝的海面云雾茫茫，

孤独的帆儿闪着白光！……

它到遥远的异地寻找什么，

它把什么遗落在故乡……

《帆》写于1832年。

风从肩上掠过，她在时空中留下了那匆匆走过的身影。

有人听到她的问话吗？也许有。

她找到对话者了吗？也许找到了。

这本书是写给当代人看的吗？未必。

所有的历史都不过是一瞬间，所有的生命也都不过是一瞬间。生命如风，岁月如川，思想如磐。清代朴学大师阮元说过："学术盛衰，当于百年前后论升降焉。"陈寅恪先生也曾感叹道："今生所剩真无几，后世相知或有缘。"或许，再过很多年，她那文弱的身影会在岁月的茫茫风沙中渐渐淡去。然而，在未来的某一天，当泡沫四散、浮嚣沉寂之时，《自巴颜喀拉》将会再度跃出岁月的长河，后人们将会看到那依然美丽的青春的微笑和那面对黄河的微蹙的秀眉，以及那凝思着而略含忧郁的眼神，会惊异于她对黄河那深深的眷恋，还有那飘散在时空中的梦一般的情思，烟一般的怅惘，恍如月色下的竹影，细雨中的深巷。他们明白了：早在20世纪的最后一年，就有一位中国女孩这样走过，也这样思索过。

她叫何向阳。

2002年6月23日下午于郑州，

时窗外雨声淅沥。7月5日上午改定

《当代作家评论》，2003年第5期

何向阳：写作是"与不存在的爱人的对话"

张滢莹

"如果小说是肉身的话，诗歌就是灵魂"

不断"解剖自己"，以客观立场剖析、自省，这对所有写作者来说，都是难的。用诗的方式叩问内心，也许更难。诗的世界里，一切躲闪和矫饰都是自欺欺人的，逻辑和结构堆砌的语言之墙顷刻间就能被诗的锐利凿穿，唯有真诚得以留存——就此意义而言，许多作家的心里，其实也住着一位诗人，比如何向阳。

很多人眼里的何向阳，是不苟言笑的。并不是因为她不爱笑，只是人们总将评论家的姿态想象得格外严肃，似乎终日眉头紧蹙，在书山文海中伏案沉思的，才是评论家。不久之前上海国际文学周的诗歌之夜上，人们惊讶地见到了何向阳身为诗人的一面：一身黑色小礼服，招牌式的齐肩鬈发，恬淡从容的微笑，凉风习习的夜里，她用惯常的温润语调为大家带来了自己近期的诗歌作品《刹那》和《此刻》。

在同期举行的上海书展上，不少人则被一本浅青色封面，装帧素雅的诗集所吸引。在这部刚刚推出的诗集《青衿》中，何向阳原貌呈现了自己于20世纪八九十年代所创作的诗歌，未做一字修改。在接受记者的专访时，何向阳说，书中许多作品虽然如今看来青涩、稚嫩，但却是她眼中"一切刚开始时的样子"。这份偶然发现的诗稿安然躺在落满灰尘的牛皮纸袋中，"抽出来，是三百字的稿纸——那种80年代最常见的带有浅绿方格子的稿纸，稿纸正中，手写两字，'苍白'。这个书名，一看就是当年的英雄蓝黑墨水钢笔写的，而不是今天随处可见的水笔。说实话，我对着这叠诗稿有些不知所措，岁月里，这些诗，沉睡的时间真的太久。也许到了唤醒它的时候了"。

被唤醒的，不仅是三十年前的笔墨记忆。从《青衿》诗集中收录的1985年这个年份开始，这三十年间，她其实一直持续着诗歌创作，只是近两年原本点滴的感受开始汇聚、喷涌。"诗歌是一直潜藏在那里的感觉，是一个隐形的世界。虽然它时常会从生活中隐遁，但这能说明它不存在吗？"对何向阳来说，如果小说是肉身的话，诗歌就是灵魂："小说创作，是作家找到了自己的载体来进行诉说，找到了一堆人物、一堆事件来表达自己想说的话。但诗人持续不断寻找的是一个人物——自己，是想跟自己隐藏的灵魂对话的冲动。不管寻找一个群体，还是一个人，表达的都是对世界的认识和理解。"

与她的散文、评论作品相比，何向阳的诗歌中女性特质更为明显，她的诗歌多数朝向深邃的内心，而非外在世界。不少她喜欢的女诗人，也都是不太关注外部世界的："她们对这个世界的变化也有感受，但是通过内心的变化来谈论世界变化的。如果世界是公转的话，女性作家的表达中始终有很坚韧的自转，而且能量巨大。"也许这种自转在某一段时间里被挤占，也许这种自转并不自觉，或者会被公转裹挟，但在她看来，自转始终存在，"到了一定时间点，就会浮现出来"。在她眼里，这是女性的天然优势："女性作家是天然的双重视角写作者。在现实之外，她们的书写中始终有女性视角的存在，会有关注自己精神、心灵成长的一部分，也可以通过女性视角看到其他性别看不到的、被屏蔽的、不被关注的东西。"

而对于自己诗歌中频频出现的"他"，何向阳的答案是："我写诗始终是在念给不存在的爱人听，是自己跟自己的对话。其实写评论也是，好像对着不存在的爱人讲话，讲个不停。"

"争吵、辩论，是只有在评论中才可能呈现的探险"

喜欢诗歌的人，大多是感性而情感充沛的，十三四岁就开始写诗、大学时期曾经自创诗社的何向阳在面临文学领域的选择时，却毅然选择了理性至上的文学评论。这种在许多人看来近乎反差的决断，在她看来却是一种自然流淌的过程。研究生时期，她被指定写关于张承志作品的评论。这项前后用了八年时间，四易其稿才最终定稿的"作业"分为六个部分，每一部分的开篇都是诗，字里行间也充满了诗性和真挚的情感。这篇文章，不仅是她文学评论的开端，更直接奠定了她的写作风格与特质："写张承志，让我觉得找到了自己喜欢的言说对象，而这个对象恰巧跟我写他的方式也是相同的。包括他、包括张炜等，他们的写作都拥有内在的诗性。这样一批作家的存在，让我发觉在现实的平原上，还有山峰的存在。"顺着这样一条精神之路，她一路走来——从《朝圣的故事或在路上》到《澡雪春秋》《风云变，或曰三代人》《12个：1998年的孩子》《无名者的潜在写作》《一个叫"我"的孩子》《夏娃备案：1999》……这一篇篇文学评论，光从题目就能读出与其他评论作品的不同，她也坦言："即使一些当时觉得已经足够严肃、规范的文章，时隔多年再看，也是充满诗性，而非中规中矩的评论。我写小说家，写出的是诗性，写诗人，最终呈现的也是诗性，这种诗性贯穿在我的评论和散文中。"

在别人大多以为评论写作枯燥乏味之时，何向阳全身心地沉浸在这场灵魂和灵魂之间的对话中，并视之为写作中的最大乐趣：她和写作对象作为两个独立的灵魂，在一个平面上问询、对话、探讨、研究、探索，陌生的人、偶遇的人、已故的人、深陷逆境的人、远在他乡的人、心怀远方的人，似乎都在她面前。这是一场跨时空的交流，看似无声，却特别默契，甚至时有交锋："在你对他（她）的解读中，他（她）不断完善你、辅助你、纠正你，有时候可能还会争吵、会辩论，这是只有在评论中才可能呈现的探险——你上一个台阶，他（她）上一个台阶，不断登顶，达到一种高峰体验，这种评论带来的乐趣，是无穷的，也是其他文体难以体验到的。"

在何向阳眼里，真理既不是遥不可及，也不是在分析、探索之前就能成竹在胸的。"真理应该是在书写中自然呈现的，而不是先入为主的，有观点，为了把这个观点说出来而拉来了能够辅佐观点的作品，是不自然的。"在她看来，这是评论伦理的问题，"探讨一个作家的精神世界，肯定需要经过梳理和比较，包括与同时代人的比较、与历史上的作家关于同个问题的比较，然后通过你的书写自然呈现出来，而不是因为先有一个正确的观点，再拉着作家来做证，如果是后者的话，不仅不自然，也是对真理的不尊重，是对作家的不尊重"。

面对他人的评论时，何向阳所关注的，则是作为评论家的自我性情。"如果需要呈现客观评价、客观存在，可以通过很多方式实现，我更倾向于在评论中见到评论家自身的人格和独特性，有血有肉，有自己的真性情，有精神在里面燃烧"。在此基础上，她也曾提出，须警惕一些评论家以理论自信代替个人经验的倾向：评论中也需要个人经验，不体验生活、不经历时代变迁和人心的跌宕起伏，作品与创作可能是有距离的，评论可能是自说自话的。"创作散文、小说时，作家的个人经验占据了重要地位，而在谈及评论时，对于个人经验的呼声并不高。"她说，"其实很多前辈评论家很重视个人经验，比如李长之、钱谷融等先生。他们始终认为，人本身就是一个主体，有其主观性，无论从事何种创作体裁的创作或再创作，都要有个人经验、个人精神在里面，只有承认这个并且持续不断经由文字将它们寻找和表达出来，所写的东西才会鲜活、不朽。"

也许正因如此，何向阳在很长一段时间里选择用步伐代替纸笔，去丈量哺育她的这片土地。从1990年到2000年，她三走黄河，从中游，到下游，最后上高原到黄河的上游地带，走过了四川省以外黄河流经的八个省，并成书《自巴颜喀拉》。
"那种感受不是走完就结束，不是产生一部作品就结束或是终结了。有一种滋养在时光中细细过滤慢慢沉淀，并且在以后的生活中被不断激发出来，有些融入了评论，有些则成了诗"。

"心中有诗性的写作者，总有一天会发出自己的声音"

作为评论家的主观投入，文学评论是一种创造力很强的文字，与此同时，评论又总在一定程度上依附于被评论的作品，只有读过被评论的作品，才能更明晰或是更深刻地理解评论，这也许是评论文体的一项天生缺陷。"也有许多评论家希望自己的评论是相对独立的文本，比如李长之对于司马迁的评论《司马迁之人格与风格》，已经独立于《史记》而成为经典文本，就是因为有自己的经验、体验和性情在内"。阅读中，令她印象深刻的，是关于人最本质的问题："在他的作品中，已经摆脱了依附性，克服了先天不足——他找到了司马迁和自己身上叠影的东西，因而已经不只是谈司马迁，同时也是谈中国的士大夫精神以及自己在知识分子精神传承中的位置。在这部作品中，文格和人格是对应的。这种'你'中有'我'的学术著作教人尊敬。其实评论如若看成是一场与被评论对象跨越时空的对话的话，说白了就是'我'寻找'你'并找到了'你'的过程，这个'你'，也可以称之为'我'，或者'你'与'我'思想交融的'我们'。这是一个寻找'你'，得到了大于'你'的有趣的探险，它的惊险之处在于'我'可能在寻找'你'的过程中失去了'我'。"所以"我"的保留在评论中尤为重要，也尤为难得。而关于文格和人格的问题，在一开始就深深印刻在何向阳的评论作品里。在何向阳二十多年的文学评论生涯中，许多看似散在的评论，都可以在这个问题中找到抽丝剥茧的线头。成文于1989年的《朝圣的故事或在路上》中，她笔下张承志的"骑士精神"便是从作品到人格的交相辉映。

"因为学的是创作心理学，我一直对作家之所以这样写而不是那样写之类的问题感兴趣。每个作家都拥有其无法复制性，这种无法复制，几乎就是天性，从根本上是由人格决定的。"在这样的初衷下，她不仅在评论中谈论作品，更在意对于作家的全面理解，并通过求证等方式寻觅更为直接的表述。1991年，她就在《文学：人格的投影》一文中阐述了文学研究领域中文学人格的问题，认为文学的实现可视作文学家人格存在的一种外观，而文学创造，则集中体现着文学家的人格精神。

二十年后的2011年,《人格论》的第一卷问世。在这部四十万字的专著中，何向阳梳理了西方人格理论的主要流脉，并分析了中国人格思想的重要取向。然而这仅仅是个开端，第二卷的创作已逾三十万字，并将于近期收尾。"第一卷写的是历史方面，与心理学比较靠近，第二卷主要落脚于文学与文化学方面，第三卷则着重关注伦理学和社会学的层面。我希望能以这样的三卷本，打通心理学、伦理学、社会学和文学之间的关系"。何向阳并不在意别人是否把这看作一种过大的"野心"，只是一步一个脚印地将自己多年的思考、验证和探索呈现给世人。她始终记得父亲南丁先生的一句话：一切文字，写到最后，只是两个字，人格。"你是什么样的人，才能写出什么样的作品——每一位作家有自己最不可替代的核心。写评论、搞理论的人所追求的，其实也是对这个核心的寻找和触摸，这一个核，是揭开他（她）所有作品的钥匙"。

这部看似学理性极强的作品，并没有因为其"专著"的性质而晦涩难读，相反，熟悉何向阳的人会在其中读出许多专属于她的印记：诗性化的语言、逐渐深入的思考逻辑、多种向度和层面的阐释，连自己的犹疑、迷惑乃至焦虑都在作品中一一袒露。这里所谓焦虑，并非写作上的感受，更多是一种精神上无法松弛的忧患意识："任何一个评论家之所以成为评论家，而不是别的什么家，就是因为天然的忧患意识——对我而言，物质的极大丰富和精神上的相对贫瘠、不同步生长，恐怕是最大的忧患。虽然如今忧虑依旧存在，但从这几年读的当代作家作品中，能够看到精神向度的东西慢慢在加强，有一些向上、向善、向真的意义由原先的低语不断增强、扩大。心中有诗性的写作者，虽然有时候声音会有些低沉，但总有一天会发出自己的声音，汇入到大家的共鸣中去。"

这二十多年来，对于文学与人格问题的探究虽有一定起色，但相对于主流文学评论来说仍处在边缘地带，何向阳几乎可以说是在单兵作战。"我也曾经不太自信，这么多年的研究，价值在哪儿？也可能写出一个东西没人关注，因为时间在走，人心在变，苦苦思考、艰辛探索的心血的价值在哪里？如果没有人去认真地读，没有人去很好地理解，那么有些事情还值得花费那么多气力去持续地做吗？但有一个例子让我一下子有了另一种看法。我的《思远道》一书，在2004年出版后，当时印数一万，后来也没什么加印，我以为读到的人也并不多，读到了去理解它的人更不会如期望的多。但是有一天我从网上看到了一个根本不认识的读者，就在上海，他写了一篇短文，短文中讲了对这部书的感受，他是如此地喜爱这部书，以至于几次搬家都带着它。我想总会有知我者的，寻找知我者的这个过程，是如此地充满诗意。……你知道时间在走，人心在变，但是那个你向之诉说的'爱人'真不存在吗？不，哪一天，他或许就站在了你面前了。这时我们发出去的这些'情书' 就都是值得的。"面对付出是否值得的问题，她语调缓慢，却坚定清晰："我不能说这是多么宏伟的理想和作品，但确实是自己这么多年对文学的理解、对人的理解，想把这种理解写出来，为当世、为后人提供个人的经验。我更愿意用这几本书把这些问题推到人们面前，完成一项关于生命的叙事。"

何向阳的答案和困惑也许早在她的诗里就存在着：

其实　我一直

进行着没有对象的对话

灵魂中的对手

便一直喋喋不休

对着空无发问

和流泪

一如我始终　念着

那个并不存在的

爱人

在生命这张

脆弱的纸上

我已把他

涂了又描

最美的画

依旧最难表达

…………

然而她仍对文学的未来充满自信：

为相遇而奔走的路上

必定有些什么在生长

不然为什么岔道遍布

独独你我

没有错过　没有迷失方向

《文学报》，2015年9月10日

别样的"八十年代"诗歌

——读何向阳《青衿》有感

程光炜

读到何向阳的诗集《青衿》，熟悉她的人可能会略感吃惊。因为何向阳擅长理性透彻的分析、睿智细密的思辨，是一名出色的评论家，而这仿佛不是一个诗人的特质。一些人知道她念大学时钟情诗歌，却不知道她已经积累了厚厚的一大本诗集，并且有深厚的素养。看来这个时代隐藏的秘密实在太多。

不过我倒愿意谈另一个问题，那就是在现成的当代诗歌史秩序面前，我们怎么看待这类还很难纳入现有评价体系的诗歌现象？众所周知，中国当代诗歌史的"后三十年"，是多次经过诗歌论争、批评、读者接受和学院课堂的传播，从而建立起来的"'朦胧诗'—'第三代诗歌'"的诗歌史秩序。何向阳的诗歌创作就在这一时期。《青衿》收录的多是她写于1985年至1988年的作品，也有部分创作于20世纪90年代。这正是当代诗歌史秩序从发生、发展到成型的时段。

毋庸置疑，彼时正处在二十岁上下的作者，一定程度上受到了朦胧诗特别是舒婷诗的启蒙，这在她的诗句中依稀可以看出影响的痕迹。比如《二月》《今晚的月色》《山楂树》等。"我唱不出来""你的门窗""总忆起那个季节""我穿过无数街巷"等诗句，让人想起舒婷的《小窗之歌》《秋夜送友》《赠》《往事二三》，等等。那是刚从"文革"走过来的一代人惊魂未定的感受，寄寓着对朦胧未来的焦灼等待。按何向阳当时的年龄，一个稚气未脱的女大学生，她的内心世界中不可能涌进这么多沧桑。所以，我们可能很容易地把这些诗作当作何向阳的"少作"，认为这是一个带有"纪念性"的集子。

在壁垒森严的当代诗歌史秩序面前，恐怕没有人想到它还有存在的意义。在诗集《青衿·后记》中，作者写道："这些诗，多写于20世纪80年代，部分为90年代，但截止于1994年。80年代，曾被称为文学的黄金年代，这一称谓适用于许多人，但不适用于我。我的黄金时代尚未到来，或正在到来。"这对于我们是一个提醒。作者实际上否定了当代诗歌史秩序与这本诗集的关系，也否定了人们把诗集当作其"少作"的看法。她认为，实际上存在着一个朦胧诗和第三代诗人的"80年代"。这是历史事实。但她也拥有自己的"80年代"：一个不同于朦胧诗和第三代诗歌叛逆性思想倾向的、大学生们在安静念书的同时又处在成长茫然中的"80年代"——我们是否应该在已被定义的诗歌史秩序中，给这些不拥有"文革记忆"的年轻诗人一个恰当的历史位置，包括给他们在懵懂的大学年代写下的诗歌作品一个恰当的位置？虽然这些作品中残留着朦胧诗的影响，且有某些模仿的痕迹，思想和美学也不能说已经成熟，但我认为这是被诗歌史掩埋的"另一种声音"。进一步说，诗歌只有尊重所有人的历史感受和成长记忆，才是符合当时诗歌生态的状况。否则，历史的丰富性、复杂性又在哪里呢？

这让我再次走进了何向阳的诗歌。我比较喜欢《海上》这首诗。

所有的声音／都退后／浪花静默地／卷起又落下／让我想起杜鹃啼血的哭诉／叠叠层层……

所有的窗口／都紧闭／一个故事／拉着长长的背影／独自远行／谁的泪水／打湿了海上摇晃的桅灯（1986）

写这首诗的时候，何向阳大概在念大学二年级，处在花蕾绽放般的年龄。虽事事顺利，但莫名的苦恼也隐于内心。更贴切地说，这是新一代才子佳人的忧愁，或者是处在转折年代的女学生们的忧愁。少女之心的敏感，在诗作的笔致韵味中也沾着仔细的伤感，有早期李清照的风格，清新而文雅。明眼人一看，就知道它出自一个矜持而自守的女孩子的文笔，经过有意、无意的长期训练，已经潜移默化成所谓的性情。这种性情一旦在诗歌创作中定型，一出笔就是别样的风情。

我也比较喜欢《骊歌》。这是写一对男女无言相处，心有灵犀却不知如何表达喜爱的作品。

我与你并坐／长凳中间的距离／使发自心底的语言／得以穿行／今夜／你询问中的忧虑／凉爽的浓重（1988）

读它使我想到，风暴年代固然培养了朦胧诗和第三代诗人的坚毅刚强，但也使这代人变得粗糙。这是我们在《朦胧诗新编》《第三代诗新编》这些选本中所熟悉的姿态和声音。那时我们都把它看作历史的觉醒，看作"80年代"的全部，而忘记文雅同样也是非常重要的。《骊歌》告诉读者，文雅是一种距离，是一种节制，是长远的关切，更是无声的等待。所以我要说，当代诗歌史上是应该有这种文雅型诗歌的位置的。虽然这不是一个大的问题。

《人民日报》，2015年11月13日

何以安处你那千百次的回首和凝眸

——读何向阳诗集《青衿》有感

王方晨

曾有一度，我暗生弃绝诗歌之念，于是，便不再作诗。即便现在，也依旧诗情淡薄。然而，何向阳的诗集《青衿》，让我重又看到了三十年前的自己。那时候，我也是如此的一往情深，向着一个看不见的爱人，行行复行行，五步一徘徊，一次次地执意叩问，一次次地转身回望。

考察集中标注写作日期最早的诗，是写在1985年。是年5月，那壁厢，一个心思敏锐细腻的少女，用灵慧之笔写下"你的心中是否也留有开满金盏花的原野"（《今晚的月色》）、"我送你一缕春风／你以满树新芽书写回赠／我掬着一捧水／你报以湿润的芳馨"（《山楂树》）；这壁厢，一个落落寡合的少年也曾不断地在秘密日记里感怀伤时。正所谓"哪个少女不怀春，哪个少年不钟情"？所以我拿到《青衿》这本书，阅其中诗，油然而起亲切之意，也随即翻检出自己十几年前辑录完毕的旧诗作，两相对照，唏嘘不已，真个恍若有隔世之感。

我与何向阳是同龄人，有幸同受过20世纪80年代文学思潮的浸染，理解《青衿》客观上不会存在多少阻碍。缘了《青衿》的诗句，我可以大胆臆想，山楂树的摇曳，风信子的战栗，梧桐花的凋落，碧桃树下的伫立，青梅枝头的细嗅，月光碾过了墙壁的子夜，甚至连同并肩而行或相依相偎的爱人，其实都不过是生命中倏忽即逝的片段。每个人的生命轨迹都凝结着无数的瞬间，人生也正是这无数生命瞬间的集合，但是，总有同一种情或理，亘古常在。

遥想当年，我曾以微颤的笔写下："记起诗人布勒东的话：永远作为第一次我在寻找爱的秘诀来设想我们如陌路人相逢。"而在《青衿》里，何向阳说："到最后最后的最后／生命不过是一场握别／不过就是一声鸣笛和最后的碎裂／当所有辉煌的情节都已了结／只剩下空寂的站台／在最后目送一去不返的列车驰出这宽广的世界。"很显然，这意味着她获得了什么。

一个娴静而多思的年轻学生，如倚门回首的处子李易安再世，通过一行行典正从容的诗句，记录自己真实的心灵点滴，由这颗敏妙玲珑的少女之心起，走向了绵长，走向了深邃。"那盟写在水上／一直等着另一个人／来看摆渡的旅人过去了百年／那个人还没有出现。"(《盟》)何向阳一句话点明：那盟"因无形而永恒"。一百年后的"背剑少年"，意气方遒，雄姿英发，匆匆而过，即便黄土中已守候百年的白头人"悄悄地合上"双眼，"水还在流"，岂不是那水上之"盟"已化入了大水？

而那汤汤大水，又岂是大水，分明就是这样一个巨大浩渺的空间，盛得下"蹴罢秋千，起来慵整纤纤手"，盛得下"袜划金钗溜。和羞走"，亦盛得下木桃琼瑶之投送，悠悠我心之浩茫。苹果林和蒺藜地，蔷薇花和铁，走马和飞鸟，前生和今世，相遇和分别，甜蜜和伤痛，漫长的旅途，情感的波折，命运的转圜，都能充裕地在这里找到位置。也就是说，何向阳既为这一切提供了足够宽绰妥然的安处，同时，也让自己那青葱烂漫的诗意，脱离了轻浅的怜惜和叹惋，从而获得了一种幽深广阔的精神向度。

世事沧桑，时光已然陈旧，薛笺泛黄，青衿蒙尘，多少奇花异卉红消香断，纷纷飘落委地，或随流水而去，了无踪迹，多少人间故事，轮番上演，多少的热，变冷，多少的冷，转热，又有多少的欢笑和低泣……可是，有一种最本质的意义却是不变的，它就隐匿在这些纷繁表象的后面，或许也在何向阳这首题为《难道》的短诗里："'你为什么不见衰老而我已龙钟老态'／我会含着泪回答：'因为有你……因为我善于等待'。""善于等待"！难道这不也是爱之秘诀吗？所以，我觉得自己理解了《青衿》依旧能给人以青碧一树之感的缘故。实际上，时光的黯淡旧影无形中勾勒了一行行诗句的形状，也仿佛给它们装上了一幅素朴的原木画框，使它们平添了一抹更为动人的神采和风味。从这点来说，我不太喜欢把视线过多固定在它们被写下的年月。它们拥有的是属于诗人自己的天藻灵窍，而不是在刻意迎合某时代的诗歌创作理念。唯有对个人的历史感受和成长记忆的尊重，才能够形成诗歌创作的复杂性，并一朝达到对时空的超越。把《青衿》诗句读在口中，也能让你重又从那遥远的几近消隐的时日里"活过来"，从《诗经》到屈子李白，到李清照，那"寤寐思服""辗转反侧"的情状，至你我而未休，因为那恰恰就是我们共同的青春经验。"永远作为第一次！"这是我曾从法国超现实主义诗人安德烈·布勒东那里获得的可贵的精神体悟，而对于《青衿》的诗句，我也再次发生了情感共鸣。细加考之，我相信，很多的人也是这样从诗中的往昔走来的，何向阳不过是以她自己对生命近于直觉的灵敏的理解和心力，延长了人类生活中那些经典的刹那，将个人感情予以丹火淬炼，赋予个人成长记忆以一种普遍意义，展开双翼，孜孜以求，从而创造了这样一个深邃朗逸的艺术空间，足以容纳那千百次的令人牵肠挂肚的回首和凝眸。

诚然，她说"并不是所有的诗都写给你，不是……我的世界广袤无际"，她的梦想"从不给哪一个人"，她的征程"也并非为一人所系"（《致》）。在这里，一切常青如昨，每一次的回首和凝眸都带着美谐之语调，呈现出诗人自己独有的生动。

《中国艺术报》，2015年12月4日

真和纯的陌生美

——论《青衿》的艺术风格

刘　琼

　　看到二十多年后才出版的诗集《青衿》，我想，也许何向阳的诗歌才华被其评论家的身份遮蔽了，但这有什么关系呢？一个人的才华迟早会显露和展现。不论是评论，还是散文、诗歌，何向阳都自成一体、风格突出。这种风格，表现为文风和诗风的清奇文秀，也表现为文本内在精神的深沉和纯粹。尤其是她的诗歌，这种风格一目了然。

　　作为诗人的何向阳在《自序》里写道："诗歌犹如我的编年，我是把诗作为日记写的。"作为日记书写的诗歌，"今天，我不想掩盖。不想掩盖的还有平静水面下沸腾的火。那些不可想见的灵魂的厮杀，至今让我心悸……心，却在烈焰里，越来越具有或接近了钢的品质"。诗歌是生命的自白，比其他任何文体更接近一个人的本能和本真，因此也更需要天赋。只有拥有特殊感受力和表达力的人才拥有这种天赋。不过，在感受力和表达力之间还有一层特别重要的关系，叫真。这个真，许多人已经失去直面的勇气，也就失去了写出好诗的可能性。

何向阳诗歌的好，来自真和纯。透过诗句，我无法揣测一颗晶莹剔透的水滴磨炼成钢的细节，但我已经开始信任她的文字。《青衿》收集的一百零八首诗基本写于20世纪80年代——所谓文学的"黄金时代"，在审美趣味几乎翻了几个筋斗的今天，这些诗歌浓郁的古典气息，呼唤的不仅仅是陌生化的美感，还有诗歌写作的"返本"问题。返什么本？生命的本原、本真，以及诗歌的本原、本真。诗歌，吟咏性情也。性情乃生命存在的重要内容和表现。吟咏生命的本真活动，应是诗歌发生的本义。

何向阳这些古典气质的诗歌，真和纯的情感特质极其一致。我们可以看到具体的真人在诗里面，当然对于具体的真人，我们也不要过多地去解读，否则，我们就上了诗的当。何向阳的诗，虽然是这么鲜明的真，但我觉得诗人写作的方式不是实写，她在虚和实之间写，这是她作为一个诗人的高明。

另外一个是她的纯。纯是情感的质地，跟真关联在一起。纯也往往与单和弱关联在一起，但是，诗人何向阳的纯，不弱也不单，她是纯粹。比如对爱情、对世界、对生命，包括对于海等很多具体东西的体验，诗歌表达的情感的质地是纯洁的，浓度很厚，甚至浓厚到难以排遣，因而产生极致化审美，可以把它叫作浓情和深情。

乍一看，《青衿》里绝大多数是爱情诗，或者疑似爱情诗。写爱情诗可以写出复杂、曲折的心路，因此，爱情诗是书写生命本真的常用形式。比如，《诗经》里的大多数诗句，我们可以看作一次具体的爱情书写，也可以看作生命活动的泛表达。同样，《青衿》写的是爱情诗，但我不认为诗人一定都是在写爱情，她有时在借爱情说志向。精神气质上何向阳是一个比较典型的知识女性，她在《青衿》里面写纯度很厚的情感时，我们依然可以看到她的价值取向，比如写到坚守和坚贞的问题，"我甘愿等待／即使等到你身躯佝偻，两鬓斑白／等到你历尽沧桑，容颜已改／我还是从前的我／我甘愿等待"。在诗歌里，对于情感的表达，诗人何向阳很坚定，这就是建立在厚度之上的纯粹。

另外，这些诗歌文本的内在结构，也是吸引我的原因。比较而言，我更喜欢这本诗集里的短诗。她在有意地建构自己的诗歌语言。有人说何向阳的诗有李清照之风，大概言其起笔随意自然，落笔往往不羁出奇。这些看似自由的句式，内部是有音乐性的、有节奏感的，节奏的形成有赖于韵脚之间相互呼应，并形成内在情绪的变化和起伏。诗人擅用丰富的意象和精准的动词，同时弃用形容词和副词，因此，她的诗的语言既不华丽也不艰涩，而是像流水一样流畅、清灵和细腻，读起来并不觉其简单，因为放置了许多出人意料的意象，情思会停顿、沉积和放泄。这种诗歌结构，得益于诗人收放自如的语言驾驭能力，也得益于其感受力的敏锐和丰富。

特别有意思的是，这些诗歌，如果遮蔽掉写作时间，我们不一定能看出它们是20世纪80年代的诗。它们写出了人类的经典情感，弹拨了我们的心弦，发出了回响。

《光明日报》，2016年2月29日

我们该投入谁的怀抱

——《青衿》的阅读联想

孔　见

　　像一坛封存的酒终于开窖，在密藏了二十多年之后，何向阳拿出了她的诗歌集《青衿》，正式公开作为诗人的地下身份。或许，她首先是一个诗人，然后才是一个批评家及其他，诗是她文学箱子底的金银细软。由于发表时间与写作时间拉得太远，《青衿》的出版像是一件文物出土，散发着一种阔别重逢的亲切感。且不说修辞上的概括与简洁，区别于时下的细致琐碎、婆婆妈妈；比之小时代浪放随意的用情方式，它的静水深流也让人有恍若隔世之感；意趣上的形而上指向，更是与当今身体性写作乃至下半身写作路数大相径庭。这既是一个时代与另一个时代的落差，也是一个人与另一个人的区别。在价值观念扁平化的背景下，比较二者之间的高下次第，只会招来吐槽或者拍砖。大众的精神与意识形态领域，禁忌与暴力同样存在，民粹与独断一样可怕。

《青衿》写于作者落英缤纷的青春时节，读起来像是一些爱情诗，其中情感的浓酽，品味起来具有很高的度数。但是，这种情感似乎只是一种纯粹的精神活动，与肉体没有多大关系，至少未被肉身围起来，成为一种生理行为。它的表达几乎没有通过肢体语言，更没有"穿过大半个中国去睡你"之类的虚张浮夸。如今，人的感情是一种随时随地都在挥发的液体，越来越具有随意性与即兴性，就像可口可乐一类勾兑出来的饮品，减去了酝酿与发酵的过程。一种情致极容易被另外一种情致所取代，而这些情致追究起来极有可能源自某个器官的分泌，或是市井间某种流行观念的暗示，心灵不再具有窖藏的功能。因此，所有的深沉都被认为是装出来的。但在《青衿》这里，深沉与庄重却源自内在的品质，而它的浓重度可能来自作者性情的内敛与坚守。

将精神归结为身体的分泌物，让灵魂服从于肉体的重植并随之下坠，在悬崖上做一个蹦极运动，是这个时代流行的体操，也被认为是一种追求自由的方式。然而，正如肉体一旦被精神禁锢就会丧失其自由度那样，精神被肉身挟持，同样会失去飞翔的空间与上升的高度。是以精神来奴役肉体，还是以肉体来奴役精神，是一个需要斟酌的问题。除此之外，似乎还有

第三条道路可走。

乍看起来,《青衿》写得相当平静,波澜不惊,仔细观照,却能看出一个人灵魂内部的喧嚣与情感的炽热,如同地下的暗河,乃至深夜的大海,虽无惊涛拍岸,却有暗流乃至岩浆涌动。在晦暗不明的背景下,始终有两个人在窃窃私语。显然,这不是一个自给自足的灵魂,它充满着对彼岸事物的渴求与向往。它设想着在遥远的地方,沙漠的尽头或者大海的深处,在某个山洞或者荒无人烟的海岛,存放着美好而神圣的事物,生命的钻石与明珠,让人终生无法安宁。为了越过弥漫风沙或惊涛骇浪,精神的跋涉需要一个默契的伴侣,需要一种超越他者的"我与你"的关系,来抵消旅途的孤独、寂寞、遥迢、炎凉、艰辛乃至无助。此外,由于性别的关系,一个人身体的存在同样是不完整的,或者说存在着对称性破缺。进入青春的季节,它就会像杜鹃那样呼唤另一个身体、另一只杜鹃,以建立起平衡的完整性。在暗香浮动的夜晚,到处都是啼血的杜鹃。

然而,他者芸芸,拥挤于狭窄的陌路与弥漫的风尘,而"你"在何处?

在整个集子里,人们可以看到,有一个神秘的"你"出出进进,似乎无处不在,始终关照着的命运,未曾离开过半步,但又没有什么言语。这个沉默的"你"有着硕大的身影，高远的灵魂，"脸被烛光映得圣洁，手中的火焰却激烈地颤动"（《无题》）。"你的身后是枫林，是秋天高举的太阳"（《你的身后是枫林》），能够将天上的星宿指给我看，"你"深沉的一瞥像秋宵的月光，穿透我生命的核心并照亮遥迢的未来，激励我疲惫的脚步；"你"能够挡住世界的风雨，融化封冻的冰霜，抚平我心灵的皱褶，带来午夜深沉酣畅的安宁。"你"肺腑里呼出的气，能够成为鼓动我翅膀的风——

> 你缓缓而疲惫的身影／黄昏夕阳里／唱成／我唯一的歌／我知道今生再走不出／这硕大的背影／这天空蔚蓝的颜色（《预言》）
>
> 你用温暖的手／抚慰我曾经结痕的心／即使整个世界都被封冻／冬天也不会在我心上降临……／你用手指那么轻巧地一拨／就拂去了盖满我头顶的浓云（《心底的声音》）

由于汲取了我梦中的魂魄，并且深得我的信赖，"你"深深地走进我内心的密室，像主人一样干预着我的生活。有时候，这个罩着光环的人近在咫尺，触手可摸。我甚至可以看到他烟头儿的明灭，听到他指节掰得嘎吱作响，仿佛一个转身就可以投入温暖的怀抱，托付终身——

> 你走在我右边 / 无言地 / 把天上那轮朦胧的月 / 指给我看 / 我想象着我什么也不说 / 只是垂下眼帘……（《薄雪花》）
>
> 记得那年你送我许多花瓣 / 托在你手上红得像凝固的血 / 我在一旁看 / 你好像在认真翻读着我的心 / 怕伤着什么似的……（《记得那一年》）

有时候却又远在天边，隔着茫茫云雾。这个与我纠缠不清的"你"，身份与面孔始终都无法变得明朗起来，走入日常生活琐碎的细节里去，在锅碗瓢盆间磕碰出一些响声来。他看起来更像一个行踪不定的天外来客，负有特殊使命的宇宙使者，以至于到了某一天作者不得不追问，"而那一直走在我前边 / 跟在我身后的 / 是谁啊 / 那始终伴我左右 / 同行搀扶我的 / 是谁啊 / 在匆匆走过的岁月里 / 那一直被梦着的 / 被写进诗里的是谁"（《蓝色变奏·三》）。

经过想象力与春梦的反复雕塑与打磨抛光，这个"你"看起来显得过于唯美与高尚，像一个无懈可击的艺术品，像《神曲》里引领但丁神游天堂的女神贝缇丽彩，只是性别被倒转过来而已。在风尘滚滚的烟火人间，在机关算尽的渔利人群，这样眼睛里星光闪烁，头顶上云彩飞扬的天人何处寻找？哪怕是找一个替身都谈何容易。从《青衿》的句行间可以看出，作者与其说是四处寻找，毋宁说是在某棵树的阴影下静静地等待，等待命运冥冥之中的安排，等待一种不期而至的降临，等待"忽如一夜春风来，千树万树梨花开"。等待意味着将时间的橡皮拉长，消磨意志百炼成钢的锋刃，于是，集子里一再出现"千年"这个词，这通常是足以丈量宏大历史的时空尺度。以不足百岁的人生去等待千年的艳遇，实在是件很难有什么结果的事情。于是，随着韶光的流逝，未曾见面的约会，又到了告别的时候，"什么时候／想象你／转身离去的一瞬／轻佻　洒脱／全然不知／我泪流满面"(《蓝色变奏·一》)。期许出去的心愿，也就如同写在水上的盟约——

那盟写在水上／一直等着另一个人来看／摆渡的旅人过去了／百年／那个人还没有出现／那盟写在水上／因无形而永恒／写它的人在彼岸／等看它的人等到了／白头／此岸的人群劳碌／无人理会／花蕊的清苦(《盟》)

我愈来愈清醒地意识到，水上的盟约无法践足，而梦中深深走进生命帷幔里来的暧昧不清的"你"，并不是一种身体性的真实存在，而是一个缥缈的幽魂，只是由于汲取了我寂寞的灵气才变得光芒四射。因此，"我与你"的关系，完全是一种文学的虚构，不过是作者在虚构中单方面投入了真挚的情感，让自己一时难以自拔——

　　其实我一直／进行着没有对象的对话／灵魂中的对手／便一直喋喋不休／对着空无发问／和流泪／一如我始终　念着／那个并不存在的爱人（《蓝色变奏·三》）

　　尽管惆怅无比，尽管心头萦回着难以割舍的离情别绪，尽管无人的时候，热泪会夺眶而出，咸涩地落入眼前空空的杯子里。但在"花蕊的清苦"中我仍然明白，已经到了走出青春的童话，把自己从梦中摇醒，与其中那个未曾到来的"你"诀别，解除"我与你"关系的时刻。这个时刻，可能意味着绝望死心，意味着投河跳海，天塌地陷，万劫不复；也可能意味着一个人心灵的觉醒与独自承担，回到我思故我在。在终极的意义上，一个人不可能将自己的身世托付于任何人，哪怕是一个德行完满的圣人，一个至高无上的神灵，这种托付的结果都可能扑空，使自己重重地跌倒在地，成为伤痕累累的罗拉。在某一个寂寥无边的夜晚，对面山上可能会飞来另一只长着同样羽毛的同类，它的歌声能给杜鹃带来温存的抚慰，但杜鹃最终必须全然陶醉于自己忘情地歌唱，而不是漫山遍野地去啼血呼唤另一只杜鹃，直到喉咙嘶哑。在生命蜿蜒流程的某一个段落，可能需要某一个人能够给予短暂的搀扶、慰问、勉励与引领，但一个人最终还得投入自己的怀抱，舐吻自己伤痛的良心，在本性之中安身立命，挖掘出能够消解一切渴望的源泉，并获得自我的慰藉，成为一个完整自足的存在，而不让自己流浪异乡，依附于荒郊之外的草木精灵，成为一个四处漂泊的孤魂野鬼。在《青衿》晚写的诗篇中，我们看到情感与灵魂回归与自给的倾向，尽管这种自给还达不到自足的程度——

我的梦想 / 从不给哪一个人 / 我的征程 / 也并非为一人所系 / 原谅我的这种保留 / 说给你 / 并不是我所有的话语 / 写给你 / 也不是我所有的诗句（《致》）

在生命的旅途，找一个人，把绮丽的想象都裁成衣服给他穿上，然后飞蛾扑火般地投入其怀抱，把自己的魂魄都汲入他的渴望，爱得水深火热死去活来，或是找一种事物，赋予它不同凡响的意义与辉光，将自己的身家性命交出去，直到把自己的灵魂抽空，骨髓吸尽，直到成为一具木乃伊。然后，或者虽九死其犹未悔，或者为得不到相应的回报而怨天尤人，悔恨终生——这是人生故事之中相当常见的版本。文学家们极尽其能事加以渲染，莎士比亚与歌德更是将它演绎成为不朽的经典，真不知贻害了多少涉世未深、误入迷途的少年。以一种非此莫属的极具排他性情感依附关系，来遮蔽或取缔人与自身及世界的其他关系，将人连根拔起，并渲染成至善至美剧情与千古绝唱，是文学家讨媚的惯用伎俩，也是原教旨的极端主义爱情观；以某种狭隘的"你与我"关系，来偷换人与自身"我在"的本真关系，躲避与自我的独自面对与接纳，是一种普遍的状况。这种状况借用海德格尔的话说，是一种"在"的沉沦，而不是"在"的澄明，因为它不是让心灵的天空次第敞开，反而走向窒闭与黑暗。

无论世界如何变化，人这种动物最终逃避不了与自己面对的命运，他必须收容自己的全部身世，从荒郊野外找回自己的灵魂，不要让它流离失所，无家可归，在狂野中呼号，或是委身于路边的蒿草与蒺藜。

然而，孤独地面对自我是极其尴尬的事情，接受自己许多时候比接受别人更加困难。由于无法与自己拉开距离，大多数人终身都无法处理好与自己的关系，这也是他们选择逃避的原因所在。于是，如何能够在无所依傍中安身立命，成为一种无法回答的天问。谁能够像两千多年前那个印度哲人所提示的那样，依靠一无所有渡过汹涌的水流？

《作家》，2016年第2期

守护心灵的隐秘召唤

——何向阳《长风》读札

周卫彬

在讨论何向阳最新的长诗《长风》之前，我首先想到的是当下诗歌的现实问题。在我有限的阅读视野中，有这样一些将个体的日常本身作为诗歌本体的作品，经验与意义被消解，正如许多先锋作家曾经采取的做法那样，写作即是写作本身，这类诗歌作品将某些日常生活原材料进行集合、分列，诗之真相湮没于失重的日常表象中。时至今日，我们依然看到众多清空了意义甚至个体经验的所谓诗歌——尽管在边缘化的道路上越走越窄。而当我读到何向阳的《长风》这首充满追寻与叩问意味的长诗，首先想到的是它还原了诗歌的本来面貌，它让我想起从《诗经》中走来的文学传统，它是历史经验、日常经验、个人经验的融合，是对存在本真的逼近与抵达中产生的生命观照。我们在这样的诗歌写作中，体会到了什么才是真正的及物写作。

　　《长风》让我想起西蒙娜·薇依所说的，"人类是靠对自己的记忆而活的，即活在历史中"。何向阳没有迷恋于历史与心灵的虚像，而是把自己置于跨越时空的真实情景之中，来实现对历史、人生的深度思考，写诗成为"生命在构成理念的言语活动中的旅程"（德勒兹语）。《长风》的多重面向，也使得人这个唯一的对话者凸现出来，他从历史中来，又在历史中发挥其生命力。全诗二十二个"告诉我"，是追问也是诗人与"长风"意象进行推心置腹的秉烛而谈——在历史与现实的风尘中发出原始的追问的同时，实现对人的自身与现实的捕获。

　　　　长风

　　　　你从哪里来

　　　　告诉我你经过的雪峰

　　　　它的名字

　　　　还有拥抱我时

　　　　你携带的寒冷

　　　　出自哪方湖泊的冰凌

　　从全诗来看，诗人在一开始即以一种极其庄严的态度，关注人作为大地之子的具有切肤之感的存在问题，这个问题贯穿诗歌始终，也就是说，长风的意象既不简单为了发泄内心的对于历史乃至现实压抑的不满，也不是虚构的产物，而是恰如其分地作为发现存在的主体而存在，它是人的心灵史的重要载体。在这样的对话中，人的原初的生命合理性，犹如一种权利得到张扬。我们仿佛看到：

> 你的来路我一一走过
>
> 但我已不记得
>
> 雪峰与湖泊的
>
> 姓名

此处，看似风轻云淡却具有二律背反意味的诗句，成为长诗后面探讨历史、自然与人的关系的原动力。不管是"雨前的雷电""山冈上高歌"的歌王，还是重又变得孤单的"背着行囊走路的人"，乃至消逝于空茫的"车辙"等，都是为了看到记忆（历史）的真实面目，其裂变与矛盾正如我们看到的哀与乐、死与生、感性与理性的二律背反一样，这本是人类社会进步的天然根据。我们看到来路上"风尘与灰烬"中孤单的"面孔"与"身影"，同时也看到了"谁人葬礼上的一声长叹／与谁人怀中婴儿的呼吸／奇迹般接通"。也就是说，诗人首先承认了生与死、存在与灭亡其实是一枚硬币的两面，共同构成了历史与人生的全景图。就整首诗而言，我们仿佛读到了一部由过去、现在、未来三种时间构成的文明进程史，而诗人在这个过程中，想要做的就是点燃那盏驱除迷惘的灯火，让精神的、美学的力量为历史的行程增添些许的光亮，一如西蒙娜·薇依所言："整个文明的历史中留存两样不可能被简化成任何理性主义的东西，即时间与美。"

其实，就整首诗歌而言，还贯穿着历史的乡愁（时间与美交织的产物）这一根线。不同于我们传统美学中的乡愁，那种带着忧郁感伤的阴柔之美的审美风格，《长风》中的乡愁颇具西风烈的狂放之美，因为诗人在不断的追问中，既有在山冈上高歌的歌王，也有"被疾驶向前的车轮打乱"的"一个缓慢的手势"。诗人肯定了人类是历史的创造者这一主体身份，同时以社会学、历史学、美学等视角来观照人的历史处境。历史的潮流与生命的潮汐，宏阔与细微，冷与暖，成与败，被诗人那一颗敏锐的艺术心灵所捕捉，汇聚成交响乐般的艺术效果。海德格尔在《荷尔德林诗的阐释》中说："诗人的天职是返乡，唯有通过返乡，故乡才作为达乎本源的切近国度而得到准备……"但是想要回到他所言的"诗意的栖居"以抵达澄明的存在状态，是何等之难。

你说："那些行人汹涌的路段／是谁催他们一再加速／又是什么蒙住了他们的双眼。"我们似乎看到了崇尚物质主义的时代，诗人内心的一丝焦虑。也就是说诗人一方面将人的追求、人的权利进行张扬，另一方面也在将人的贪婪、人的罪恶，摆放于天平的另一端，进而把人的存在从历史精神的追问，拉回到了现实人文关怀的沉思之中，原先充满张力的历史眺望转变成略带忧思的价值反思。虽然历史不会停住发展脚步，但我们也听到了诗人在时代精神敏感处所发出的巨大疑问，召唤人们转换思考问题、判断得失的角度，发出全新的人生价值追问。所以，诗人之所以心跳紧贴胸膛，乃是因为：

　　　正像时代的故乡

　　　张着怀抱

　　　却一直后退

　　　长风

　　　如你一样

　　　我们已无法掉头

　　　那被称作故乡的地方

　　　是再也回不去的

　　　地方

这其实是当代中国人所面临的集体精神困境。故乡一方面是时代进步的障碍物，另一方面又让人产生某种心理安慰，可是从前那个简陋的旧乡，又如何让人从中得到护佑？这种高贵的痛苦其实又反过来刺激着诗人的反复追问。其实，诗人正是由于感到现实的迷惘而向历史寻求答案，并且从对历史以及现实的思考中，实现对生命存在意义的拷问。《长风》犹如一曲招魂之歌，以个人的疼痛观照历史，并从人文精神所呈现出来的曲折向度中，发出对守护心灵的隐秘的召唤——"执火穿越黑暗"。

《朔方》，2017年第5期

上善若水：何向阳的人与诗

李　壮

　　当我写下题目、准备来谈一谈何向阳的人与诗，忽然感到有些犯难。我意识到这篇文章不好写。毕竟，无论是在正襟危坐还是漫侃闲聊的场合，论起对某人的印象，总归是特立独行、风格突兀者比较好谈。诸如性情亢奋外向、具有演员或演说家天赋的，我们大可以谈他的语速、神态、遣词造句的个人风格乃至嘴角唾沫星子的放飞频率，再不济，搬出对方讲过的私家逸事或精彩段子复述一遍也可过关。若遇见深沉内敛、沉默寡言、具有哲学甚至玄学气质的，又可以直接抓住他的"闷"或"神"来做文章。难写的是那些优雅柔和、充满君子风度的人。他们不会让人随处感受到自己身上的棱角或光环，不愿用高亢的精神分贝来反复强调自身的在场，而更愿意以得体的举止和温婉的微笑让别人沐浴在舒适和安全的感觉之中。何向阳便是这样的人。若以饮品来比喻，有人像烈酒、有人像浓茶、有人像颜色和味道都深不可测的单品咖啡，何向阳则像水，清澈、从容却并不简单，表面看不爱以浓烈的个性争胜，但着实是弥足珍贵、不可或缺的存在。上善若水，水善利万物而不争。

仔细回想起来，第一次与何向阳见面，是在中国作家协会主办的一次研讨会上。那时我还是北京师范大学一位在读的硕士研究生，来到中国作协这样的文学殿堂参加研讨会，兴奋之余，难免也有几分紧张和惶恐。那日轮到我发言时，会议已近尾声，窗外天色也渐渐暗了下来。可以想见，经过一下午的研讨，在场所有人都免不了比较疲累。我接过话筒，暗自担忧自己的发言是否还能引起大家的兴趣，抬起头来，却发现主席台上的何向阳正认真地注视着我，身体微微前倾、脸上挂着优雅的微笑，是准备耐心倾听的神情——整场研讨会，她似乎一直坐在那里认真地听着，不论发言的是文坛前辈还是我这样的无名新人，都不曾区别对待。

毕业之后，我有幸来到中国作协创研部工作，何向阳成为了我的部门领导。在日复一日的工作之中，我再次感受到了她的温和与善良，同时又进一步见识到她严谨认真的一面。有一日撰写文稿，我打印出来交给何老师过目，由她提出修改意见后再由我改写调整、重新打印，此般循环往复，一篇稿子在我俩手间大约来回了六七遍，何向阳用铅笔批注的修改意见也从段落结构、内涵表意而最终精细到了一字一句的细微斟酌。何老师的修改意见的确高明，我在反复录入调整的过程中，也在不断地揣摩和学习。初稿交去时本已临近下班，待到最终稿敲定，时针已指向了七点。我将稿子发送出去，回头看见何老师正站在我办公室的门口，她说李壮你加班到这么晚真是辛苦了，找机会我请你吃饭或者看电影吧！这一句话让我心里很感动，与此同时，还有几分无功受禄的不好意思：加班并不是我一个人在加，领导一字一句地同我修改到现在，我又有什么辛苦可言呢？

前不久，何向阳的新诗集《锦瑟》问世。也算机缘巧合，出版社安排新书发布会那天，竟然正好赶上了何老师的生日（出版社最初并不知道此事）。那一日，到场的读者和朋友们准备了大捧大捧的鲜花和精致的蛋糕，一起送到了何老师的面前。在花朵和烛光的簇拥下，何老师双手合十、双目微闭，在手机镜头闪光灯此起彼伏的光亮中许下了愿望。那愿望是什么我不得而知，唯一确凿而可牢牢捕捉到的，是挂在何老师脸上的那种压抑不住的笑：那笑容是如此的纯澈而真诚，几乎是不由自主涌溢出来，像来自一个口含糖果的孩子。的确，这是作为写作者的幸福时刻，更是作为一个生活在社会与同类之中的人的幸福时刻。我也从这笑容中看到了另一个何向阳：她热烈、赤诚，在内心的深处绽放着光。

细细想来，这不仅是一个何向阳与另一个何向阳之间辩证共在，更是其人与其诗之间的奇妙关联。现实生活中的何向阳，温和、认真、亲切、优雅。关于自己的文学评论写作，何向阳自己又曾以"尖锐、激烈"甚至"老辣、泼皮"来加以形容（当然，这亦是早年间的自我判断）。而我从一篇篇诗作中读到的，则又是另一个她：那个人一往情深、内心火热、柔软得近乎激烈（似乎是很难共存的两个词，但奇妙的诗的事实却恰恰如此）。也许，作为诗人的何向阳才是最毫无保留的那一个，寻常难见然而确凿无疑；正如她在《青衿》一书的自序中所言："诗歌，大抵是一种火焰，它不可见，在海底。"水和火，在此以相反相成的方式实现了统一。

说到《青衿》，这是何向阳的第一本诗集，出版于2015年，收录了她从20世纪80年代起至1994年止的大量诗歌——这些诗作大部分创作于作者的大学时代。倘若细心，我们会发现，《青衿》一书的自序落款时间是1993年（即诗集作品最初收集整理的年份），结尾的后记则写于2015年（本书实际出版的年份）。一来一去，二十多年的光阴，语调风格乃至行文背后的心态皆有不同，此间区别颇可玩味。而令我分外感动的，还是具体字句背后，何向阳那颗文学的"初心"、诗的"初心"。《青衿》的封面做得简单质朴，除却书名、作者、出版单位等必要信息之外，只在腰封上印了一行竖排小字：一切刚开始时的样子。翻看书中作品，带着20世纪八九十年代的气息、青春的气息，似带着些许青涩，但又是那样的诚挚、热烈，令人感动。

历史上有关"青衿"典故的诗句，最有名的大概要数曹孟德的"青青子衿，悠悠我心。但为君故，沉吟至今"。何向阳的《青衿》，也的确配得上这句"但为君故，沉吟至今"：在《青衿》正式出版两年之后，诗集《锦瑟》诞生。诗作结尾的时间坐标从1994年猛然跳跃到了2014年，二十年的沉吟、二十年的悠悠之心，在这本真正意义上的"新作集"中流溢成炫目的光华。《青衿》里已然呈现出的许多美学特点，在《锦瑟》中得到了继承，并且技艺更趋纯熟、情思更臻细密、格局更显阔大。例如，两本诗集之间存在着一股贯穿始终的深情。在《青衿》里，它常常指向某个理念性的虚构爱情对象（此间的"爱情"亦可作广义理解），及至《锦瑟》，则又加入了更多自我与自我的隐秘审诘、尘世经验摩擦产生的精神热能，乃至个体生命与浩渺时空的永恒对视。再如，某些艺术风格上的个人特征，也在延续继承之中显示出淬炼与成熟。《锦瑟》里的很多诗作，在形式上回环往复，具有古典之美，而单行诗句短促、干净，情思绵密而节奏清朗、绵绵如缕又浩浩汤汤，同样是《青衿》中有迹可循而在《锦瑟》里日趋完善。我想，这些起伏而柔韧绵长、决然又不失流畅的诗句，也正如同我开篇时提到的"水"：这是溪流，是瀑布，是蒸腾入天穹又降落回人间的雨，为美和爱所充满。上善若水，若何向阳的人与诗。

《人民日报·海外版》，2017年11月29日

诗与思的结晶

单占生

　　何向阳的诗集《锦瑟》读完了，觉得最值得一议的是传统的中国诗性智慧与当下的现代知性怎样相遇，怎样相携，怎样有益于今人的成长这个话题。

　　中国传统的诗性智慧怎样建构于中国新诗，其实是中国新诗创作中始终很有魅力的一个话题。读古诗是如此，读现代新诗、读何向阳的诗也是如此。比如，在读何向阳的诗时，我更关注诗中那些超然于具体时空之外，有着恒久价值意义的诗思和诗句。在何向阳的这本《锦瑟》中，处处都可以读到诗人极具诗性智慧的诗思，也常常可以遇上超越时空局限的诗句。

　　《锦瑟》这本诗集开篇的一首《刹那》，写的是诗人在刹那间心灵与世界的相遇。这种相遇犹如诗人心灵夜空的一次突然而至的闪电，光照之处皆为携带着聚变的静止和不可更改的真实，一如诗人在诗中所言："神的背后／到处是移动的躯体／如此迅疾。"这种瞬间敞开的对世界的认知，在何向阳的这本诗集中比比皆是。在诗人笔下，"空旷的荒原之上／无家可归的／微尘"，是诗人对今日世界残缺凋零的大关爱与大悲悯；从诗人的"顺从与水／顺从它从高到低的／走势／它的谦卑"，"它"的沉默、厚德、柔弱、淡泊；"它的潮汐节律"、"它的吐纳秩序"和"宇宙的某种神秘引力"这些诗思诗行里，我们不仅能读出中国传统的诗性智慧，同时也能读出一个现代知识女性极具理性意识的知性世界。那柔顺的向着低处流动的水，显然是从中国传统诗性智慧的圣主老子那里流来，而那吐纳的秩序与引力，显然来自一个知识者对存在世界的现代理性认知。这二者，在何向阳的诗中时时处处交织在一起，基本构成了诗人感知世界、认识生活、读解人生的能动思维力量。

这种思维动力影响到诗人创作历程中的方方面面。比如，对写作对象的选择，对艺术手段的使用，对自己诗艺审美的追求，以及艺术风格的形成等，何向阳的诗集《锦瑟》中的诗作已充分彰显了这些。读她这个集子中的诗，你可以明显感觉到何向阳诗思个性特征的鲜明、心域时空的旷远阔大，可以看见她对无限自我的追问与抚摩，对游移不定的无法言说的事物的把捉与言说，等等。换句话说，读她的诗，你会明显感受到这是一个有远方的诗人。也许正是她诗中远方的导引，也使得她的诗基本不在当下世事的事件情节即具体事件上停留。

当下事件只是她诗思的起点与路桥，她经由这里，目标向度则是幽微的根系或旷远的未知。"纸上／尚未完成的句子／看不见的根须／离开了花蕊的香／爱的欣悦的／灵魂／我更爱一首诗／还未写出的部分／犹如深爱／那站在人群中一直沉默的诗人。"在这首诗中，诗人何向阳用几个短短的诗行，明确表述了她的审美趣味。现实生命中那已知的、具体的实在在这里已被安置，她把动态的灵智与诗思倾情于未知；不少诗人惯用的戏剧化手段在此被搁置，诸多诗作中常见的新闻性、时政性元素在此被剔除，在此留下的，是具有中国传统诗歌艺术精神的诗性智慧和具有现代艺术特性的知性思维。

说到诗性智慧，不由还让人想到中国新诗草创时期的一个诗的类型，即"小诗"，如冰心的《繁星》《春水》，宗白华的《流云》、徐玉诺的杂诗。这些诗极似中国古典诗词中的绝句与小令。当然，我们也清楚地知道，这些小诗是受到印度诗人泰戈尔以及黎巴嫩诗人纪伯伦的影响。我想说的是，无论是中国古典诗词中的绝句、小令，还是泰戈尔、纪伯伦式的短诗，都具有不重记事、长于抒情、明哲启悟、追求形而上的哲思等具有东方面目、东方智慧的特点。瞬间的诗思通达恒久的旷远，这应该是中国的诗性智慧，也是东方的诗性智慧。

这样的一种以彰显诗性智慧为其艺术特点的新诗，在我国新诗草创时期的诗坛上曾经产生过较大且很好的影响。但后来因为战争及其他一些社会原因的影响，这类诗渐渐沉寂了。在我们进入一个新时代的今天，我们是不是可以延续中国诗歌的这一优秀传统呢？作为理论家和诗人的何向阳的诗，是不是已经在这方面做出可贵努力并已取得可喜成绩了呢？她的这种把中国传统诗性智慧与今日世界的现代知性结合在一起的思维方式是否还可以做更进一步的深化呢？我的认识是：成绩可喜，执念可信，前程旷远。

《解放军报》，2017年12月7日

在"苹果林"中发现"梨树"

——关于何向阳诗集《青衿》

霍俊明

何向阳的《青衿》是一本推迟了二十多年才从"私人抽屉"里取出来供人翻阅的诗集。其中所收录的诗歌集中于她在十四岁至二十七岁之间的诗作,这更像是记录了个人情感成长史的特殊"日记"。她在诗歌里设置了很多"门""窗""船"的情境,这无疑是情感吁求与内在变化的对应。对于何向阳而言诗歌的功效就是"荒漠甘泉"。如果把精神成长比喻为一棵树,那么成长的轨迹和变化都是压缩和内化为"年轮"的,正如"那年在五台山,请了一串核桃的,就一直放在匣中。正如一百零八颗小小的凝固的瞬间放在苍白的纸上一样"(《自序》)。这是一个少女头上的蓝色发带,是私人的诗歌秘密。这些诗句是压缩、淬炼和冷却的盐粒、泪滴与凝固的火焰。但是这本诗集不应该拘泥于"八九十年代"的写作语境来考量,而是应该放置于作为女性的当代诗歌写作的整体性层面来解读。

由《青衿》我们看到的不仅是一个女性的情感状态，而且有"女性写作"的特殊性。即使到了自媒体时代，即使"女性革命""女权主义"似乎已经成为过时的旧梦，但是对于写作而言"女性只有在重新获得自己被去除的能力，重新发现完整和重新投入女性感情中令人神往的良心——那种说不上熟练的本能时，才能够变得完整"（温德尔）。对于日常化和精神冥想性的女性写作而言，如何能够继续发现特殊的"女性经验"和"想象空间"显然不仅具有难度而且已成了挑战。"黑夜""身体""阁楼""花园"显然已经成了女性的"抒情牢笼"。由此必须强调诗歌是"发现"的产物。当年海德格尔曾强调凡·高笔下那破损的沾满了泥土的农鞋与"凝视"状态的关系。而由写作的"凝视"状态我们自然会引发关于诗人"发现力"的思考，尤其对于当下快速的生活现场而言能够做到"凝视"状态实属不易，而由此进一步生发出来的"发现性"则更是难得——"那年我们牵手走过／干涸的池塘／迎面山坡／一片开花的／苹果林中／你一眼认出／那棵梨树／白色的花／落满衣襟／正是春天／像那时少年的／我们"（《梨树开花》）。由写作的"凝视"和"发现"，我们可以说诗人就是在"苹果林"与"梨树"相遇的人。

《山海经》中所载夸父逐日的故事世人皆知，但是却很少有人知道这同样关乎写作的常道。夸父在逐日过程中喝干黄河与渭水，后渴死于奔向大泽的途中，死后手杖化作桃林（邓林），身躯化作山川。这在我看来就是身体（生命）的自然化和自然的身体（生命）化，二者正是主体与外物的精神交互以及相互打开的过程。只有如此，才能够在外物那里寻求到对应精神内里的部分，才能够让自我认知与灵魂发现在自然万物那里得到印证与呼应。由此必须强调何向阳的诗歌"植物学"。在这本早年完成的诗集中，诗人给我们提供了一份极其丰富的"植物学知识"，这印证了女性与植物之间的天然关系。而苹果树、梨树、枫树、苦楝树、银杏树与波斯菊、蔷薇、金盏花、栀子花、葡萄花等几十种植物构成的正是诗人的精神场域。这些植物尤其是诗人所钟爱的各种"开花的树"只能是情感、词语和想象层面上的，即它们更多关涉的是诗人的情感指向与精神对应，"每棵树下都落满了花／每片花瓣下都藏有芳馨／它们只出现在／我常走的路上／仿佛暗示了某种机缘／仿佛证明了某种结果"（《预言》）。

由何向阳的诗歌，再进一步扩展到女性写作，我想到的是两个精神路向。

一个是自内而外发散，另一个是由外向内收缩。而对于女性写作而言，显然更容易成为围绕着"自我"向外发散的写作路径和精神向度。这让我想到的是当年卞之琳的一首诗——"鸟安于巢吗？人安于客枕？／想在天井里盛一只玻璃杯，／明朝看天下雨今夜落几寸。"这只天井里的玻璃杯，只有诗人之手能够放置。显然在这特殊的空间里，这只玻璃杯已经不再是纯然的日常器物，而是成为情感和精神以及想象的"内在化"容器——它可以容纳时间的盐水，接受自然的雨水，也能够盛放他物甚至意想不到的事物——正如诗人自己所说"我还是较为看重我的诗，因为它免除了几分职业的关系，它与我的心靠得很近"（《自序》）。你必须接受生活和现实中的种种意外，而诗歌的"胃"和"容留性"就变得愈益重要。与此同时，对于很多女性诗人而言这只诗歌"玻璃杯"太过于干净和纯粹了。换言之很多女性是在精神洁癖的单向度中使得诗歌成为一维化的自我重复。我们可以认为女性诗歌具有自我清洗和道德自律的功能与倾向，这也是写作中的一个不可避免且具有合理性的路径，但是对于没有"杂质""颗粒""摩擦""龃龉"的诗我一直心存疑虑。由这只"玻璃杯"我想到的是何向阳诗歌里那种精神情势和情感潮汐的草蛇灰线，我看到了包括纯净与杂质以及"灰质部分"同在的空间。

女性写作很容易走向两个极端。一个极端是小家子气，小心情、小感受的磨磨叽叽且自我流连，甚或把自己扮演成冰清玉洁纤尘不染的玉女、圣女、童话女主角般的绝缘体；另一个极端就是充满了戾气、巫气、脾气、癖气、阴鸷、浊腐之气的尖利、刻薄与偏执。而何向阳的诗歌不能说没有痛感，不能说没有自我怜惜和独自叹惋，但是她的诗歌无论是在自我抒发还是在向外打开的时候更多是一种缓慢平静的方式。质言之，何向阳的诗歌中也有芒刺，但是这一个个小小的但足以令人惊悸阵痛的芒刺是通过平静、屏息和自抑性的方式来完成的。面对女性写作，有时候并不需要用"辽阔""宏大"的美学关键词来予以框定。实际上这对于诗歌尤其是女性诗歌而言已经足够了，因为吊诡的当代女性诗歌曾一度担当了更多的社会学、身体学、精神症候和文化学的意义，而恰恰丧失了女性诗歌美学自身的建构。女性写作更容易形成一种"微观"诗学，在那些细小和日常的事物上更容易唤醒女性经验和诗意想象。这种特殊的"轻""细""小"所构成的"轻体量"又恰恰是女性诗歌传统的重要组成部分。而对于多年来的诗歌阅读经验和趣味而言，我更认可那种具体而微的写作方式——通过事物、细节、场景来说话来暗示来发现。由一系列微小的事物累积而成的正是女性精神的"蝴蝶效应"或"多米诺骨牌"。由此，女性诗歌更像是一个微型的精神缩影，这让我想到的是藏传佛教里的坛城。那并不阔大甚至窄促的空间却足以支撑起一个强大的无限延展的本质性的精神空间与语言世界。这是精神和心髓模型与灵魂证悟的微观缩影。而女性诗歌尤其如此——写作就是精神的修习和灵魂的淬炼。

何向阳算是当下女性写作中安静的一脉。这种写作最大的优势是能尽最大可能地面向诗人自我和个体精神生活。但是这种"安静"又很容易成为一种四平八稳甚至是日常"流感"式的平庸。由此,安静和日常的状态需要"异质性"的"自我辨认"的声音——"我会穿上黑色的衣裙／但依然保留头上蓝色的发带"。这是一种张力的需要使然,也是一种悖论性的容留。当年的张爱玲在古代戏曲《红鬃烈马》中看到的是"无微不至"的男性的极端自私。而女性在写作中一般会本能抑或不自觉地形成"戏剧化的声音"。显然我这里提到的戏剧化的声音和语调与当年艾略特所说的诗人的三种声音所指并不尽相同。这种戏剧化的声音很容易与女性在语言中不断确立和叠加的主体形象有关。何向阳诗歌中抒情主体的位置是很显豁的,这从整本诗集中"我""你""我们"的抒情关系中可以得到反复确认。尽管抒情主体以及抒情对象并不一定是实有的,而可能更多是自我性的诉说以及灵魂的慰藉与想象——"其实我一直／进行着没有对象的对话／灵魂中的对手／便一直喋喋不休／对着空无发问／和流泪／一如我始终　念着／那个并不存在的／

爱人"（《蓝色变奏·三》）。但是何向阳并没有因此而成为雅罗米尔气息的精神癖性，也没有成为自白式的低声叫嚣，而恰恰是对日常的身边之物和细微之物保持了持续的观照、打量和探问的能力和热情。这对于女性写作来说是非常关键的，因为很多女性诗人很容易陷入到自我迷恋的抒情、议论和评骘当中去——尽管会有好的诗歌出现。和其他女性一样，何向阳也同时被爱情和白日梦所一再"挟持"、缠绕、沉醉、唤醒和焚烧，其间的惊奇、疑惑、欣娱、失落、痛苦、撕裂、无着同潮水一样涨落起伏。一个修建爱情花园的人手上必然是带血的玫瑰的刺儿。而何向阳的诗歌与精神状态不仅呈现了身体与情感之间的个体经验和想象性寄托，而且那种情感因为携带了个体前提下的普世性和心理势能而具有了打动人心的膂力。那是大海边的蚌壳磨砺沙砾的声响，还有过早到来的尘世间最后的寂静。甚至我们可以说有什么样的身体和情感状态就必然有什么形态的诗歌文本，因为诗歌作为一种语言和精神形态应该是从诗人的"身体"和"感官"生长出来的，而非是寄生、嫁接或移植、盆栽的。

静默如谜。在时间维度和存在性隐喻层面我想到了小说《聂隐娘》中的"磨镜少年"。"镜子"必然是女性面对时间的焦虑，诗也就易于成为祈愿式的精神追挽。可是这种向度的诗歌很容易成为自我眷顾式的水仙。换言之这样的诗歌精神打开度往往不够宽阔。由此，我喜欢何向阳所说的——"内部的远方"。何向阳诗歌的时间背景大多是在秋冬时节。这必然是回溯和后退姿势的诗，是流年愿景，是直接面向时间的生命体验以及冥想性自我。女性诗歌不仅来自日常生活状态，而且更重要的则是来自一个人特殊的精神生活。尤其对于何向阳诗集《青衿》来说更是如此。那一首首在生命自然状态或者某些情势刺激激发下的诗歌，更像是一次次精神成长和寻找的过程，是一次次精神出走、游离，暂时抽身、转身和出离的过程。由此我们会发现，何向阳的诗歌在精神寓言层面上是在日常生活和冥想中完成一次次的"精神自我"的寻找、确立与疑问。这既是一种寻找，是自我精神暂时安放之所，也是一次次的精神出离的过程。与此同时，这也是一次次的精神出走之后回来途中面对痛苦、失落、尴尬和无着的自我劝慰与宽怀。甚至可以说，诗歌在偶然间作为精神生活对位性产物的出现恰好弥合和补充了女性日常生活中的白日梦般的愿景。在日常生活和自我精神幻梦之间，在通往远方哐哐作响的铁轨和精神自持的后花园中间，她仍然有憧憬、有愿景、有情感、有幻梦，只不过这一切都建立于人世淬炼过程中的荆棘和其间撕扯而难以平息的阵痛、不解与迷茫、失落。对于女性来说，一直会有一个"未成年"的幻景一样的"精神自我"与现实日常生活中"成年化"的我之间的对话。这是一次次自我的重新发现，也是一次次向上一个瞬间的"旧我"的打量与告别的挽歌。甚至有时候，日常性的自我与精神性的"她"之间会形成戏剧性的冲突。这是一个胶着的不同女性形象的矛盾共生体。由此，诗歌的"个人宗教"就诞生了——隐忍与尖锐并不冲突，明亮与灰暗都是彼此的映象。

这是一个在暗夜滞重的现实栅栏中寻找通向暗火、星光之路的人。这是为自我灵魂取暖和照亮的精神至上者。这是安娜搭乘的精神号逃亡飞车。而区别在于何向阳并没有绝缘体一样的形成女性自我的精神沉溺和蹈虚，而是在现实、日常的去诗意化状态中进行对话和诘问。显然，这样的诗更为可靠。在何向阳的诗歌世界里，既有闪动的火焰也有冷彻的灰烬。而那个手心里转动的多孔的蜂巢既带来了最初的蜜甜，也因小小的探针持续性刺痛而不停战栗。如果一个人的诗歌必然有一个精神支点的话，那么何向阳的诗歌底座正在这里。

尤其对于女性诗人而言，如何才能够在精神的逆旅"安于客枕"？诗歌无论何种风格，何种主义，何种精神路向，最终回答的就是人作为主体的困惑和存在的疑问。这不能不让我再次想到当年一个诗人在雨夜中所透析出来的精神旨归——"想在天井里盛一只玻璃杯，／明朝看天下雨今夜落几寸"。对于何向阳而言，她就是在日常的"苹果林"中发现那棵"梨树"的人。

2015年深秋，改定于北京

《作家》，2018年第4期

黄昏里的灯绳，或蓝色日记

——读何向阳

霍俊明

"锦瑟无端五十弦。"瑟，既可以指向一种乐器，也可以对应于一个矜持端庄的女子，而二者之间恰恰是通过诗歌形成了彼此的激活。"无端"是垂直降临的词，正如神和未知从来不需要解释。人的一生总会有那么多的偶然和猝临，甚至没有任何来由和事先的端倪，甚至也不给你端详和诘问的机会。2017年，何向阳刚好过了五十岁。这本诗集名为《锦瑟》，同时比照上一本诗集《青衿》(其中所收录的诗歌集中于她在十四至二十七岁之间的诗作，这更像是记录了个人情感成长史的特殊"日记")，其诗歌的时间指向性和更为细密且开阔的持续性的生命体验和氤氲其间的情感和想象视域得到了完备意义上的呈现。近几年，何向阳的诗歌写作几乎达到了休眠火山的密集喷发期，冷彻僵硬的表层终于被滚烫的岩浆熔化并且照彻。何向阳的写作量惊人且乐此不疲，有的诗则是在凌晨三四点钟写下的。这让我想到了西尔维娅·普拉斯。她的写作主要是在凌晨四点钟，那时两个孩子都已入睡，诗人重新找回了精神的自我——"公鸡啼叫之前，婴孩啼哭之前，送牛奶人尚未置放瓶罐发出玻璃音乐之前的静止、清蓝、几近永恒的时刻"。然而，当诗歌与身体状态和生命体验发生必然纠葛的时候——"我手里已没有什么可以凭依"（《远方》），"奇怪的是我们也一再错过倾听"（《流年》），恰恰是身体和体验的"非常态""反常态"激发了一个人暗夜里渐渐透明起来的翅羽，这方面最具代表性的文本是《撤离》（值得注意的是这首诗前后写了整整六天时间，其磨砺的过程可以想见）。这也是对自我的修正和重新认识，是精神世界的个人白皮书，"从寒湿／从冷痛／从怒火中烧／沉郁／从断裂、混乱／和变形／从穿刺的针头／抽离的血／皱的被单／影像报告／病历／从滞塞的空气／惊悚的梦魇／悲从中来的／心绪／从伪装的面具／傲慢的戾气中／抽身／撤离"（节选）。这是重新清空自我又通过诗歌不断填满的过程，而曾深埋于少女体内的诗歌苞芽在渐渐磨损的中年被瞬间催长、浇灌。这或许也是一本写给自己的蓝色日记，正如何向阳让我叮嘱出版社编辑千万不要删掉每首诗末尾所标注的写作时间——那是把中断的时间再次沟通的河道的垫脚石。何向阳诗歌不写给任何人，是写给自己的自给自足的诗，因而也更纯粹、更独立、更自由。由此，诗歌是一种自我安慰和劝诫，是在日常中建造一个精神的花园或者人迹罕至的神殿，"松鼠在树下怀抱坚果／瓷器在厨房闪着光泽／庭院里一切井然有序／每把椅子都有／它的主人"（《抵达》），这是平缓呼吸式的诗——安静、淡然、春风拂面，但对于一个诗人来说这还远远不够，因为内心的潮汐起落、自然万物的光谱以及未知和无形要比这远为复杂、难解。这都需要在诗歌中得以转化和落实。这些诗句最应该是压缩、淬炼和冷却的盐粒、泪滴与凝固的火焰。

而关于一个人为什么如此持续性地高密度地写诗，我似乎找到了一个理由——

写诗的人写诗，首先是因为，诗的写作是意识、思维和对世界的感受的巨大加速器。一个人若有一次体验到这种加速，他就不再会拒绝重复这种体验，他就会落入对这一过程的依赖，就像落进对麻醉剂或烈酒的依赖一样。

这段话出自布罗茨基。在何向阳这里我感受到的是她对语言的依赖——越是在身体和感知的非常态下这种语言和精神的依赖反而会越来越强烈，"一定有什么神谕／是我不能自觉的暗示"。如高铁飞奔的时代人们隔着车窗在看模糊的景象，而也必须有人重新返回自身检视时间带来的欢娱和灰烬，感受阳光的人也必须接受那些阴影。正常生活和身体状态的阻断或变化却打开了精神生活曾经密封的塞子——一个阴沉濡湿的地窖突然在一条缝隙中奔涌进了新鲜的空气和近似于重生的阳光。一个在冬天冷冻过久的人就越发向往遥远小木屋里那闪现跳跃的炉火。这也正是日常生活与精神生活之间的龃龉，正如诗人反复念叨的"不一直生活／在诗里""不一直活在／诗里""不一直在／诗里""不一直是／诗"（《红茶》）。旋开那个暧昧模糊时刻的旋钮，在一个瞬间，语言成为照彻自我和他者之亮光！我想到了张枣的诗《厨师》，"未来是一阵冷战从体内搜刮／而过，翻倒的醋瓶渗透筋骨。／厨师推门，看见黄昏像一个小女孩，／正用舌尖四处摸着灯的开关"。张枣这首诗非常巧妙地同时打开了现代和未来、日常和精神之间的对应关系——甚至不无紧张。未来的暗和未知的冷，无诗意的现实之物的渗透和弥漫。那么诗人就是那个处于过去、现在和未来临界点的黄昏中的小女孩，舌头和语言获得了同等的功能。这在何向阳的《忠贞》《究竟》等诗中有着深入的对应，尽管其情感主调可能聚焦于个人情感，但是展开的空间方式（比如"几千年前""现在""几千年后"）类似于张枣的那首《厨师》——个人情绪与万古愁。实际上，何向阳的很多诗都反复出现了"千年""几千年"这样浩大的时间词，从而与短暂的个体形成了巨大的张力。

诗人因此获得了打量事物底里、心理褶皱和时间幽暗根系的"复眼"，"我越来越喜欢／微小的事物""我越来越接近／幽暗的事物""我沉湎于／正在消逝的一切"。诗歌也因此打开了另一种视角的空间。时间的细密的锯齿在缓慢无形地咬啮，正如黄昏在缓缓收拢光线，不知不觉暗夜的斗篷就铺展开了。那么对于一个写诗的人来说他的责任类似于摸索黄昏中隐匿的灯绳，然后在一瞬间激活光源——反之自我就会与他物一同永远淹没在无边的黑暗与冷寂之中。这可能就是诗人的自我获救，尤其是在身体、命运和精神生活发生不小的转捩激荡的时候。

《锦瑟》共分为五小辑：无限接近、此时此刻、不只是火、空蒙之中、无尽山河。这些诗的题目基本是两个字，而每个小辑中为数不多的一个字的标题《谁》的现身正像是突然出现或有序安排地弹拨着变调的手，或者一张纸被图钉钉住。这形成的是类似于副歌、间奏和回声的结构性效果，而《谁》则不断加深着中年式的疑问与不解，"人到中年，可能疑问多一点，问题也多了一点，这个'谁'其实是对自我主体的一个角色之问，或者对对方的一个身份之问，或者对自我被双重的身份撕裂的时候一种分离之问"（《访谈："一切刚开始的样子"》）。何向阳的诗从形制建筑上而言是类似于纪念碑式的瘦长的站立式结构，从情感动态流变上而言则更像是倾斜下来的瀑布但又能回环往复。有一只手试图去接住这些自然、情感或现实的馈赠，但是显然它们消逝得太快了。

何向阳给我们提供的正是当下时代罕有的富有密度和层次的"精神生活"，而当下时感的碎片取代了诗人的命运感和精神生活。有时，我越来越怀疑当下诗人的精神能力。这个时代的诗歌能够给我们提供进一步观照自我精神和社会渊薮的能力吗？这个时代的诗人具有不同以往的精神生活吗？相反，我看到那么多疲竭或愤怒的面孔，却没有在他们的诗歌中感受到精神的力量。对于我们的日常生活来说，诗歌往往并没有将我们的精神世界提升哪怕是一厘米。我这样说是不是有些消极和悲观？2016年秋天在由云南回北京的夜车上我重读了20世纪80年代骆一禾给友人的信。我深感于当年骆一禾的说法对当下的诗坛仍然有效——"现在的诗人在精神生活上极不严肃，有如一些风云人物，花花绿绿的猴子，拼命地发诗，争取参加这个那个协会，及早地盼望豢养起声名，邀呼嬉戏，出卖风度，听说译诗就两眼放光，完全倾覆于一个物质与作伪并存的文人世界"。何向阳诗歌的"抒情性""古典性""自白性"（自我意识）都很强——这可能正是一种典型的理想式的写作方式和精神愿景（比如那首《对面》中反复出现和吁求的"如果逆着时光走"），一首诗与另一首诗在形制和外貌上也没有太大的差异，但是其中显豁的疑问、自省所打开的精神空间却是携带着不无巨大的精神势能甚至思想能量的。这是自带精神光束的修辞方式。而在很多其他女性诗人那里，我所目睹的却是滥用了"个人""情感"，易感滥情且张扬日常经验的女性写作仍在蔓延。"个人"、"情感"甚至"经验"不仅同质化而且处于抽空的状态，而何向阳恰恰是使得她情感、经验甚至超验的部分都获得了有效的支撑。比如开篇的第一首诗《刹那》，"删掉庙宇的城市""吊在半空的身体""空无所系的殿堂"以及远离了诸神的人群以及迅疾的、速朽的、沉沦的、掠夺的景观不只是与一个诗人的精神生活（心象、愿景和白日梦）有关，更是与一个时代的整体精神大势和境遇相连。从神和万物以及永恒的时间场和因果轮回来看，一个时代也许只是一个刹那——一弹指六十刹那，一刹那九百生灭，事相的生成消灭率为每秒216000次，或说每次生灭约4.6微秒。但是，这一刹那必须由诗人来命名，尽管诗人作为生命体也是焦虑、虚妄莫名的，甚至也不能排除坍塌、焚毁、玉碎般的心灵感受。

诗歌成为诗人自我的对视、检省、追挽和赎救，这是一种清洗和擦拭（何向阳的诗中"灰尘""微尘""尘土""污泥""面具"时有出现），也是自我的重新唤醒和淬砺。这是精神的叩访和盘问，也是精神生活在个体和日常中的变形和不断重临。心像投射于物象，所以会发出"我是谁""他是不是就是我／或者／我的爱人"这样的疑问。诗歌因此而带有了白日梦般的中介和过渡性质。诗歌不再是"当下"的回音壁，而是面向时间渊薮和精神主体的"遥指"（比如诗中的"八千米的海底""八万里的远方""八亿年的时间"），是面向未来之物的往返和彳亍——甚至携带不可避免的抵牾和摩擦。我在何向阳的诗歌里（比如《失眠》）反复看到的是一个处于拉扯中的犹疑者的面影，看到那些远逝的人，准备放下重负远行的人，正在中途归来的人，以及彻底走散的人。诗人的命运近似于在白雪覆盖的荒原（"荒原""旷野""原野"在何向阳诗中是一个核心情境，而对于玛格丽特·阿特伍德来说她一生的作品都在打造核心意象"荒野"。以色列女诗人阿吉·米斯赫尔则著有诗集《内心旷野》）般虚无的纸上径直打开了一道窄门，拉开了一道光的裂缝。能够进入此门的必然带有精神使徒的身份或听从了某种神秘的遥不可及的又不容抗拒的召唤。在这里，我看到了一个诗人的精神愿景——"请停下来／坐在路边石头上／想一想／以后的／征途"（《红尘》），但更多地也看到了无法排遣的深深的焦虑和无着感。他者，自我，还是自我也是他者？实际上诗人更难做到的是把有限易逝性转换成永恒性，把"可见领域转化入不可见领域的工作"，"在不可见领域中去认识现实的最高秩序"——"手指触到的／不成形的事物／是什么"，"手指能够触到的／这个尘世／不存在的存在／是什么"（《心疼》）。这是典型的"存在与虚无"。由此诗人除了要具备观察能力、造形能力和赋形能力之外，更为重要的是变形和超感能力。甚至诗人还应该具备某种"万物有灵"的敬畏，从而揭示多重的隐秘关系和深层动因。尤其是在高速度运转的时代很多事物处于被遮蔽的状态，而感受者也因为高速度的生活而目眩神迷，以往诗人的那种静观、内视和凝视的状态被空前僭越——"遍野蔷薇是我听不懂的话语／也许会有渡口在不远处／匆匆赶路总忘记询问"（《远方》）。诗人要回到各种事物的"内部"去感应和言说，而不能只是作为一个旁观者或者高高在上君临一切的万能主体——这样才能对诗人的"片面之词"予以适度的纠正。这实际上就是诗歌"还原"的"过程诗学"。这是水中析出盐粒的过程，这是将荆棘编织为花冠的过程。从这一点上来说，每一个优秀的自省式诗人都是"元诗"写作者，都在反复改写着一首核心元素的诗，比如《诞生》《淬火》《纸上》——"我看见她小心地／把手伸入／矿井／八百米／一千米／还要更深的土层／触到硬的矿脉／直到再也走不动／黑的、沉默的／铁一样的冷光／岩石般坚硬／我看见她／小心地敲击／矿石　拣选／黑的、沉默的／闷的、铿锵的／听它们在隧道里／发出轰隆隆的／响声／我看见她捡起一块／黑的、沉默的／重的、结实的／曾经的烈焰／烟火的纹理／幽闭的灵魂苍老／睡意蒙眬／我看见她手的温度／将矿石唤醒／钻木取火的耐心／点燃、还原／将烟变火／星光四射／而我最想看见的／是她如何／将火种／从地心取出／以一种洗礼的仪式／完成淬火／再将亘古的疼痛／搋成纸上的／一枚枚／铆钉"（《淬火》）。

　　诗人的写作诚如劳动或者修行，甘苦自知、悲欣交集。如果人生真有什么自在、圆成和永生的话，也许只有诗歌和宗教是必经之途。黄昏降临的时候，一个小女孩已经准备好拉开隐匿处的灯绳。万一她不小心拉断了灯绳或者灯绳已经在风雨腐蚀中糟朽，她已做好了另一手准备。把她寻找到的那个黑亮的矿石拿出来在大地上擦亮，火星四溅时刻，蓝色的信也准备好了！

2017 年春末

《作家》，2018 年第 4 期

远航的多桅船

——读《青衿》

赵　露

《序》言:"《子衿》,刺学校废也。乱世则学校不修焉。"谓师伤感学校被废,翘首以盼学子到来。《毛传》云:"青衿,青领也,学子之所服",即以"青青"为长衫交领之颜色。郑笺说:"学子而俱在学校之中,已留彼去,故随而思之耳。礼:'父母在,衣纯以青'。"朱熹则突破了序、传、笺的旧说,断言《子衿》为"淫奔之诗"。姚际恒则认为"刺学校无据,疑亦思友之诗"①。"诗无达诂",不论是"刺学校废",还是吟爱情与友情,抑或是其他,"青衿"仍穿越千年的时空,在何向阳的诗中"但为君故,沉吟至今"。

---

① [清]方玉润:《诗经原始》,中华书局 2006 年版,第 221 页。

一

爱情，或许是最能引起人类心底的微澜与波动的情感之一，可以给人以高度的审美愉悦，以至于穿越千年的《蒹葭》与《关雎》仍被世人所吟诵。自古以来，爱情便成为中外诗人笔下永恒的主题。

《青衿》中有少女内心因爱情而激起的细致、曲折的情感波纹，娴静而多思的少女遥想着那个倾心的恋人，"辗转反侧""寤寐思服"，这或许是人类恒久而共通的青春体验。"你会不会／也去找一个角落／推开悠远与嘈杂／在一首歌里／轻轻地把我想起"（《蓝色变奏·三》），"我要把你藏在／最深最深的地方／那个被叫作心的房子里"，"我还要把你藏在／最远最远的地方／远到／使我无法想念"（《蓝色变奏·六》）。诗人亦未曾隐匿爱情的"隐痛"，"等待的日子／每每刺痛我低垂的眼睛"（《子夜独语》），"也许有一天／你忘了夹在诗集中的花瓣／对淡蓝的勿忘我轻轻吹声口哨／漫不经心地转过脸"（《记住》），"他们说／我们的分手并不会使这世上缺失什么／所有的所有都会消逝"，可是要如何"忘记／忘记我曾如何地深深地爱着"（《野火》）。但这"爱人"或许只是一种假设，诗人更多时候是在进行着想象性的自我诉说，"其实我一直／进行着没有对象的对话"，"一如我始终　念着／那个并不存在的／爱人"（《蓝色变奏·三》）。"文如其人"，从诗句中可以看出，这个少女温柔含愁，典雅庄重，让人忆起李易安的"和羞走，倚门回首，却把青梅嗅"。一如鲁枢元先生所言，向阳温柔腼腆，少言寡语，日常生活中处处表现出周到的礼貌与良好的教养，可称"名门闺秀"[①]。这样的女子，或许"那个并不存在的爱人"才是她的心灵所至，"黑房间"和"身体写作"并不能跃舞在她的笔端。

是爱情的寻觅，也是知音的寻找。诗人往往期待能够与其共谱"高山流水"的挚友，在"晚来天欲雪"时共饮一杯新酒，于"云影悠悠，鹤影悠悠"时"好同携手上瀛洲"，于"如何秋风起，零落从此始"时"为君留青青"。"请加入我的歌唱／我一直都在寻找一种相像的声音／寻找一个拥有这声音的歌手"，"请加入我的歌唱／用你轻松的口哨声响／用我的诗和心跳／用你的理解和微笑／加入我的合唱"（《合唱》），"路横亘在／离结尾不远的地方／尽可以走／但听我／唱完"（《唱三支歌》），"前路寂寞／谁能与我一同走／一起出发"（《蓝色变奏·九》）。"我"期待着那个知音，那个和"我"一起歌唱，

---

① 鲁枢元：《苍茫朝圣路——我所了解的何向阳》，《南方文坛》2001 年第 4 期。

一同行走的同路者。

作者曾表明："我认为能体现爱和意志，同时富有想象力的作品是好作品。"①中国诗历来就有"香草美人"的"言志"传统，《青衿》中所表达的，也远不是局限于小小自我身上的爱情，那个想象中的爱人，更多的是对理想的坚守。即使前路坎坷，风雨飘摇，"乌云翻卷"，"霜雪夹杂、雷暴、冰凌"，"身旁冷箭穿梭"（《蓝色变奏·一》）；即使孤独寂寞，踽踽独行，"友人都离去了／小屋将要废弃"（《山口》），"无月的行程／总是这般苦涩／装进背囊的／不是所有／地上不正遗落着寂寞的身影"（《蓝色变奏·四》）；即使犹疑彷徨，"你若再走进我的绿荫／用脚步磨平／道路的坎坷／弹那根弦／我不知该不该／用歌声应和"（《蓝色变奏·一》），"告诉我／这难道也是中途／那么哪里是我／灵魂的家园"（《蓝色变奏·八》）；即使有诱惑，"外面喧嚣着灿烂的花／迷人的笑容暗示的眼神"，"匆匆走过许多地方／到处都是色彩缤纷"（《山楂树》）。但，"迎面击来的寒风／怎折得断／千年的铁树／漫天飞雪／怎压得弯／挺拔的山峰"（《蓝色变奏·四》），"层叠风雨／想把蜡烛／熄灭／除非　心不再燃烧／目光不再闪烁"（《蓝色变奏·八》），"我"依然执着

① 何向阳：《我不想隔岸观火》，《人民日报·海外版》2003 年 12 月 19 日。

于坚守和等待，前进和不屈，"通往你长长的旅途呵／依然有两行深深的足迹"（《有一种感觉就是你》），"不愿屈膝／不愿俯首于炫目的／霓虹／草莓熟落的深红"（《蓝色变奏·二》），"我不肯跌倒"，"我永将是带伤飞翔的鹰"（《走在沙堆起的彼岸》）。"诗言志"，这其中的执拗的前进与不屈，应是作者最真实的心声，不羁的灵魂与"瑰丽的向往"。正如鲁枢元先生回忆作者求学时的认真执着，一道课堂作业，"其他同学多是不了了之，唯独向阳一丝不苟，潜下心来收集材料"。举世滔滔，这个行进在路上的女子，其执着坚定的内心并不能被一切的诱惑与艰难所阻拦，在时间的洪流中，依然坚持着自己认定的高地，永以一个"朝圣者"的姿态去追寻"辉煌的人格、理想的人格"。[①]

当80年代"黑夜""身体"成为女性诗歌的聚焦点与触发点，"穿黑裙的女人贪夜而来／在白天看见黑夜"[②]。尽管在这浪潮中"我"不会毫无所动，"我会穿上黑色的衣裙／但依然保留头上蓝色的发带"（《甘愿等待》），尽管路途艰难，无人陪伴，"很可能／岔道没完没了／每条路都是逆风"（《出走》），"所有所有人都离去了／这条平常的路程／寂寥岁月／踽踽独行"

---

① 鲁枢元：《苍茫朝圣路——我所了解的何向阳》，《南方文坛》2011 年第 4 期。
② 翟永明：《翟永明的诗》，人民文学出版社 2012 年版，第 1 页。

（《蓝色变奏·四》），很可能"其实我一直／进行着没有对象的对话"（《蓝色变奏·三》），"双足蹈着冰凌／没有人可以诉说呵"（《海》），"我仓促写下的诗／如枫林在天地间／刷出的底色／对于一些人／是心／面对另一些人／不过是景致"（《你的身后是枫林》）。但"我"清楚地知道自己的脚踏在何处，"在我的诗里，固然难以找到近年诗潮的形式或观念滑过的痕迹，同时也因了我的性格，而变成一种自语，或自娱。"[1]但"我"不会祈求，不会彷徨无路，"不被理解就不去多费口舌／追寻报偿／不也一样是乞求怜悯"（《远方》），"我还是要坚持倾诉／与四周的哑默冷寂"（《蓝色变奏·五》），"我"依然要行进在自己的旅途，"永朝人流相反的方向／执拗，悠闲地走"（《出走》）。究其原因，作者有自己的想法："作为一个女性评论者，之所以自20世纪80年代开始一直关注女性理论，却从不轻易涉足实践，根本原因在焦虑它独立姿态下的包罗万象与宏观打算必然会不屑地挤掉真正能到达真理的具体信息的积累，必然会不屑于更大程度也更大范围高于广于真理的活水一致的经验，必然对个人的不屑删节而服从类的归属，如此，女性主义从反驳一种中心极权到了自己成为中心极权，在处理男性文本与问题上

---

[1] 何向阳：《青衿》，上海人民出版社2015年版，第233页。

可谓一劳永逸痛快淋漓，然而方法之误最终不可避免要伤及内涵。"①80年代后期，"女性诗歌"在取得辉煌成就的同时其反叛的激烈亦令诗界"震悚"②，当浪潮平静下来时，或许人们会发现退潮之后那些仍留下来的才是我们真正需要的，作者此时的察见不得不说是远见。

多桅船到达了繁花盛开的成长彼岸，虽然旅途多艰，但美好与收获亦与之同在。"我送你一缕春风／你以满树新芽书写回赠／我掬着一捧水／你报以湿润的芳馨"(《山楂树》)，"虽然路上长满野草／我悄然追随／庆幸在趔趄过的地方／不再动摇踟蹰"(《蓝色变奏·一》)；"我"知道了"忧郁不是生活／叹息犹如对命运的屈服"(《一代》)，"暴风雨中凋谢的／只能是／压满眉睫的愁云"(《你的身后是枫林》)。当时光老去，岁月偷梁换柱，"也早已被岁月／或深或浅／删改了／起初清鲜的面容"，"我"收获了时间的馈赠，"青春不过是几次相聚相知／和一些坚贞的守候／生命原本不过是／由滴水混成的河流"(《蓝色变奏·六》)，"刺骨的／不都是寒风／而寒风／也不会让我／双臂紧抱／还觉寒冷"(《一冬》)；雏鹰飞向了广袤的蓝天，"我的

---

① 何向阳：《彼黍》，河南大学出版社2009年版，第233页。

② 洪子诚：《学习对诗说话》，北京大学出版社2010年版，第151页。

梦想／从不给哪一个人／我的征程／也并非为一人所系"，"我的听众／如海潮聚集／留给你不是所有的温暖／洒向你不是所有的泪滴"（《致》），"蔷薇花遍野地开了／乌云依旧低垂／让我独自行走"（《四月》）。作者曾坦言"应该承认，成长是我文字中最重要的主题"。[①]时光改变了曾经的"我"，成长为现在的"我"，但"我"还是"我"，必定有一些不曾改变的初衷，"有种时间的手拿不走也抹不掉的东西"，而"成长——的不变性，是另一重意义上的永远"。[②]"虽然早已深深知道／是什么使我辗转跋涉／使我心灵如此／痛楚"，"我"仍然选择于一千条路中"必得走到底"的一条路："雨还是飘下来／风还是要吹干泪水／而那条看不见的河流／也还是要在胸中奔涌"。[③]"我"将永是那个"磨穿鞋底的旅人"，"肩上是风"的行路者，"对于路，她认真得很，而且，停不下来了"。[④]

———————————

① 何向阳：《彼黍》，河南大学出版社 2009 年版，第 380 页。

② 何向阳：《彼黍》，河南大学出版社 2009 年版，第 380 页。

③ 何向阳：《青衿》，上海人民出版社 2015 年版，第 119 页。

④ 何向阳：《彼黍》，河南大学出版社 2009 年版，第 216 页。

二

"真、善、美，是统一在先进人类共同意志里的三种表现，诗必须是它们之间最好的联系。"[①]《青衿》有了真和善，更有美的升华。诗中的爱情、友情、理想的高扬本就可以唤起人心底的柔软与波动，让人有审美的愉悦，而若又有一种观感美的助益，更若添花生翼，因为"构成诗的美感，还有它的外表美，即在形式上给人的美感，这虽然不是决定性的因素"。[②]作者自己也曾明确表明："形式不等于内容，但形式绝对是内容的一部分，在某种意义上讲，形式是精神的一种方式的表现。"[③]而这美首先便突出体现在意象上，意象可以让诗体形式产生一种美感。"不要说冬天意味冷漠／不要总记着如冰的残月／我问你／夏夜希望的繁星可曾读过"，诗中不可否认存在着低沉的意象，"含着苦艾的颜色"的微笑，"起落的愁潮""秋叶一般的残梦""凄艳的夕阳"，寒的星，冷的风，但这只是"昙花一现"，

① 艾青：《诗论》，复旦大学出版社2005年版，第1页。

② 谢冕：《谢冕论诗歌》，江西高校出版社2002年版，第1页。

③ 何向阳：《彼黍》，河南大学出版社2009年版，第380页。

充盈诗中的，仍是各种花和树，以及开花的树，"如火炬的崖上的枫树""开满金盏花的原野""雏菊丛生的水涓""簇簇绽放的山楂花""淡蓝的勿忘我""盛开的桐花""拔节的芦柴花""顶风的风信子"，栀子花、野荞花、麦花、稻花、荷花、梅花、蔷薇，还有开花的梨树、苹果树、葡萄树，众多的植物让人想起《诗经》中的《桃夭》(桃花)、《甘棠》(棠梨)、《柏舟》(柏树)、《蒹葭》(蒹葭)、《摽有梅》(梅花)、《凯风》(酸枣树)、《晨风》(栎树)。还有"渴望的葱绿"、"长出的新芽"、"果实的嫩绿"、"夏夜希望的繁星"、"青春的歌声"、"飞鸟的歌"、"驳讽飞扬的旗帜"、"含笑注视着天空"的礁石，更有不曾熄灭的火焰，"如火的星光""微燃的烛火""春的野火""遍野的烽火""荒野的火""风中燃烧的火""心底的火焰""激烈颤动的手中的火焰""从指缝间长出的火焰""翻卷不熄的火焰""凝结为岩石的火焰"。沉静温婉的作者心中确有一团不曾熄灭的火焰。鲁枢元先生说温柔少言的作者其实内心很"野"，"驱车西夏荒原，饮马黄河湿地，驰骋内蒙大漠，徜徉陕北沟壑"，"她的'灵魂'似乎一刻也不安闲地在旷野大漠上奔走呼号"[①]，这或许源于"火"在内心的沸腾。恰如作者在《后记》中所说："海底深水，

---

① 鲁枢元：《苍茫朝圣路——我所了解的何向阳》，《南方文坛》2001年第4期。

火焰不曾冰凝，它仍葆有燃烧的灼热的余温。"①因为作者心怀理想的执着与等待，更因为这理想的美好与明媚，"阳光一样的思绪""桂花一样的温馨"②"最美的、你倾心的笑容"③，"我"便"自从走进你的庭院／就再也收不回我的心"（《山楂树》）。王蒙先生说："'诗言志'，不但表达自我，而且表现精神生活走向的问题——我的精神生活往哪里走，往什么方向去；既包含着价值判断，也包含着审美判断——我倾向于什么，喜欢什么，因为'志'就是'志趣'。"④这些美的自然物象的借喻，于"黑房间""黑色沙漠""独身女人的卧室"之外的清新典丽，含而不露，又是作者"志"的另一重体现，更是另一种风格的展延与坚守，在女性诗歌中别样风景的营造，是对古典美的继承与延伸，对女性诗歌美学的自觉建构，更是对女性诗歌史的丰富与拓展。

作者对诗的艺术表达同样有精确的把握，《青衿》在一定程度上可以说是以纯净的诗的形式，以凝练含蓄、简洁典雅略带一点忧愁的美的语言写成。在诗体形式上仍然遵循的是自由体

① 何向阳：《青衿》，上海人民出版社 2015 年版，第 239 页。

② 何向阳：《青衿》，上海人民出版社 2015 年版，第 87 页。

③ 何向阳：《青衿》，上海人民出版社 2015 年版，第 96 页。

④ 王蒙：《王蒙文存·第 19 卷》，人民文学出版社 2014 年版，第 497 页。

诗的传统，追求情感表达上的自然、朴素与流畅。而且诗中爱情与理想之间、虚与实之间的自如的旋转，使一种确定的与不确定的因素在诗中同时存在，让诗更多了一层"言外之意""味外之旨"，辞浅而意深，语已毕而意不尽，别有一番余韵悠长的美感。因为无实指，才更加使人寻"味"，也更有"味"。虽然并非每一首诗都同样的敏锐与丰厚，却都有独特的艺术构思与非凡的艺术境界。

"如果在一个被我们的双手创造出的理想世界里，哪怕它只先期存在于柔弱的纸上，那是由一笔一画的文字构筑搭建的世界，就是在这个世界，我们能够诗意地视待万物生命，把那本该成为道理的思想还原为本能，在沙化的地上种树播草，像奥尔多那样，一家子每年种上千棵松树，好生培植，营养，反复地做，不倦地做，会有结果。"①这让我想起了不久前作者到我们学校的一次讲演，在会上，作者曾多次提出"诗意地栖居""诗意地生活"，要去寻找美，发现美，于世俗中给自己一些美与诗意。时至今日，当时的场景依然历历在目。

"在人类将寻找净化的现实，寻找'永恒的颜色'这个意义上，换言之，也就是寻找美这个意义上，人类也将探索自

---

① 何向阳：《立虹为记》，作家出版社2009年版，第113页。

身。"①《青衿》本心而动，将真、善、美以我独到之笔炼于一炉，而这美的文之外亦可看到作者的人格追求，因为"最后的文字写到底，其实是人心"。②作者是那个爱花、爱树、爱诗、爱生活的寻找美的温婉女子，也是不倦地追寻爱与理想的诗人，因为这美的追寻，作者不断地反观自身，完善自身，因而成为"缄默、坚韧的行者"，"于泥淖中始终高举那疮痍满目但不褪颜色的理想之旗"，"坦然迎送着一切灾难，将一种灵魂向上的信仰高踞于不幸与痛苦之上，不屈服、不停息地追寻精神的超越"。③因为作者深知，在有限的人生与终极理想之间，"除了作为生命行进形式的脚步我们还拿什么去填充？"④在创作上，作者亦不倦地行走在路上，摒弃"观念"，由心而发，因为作者深知，"观念一旦定型，成就的却是删减，大多数时间，成型的观念并不丰满，反倒薄弱，所以警惕，极力保有'路上'的知觉"。因为诗人知道，"如此生活，才是活着；如此写作，才是创造"。⑤

① ［波兰］切斯瓦夫·米沃什著，黄灿然译：《诗的见证》，广西师范大学出版社2011年版，第158页。

② 何向阳：《彼黍》，河南大学出版社2009年版，第1页。

③ 何向阳：《彼黍》，河南大学出版社2009年版，第33页。

④ 何向阳：《彼黍》，河南大学出版社2009年版，第38页。

⑤ 何向阳：《彼黍》，河南大学出版社2009年版，第1页。

结　语

　　"我会穿上黑色的衣裙／但依然保留头上蓝色的发带。"文学作品需要共性，但更需要个性，"你如果不能写出个性，不能写出锥心之语，不敢破壁，也写不出好诗来"。① 《青衿》是作者的"日记"，是个人内心的深切体验，其中自有"真"和"诚"，而"真"和"诚"是艺术恒久的魅力，是经典的共性，因而个性的也是共性的。谢冕先生认为，在蒙昧社会里，爱情诗"的确也可从中窥及当日的泪痕乃至血渍。从这一意义上说，爱情上仍然传达着时代的足音，尽管这足音是温弱而纤柔的"②。在现代社会亦未背离于时代，虽然它不再作为"争取进步活动的有力的一个侧翼"，但仍有生活的面影。写《青衿》的时候，作者虽尚未深入社会，可谁能否认《青衿》不是一代人的另一种心声，不是另一种源自心灵的歌唱？这"别样的

---

① 王蒙：《王蒙文存·第19卷》，人民文学出版社2014年版，第509页。

② 谢冕：《中国现代爱情诗选序》，王家新、张天明、徐业安、张水舟编选《中国现代爱情诗选》，长江文艺出版社1985年版，第8页。

'八十年代'诗歌","文雅型"的诗歌①,"苹果林"中一棵独特的"梨树"②,是作家真实的心声,亦是诗歌史不可遗忘的"另一种声音"。

《作家》,2018年第4期

---

① 程光炜:《别样的"八十年代"诗歌——读何向阳〈青衿〉有感》,《人民日报》2015年11月13日。

② 霍俊明:《何向阳诗集〈青衿〉:在"苹果林"中发现"梨树"》,《文艺报》2015年11月11日。

"它的香气里藏有我的灵魂"

何言宏

这几年来，很多批评家逐步显示出他们的诗人身份。他们早年对诗的追求，他们对诗的秘密热爱，随着他们诗作的陆续发表和出版，越来越为我们所清楚地知晓。我们的文学界，出现了一种可以称之为"诗人批评家"的现象，有一个叫作"批评家诗人"的诗歌群体。在这样的群体中，何向阳的诗歌写作尤其引人注目。

向阳是很卓越的批评家，一位非常卓越的女性批评家。她有脍炙人口的名著与名文，她有自己的文体。《朝圣的故事或在路上》《自巴颜喀拉》《肩上是风》《思远道》……很多朋友经常会说起她的这些著作，留意到这些书名中的"道路"意象。实际上，"长风"、"远方"与"道路"，也很经常地出现在她的诗中。向着远方，奔赴长旅，是何向阳的诗歌每每常见的精神形象。在这些形象中，我最难忘的，是她的《歌者》一诗中所写的"脚夫"——"那个赶路时频频回首的／脚夫／扛着一面破旧的旗子／一路歌唱"。这样的形象，隐含着她的诗歌中两个不同的精神侧面：一方面，"脚夫"在赶路，他"扛着一面破旧的旗子／一路歌唱"，他有一颗歌唱的灵魂，昂扬、乐观，即使经历了很多磨难与艰险，旗子"破旧"，他亦有着青春或勇士般的豪迈；另一方面，他却又"频频回首"，有所系念，有所眷顾。《犹在镜中》所更多地体现的，恰好正是后一个方面。

在向阳的组诗《犹在镜中》里，撤离和返回，成了她最主要的精神姿态。在《撤离》中，她要从"梦魇""争执""妥协""混浊""冷漠""倦怠""哀痛""出卖""仇恨""欺凌""屈辱""罪孽""迁就"中撤离，她拉出我们人生中长长的一份"负面清单"，断然地要从它们中间撤离，"直撤到／云淡风轻／海阔天空／再退到／心意合一／齿白唇红"。在《十年》里，她渴望着"返回"，拟想着自己"也许真的能够返回／折身至一片叶子／之中，筋脉消瘦／强韧，可以历经岁月／之长，返回悲中之喜"，可以"领受真的／宝藏，领受极地／之上，那光的／照彻，全然／无畏，温柔地／抹去重创"。即使是在《动身》这样的诗题中，"动身"一词，所指的也不再是奔赴与出发，而是渴望着回返她的庭院、她的家。她系念和神往于寻常的生活、安宁的生活、诗的生活（《即景》《抵达》《所爱》），牵系与忆念着"后山"上的花——"该动身了／后山杏花、玉兰／桃花、早樱／山楂、海棠／它们一个个开花／一次次提醒／时候不早／田园将芜／归乡的脚步／没有谁能够拦阻"（《动身》）。正如她在诗中所说的，这些花们，那"后山的杏花"，"它的香气里藏有我的灵魂"（《后山》），她眷恋着它们，她想回家——向阳所要撤退到、所要回返的，该是一个多么芬芳、多么亲切与迷人的所在啊……

《诗歌月刊》，2018年第8期

婉约精致的情感"日记":《蓝色变奏》印象

罗振亚

时隔三十多年后得以"面世",却与当下流行的好诗无异,不同年龄、层次的读者纷纷指认其忧郁而美丽,真诚又精致。这种际遇固然源于人类相对恒定精神情感的共通性,更是因为其货真价实的优卓艺术本身的支撑;同时再度印证真正文学精品的魅力,不会因岁月的流逝而受到丝毫减损,相反倒可能如窖藏的陈坛老酒,味道越来越甘醇,在它面前"时过境迁"一词根本就是无效的。这是我面对何向阳的组诗《蓝色变奏》时的最初感觉。

在诗集《青衿》的自序里,何向阳说"诗歌犹如我的编年,我是把诗作为日记写的",《蓝色变奏》即是典型的情感"日记",其心灵潮汐的涌动中,聚合、折射着作者诸多成长的青春记忆和生命思考,复现了诗人缤纷、曲折而又坚韧的心路历程。那里有青春的寂寞与感伤,在敏感多梦的年龄感到"多年以来／肩上驭着疾风／也驭着一样的寒冷"，置身熙熙攘攘的人群中，却感慨"辉煌的万家灯火呵／却不是为我送行"，有种顾影自怜的孤独；那里有美与时光的欢欣和渺茫，对未来充满期待，"什么时候／汗流成河／抬眼能见一树石榴的红硕"，也夹杂着淡淡的焦虑，担心生命旅程中出现障碍，"向往晴空／蓝色璎珞的曲调／总有阴云／纷杂笼罩"，叹言唯有暮色陪伴愁绪，"登临意／无人知晓"；更始终有对远方、希望"灵魂的家园"的执着追寻，生活的锻炼使诗人已经能够坦然面对坎坷、困苦，所以可以"踏上没有归途的旅程／对擦肩而过的命运／轻轻一笑"，坚信"寒风"折不断"铁树"，"飞雪"压不弯"山峰"，宣言"层叠风雨／想把蜡烛／熄灭／除非　心不再燃烧／目光不再闪烁"，一个柔弱女子爆发出的钢铁般的意志，令人动容。

但是《蓝色变奏》最扣人心弦的核心情感，还是两性之间复杂而神秘的爱情咏叹，诗人唱给自己"始终　念着／那个并不存在的"抑或一直在场的"爱人"的恋歌，可以不夸张地说是温情的舒婷之后诗坛最纯净的精神音响。如"你若再走进我的绿荫／用脚步磨平／道路的坎坷／弹那根弦／我不知该不该／用歌声应和"，"悄悄转过脸／装作心不在焉／想象你／转身离去的一瞬／轻佻　洒脱／全然不知／我泪流满面／沿着树排／静默地回味／你的声音／响亮又遥远"。它将一个情窦初开的少女对爱情那种渴望、羞涩、惊慌、不安、犹豫、神秘的多重复合情绪，传达得真切而绚烂，苦涩又现代，她貌似平静轻松，内心实则波澜频生，苦楚不已，缄默的背后是灵魂异常的喧嚣与涌动。"我要把你藏在／最深最深的地方／那个被叫作心的房子里"，"我还要把你藏在／最远最远的地方／远到／使我无法想念"，想把爱人装在心里，体贴自己的笑与悲伤，但思念却甜蜜又折磨人，所以又想把对方藏到想念无法抵达的远方，以短暂地忘记解脱，只是她根本耐不住思念"锥心"的疼痛，"近"与"远"的矛盾对立和两难处境的张力，见出了爱情滋味的复杂和深厚，真是酸甜苦辣咸五味俱全啊！"勒勒车上／端坐着我的爱人／让人心疼的目光／像一把火／三叶草呵三叶草／你承负的晨露里／为什么有那样的斑斓／唤醒我／兀鹰的飞翔／难道会不是他的魂魄"，诗人对恋人日思夜想，魂牵梦绕，走到哪里，哪里都有恋人的影像，那种执着专一、痴情挚诚的心灵，在如今物欲横流、人情淡薄的商品化情境下似乎已不多见，因而更弥足珍贵。

蓝色乃情绪上的忧郁之色，而忧郁则是离诗最近的情绪，是现代诗的重要品质之一。用《蓝色变奏》命名，足见诗人很清楚无论诗歌发展到什么阶段，诗歌观念怎样更迭，"情"一直都是诗之动因和安身立命之本，"深入灵魂的诗歌才是好诗"；文本更重视诗歌的内在特质诗情的提炼与营造，以"心灵"总态度，凭借"由真实经过想象"的诗歌特异功能，表现诗人私密性的爱之情绪。事实上，由于身处"为赋新诗强说愁"的年龄，敏感多思的心智结构，和古典诗歌"悲苦之辞易好，欢愉之辞难工"的定向传统隐性制约遇合，《蓝色变奏》的确俘获了一股忧郁之气。这一点仅从诗中数次设置的"交给栏杆""伫立山岗""暮色伫立""伫立彼岸"的典型情境和大量闪回的梦、月、飞鸟、灯下、热泪、蹄声等古典性意象，即可捕捉到诗歌天然明快的青春曲中纠缠的苦涩忧郁信息。而无论是忧郁还是欢愉，诗人都能给予自然真切的表现，无卖弄，不做作，坦诚认真。这和听命于心灵呼召的自发性诗歌发生机制，体现了诗人纯粹的审美趣味，也蛰伏着感动读者的可能；只有从心灵里流出的情感才会再度流向心灵，文本内情感世界的丰富与真挚，对清洁精神的坚守，自然获得了吸引感染读者的冲击力。

并且，何向阳不乏浪漫的精神气质，决定她置身现实繁杂的"生存园"时，不时会产生一种"精神"逃离的冲动，觉得理想的"生活在别处"，进而为自己的灵魂营构精神和心灵栖居的"远方"，因此《蓝色变奏》以抒情为主轴的内倾取向，就再正常不过了。只是诗人超常的直觉穿透力，敦促着它在一些地方穿越表层和芜杂，进入了事物的本质与根基层面，成为人生边上的智慧的"眉批"，成为"低语的带有思辨色彩的倾诉"。如"或许因为失去／今天的我／才敢面对急流／坦然迎接／霜雪夹杂、雷暴、冰凌"；"以一千种方式／存在／而选择只能一种／不能僭越／犹如真理／一千条路／有一条／必得走到底"。不是吗，有时失去的同时便意味着获得，突破困境之后，人就有了豁达、乐观和能力；选择即是放弃，什么都追求可能什么也得不到。它们尽管以碎片方式存在，还是在情感河流的淌动中浮出的理意"石子"；但已凭借直觉的力量，指向了爱情本质、生命滋味、人生究竟等形而上精神命题的叩问，读者从中将获得情绪浸染之外的思想启迪。它们的存在对圭臬化的诗是感情抒发、是生活表现、是感觉状写等传统观念，构成了某种程度的质疑和补充，诗有时难道不是主客契合的情感哲学吗？

以为向读者敞开心扉、致力于抒放灵魂隐秘的《蓝色变奏》势必疏于艺术经营，将大错特错。诗人的爱情心理具有一定隐私性，其纯个人化的朦胧、微妙的内涵本身不宜径直倾诉或表白，和盘道出，而呼唤一种间接的形式寄托，加之少女的羞怯心理作用，诗人遂把"日常生活之外"的"另一种人生"诗歌创作当作安置灵魂的锦瑟，秘不示人地泄露着灵魂的隐秘。同时一味直抒胸臆会造成情感的泛滥，伤及诗的筋骨，而过度地隐晦暗示也将令读者如堕雾中，无从索解；于是诗人对主旨之"核"不全显，也不全隐，而是在抒放中有约束，弃直泻取吞吐，努力创造一种介于表现自己和隐藏自己之间的抒情状态。其个性追求具体从两个向度展开。

一是具象化的抒情策略选择。诗人深知，再优美的情感、再深邃的思想，没有质感的形式辅佐也会形同虚设。所以《蓝色变奏》走了一条非逻辑的诗性之路，诗人携着直觉式的诗感经验往返于心灵与世界之间，寻找恰适的意象隐约抒情，以达心物共振。如"草莓／熟落／一地深红／雀鸟叫卖／满嘴血腥／不愿屈膝／不愿俯首于炫目的／霓虹／草莓熟落的深红"。诗人目睹鸟食草莓的景象，一瞬间打通了自己同草莓、鸟的意象，透露出不愿大红大紫，更不愿炫耀的淡薄超然的人格诉求；当然对意象、意象关系体味不一，读者们的理解也会有很大差异。再如"临崖抚石／问撼树长风／跌落的／是栀子花／还是额间淡淡的／愁痕／一如既往／嗓子还发着清音／驱马乘风疾驰／无暇回首／吟谷啸林"。诗人正值善感之年，临崖抚石，风吹落花，瞩望历史与自然之陡峭，见证生命之凋零，愁绪无可避免；但自己还青春年少，无限事等待去做，没有时间在任何情绪、场景、片刻中停留。只是诗人不直接说出诗的意图，而是将之寄寓在一系列的意象里，让人揣摩。甚至，诗中"你"的意象"是理想的，强大有力"，"'他'其实是一个内化的'我'"，"我是活在对他寻找和相遇的期待当中"，"你"在某种程度上也可称为理想、希望和一切美好事物的代指，也便具备了超越作者思想的潜能，诗之核心情感就因之既是展示两性之间复杂而神秘的爱情，又最终在蕴含上逸出了两性之情，指向着复调的多重旨意，如果只在两性情感内涵上缠绕，完全可能偏离、窄化文本的深层包孕。

也许有人会说，这种物化的抒情方式新诗史上的现代诗派、九叶诗人以及舒婷等朦胧诗人均操演过，而且老到娴熟。《蓝色变奏》在这方面的殊相在于，应和意味的内隐，诗漠然于宏阔博大的社会性视域，而更青睐流萤、暮色、礁石、大漠、疾风、清影、忧伤、灯光、苦艾、银杏、梨树、苦楝树、蔷薇、栀子花等生活和自然意象，一些寂寥清幽、静谧缥缈的带有古典韵味的传统国产意象，并用这个意象系统，诉说着青春与爱的寂寥缥缈的心灵秘密。这种具象化的抒情策略使诗质感形象，能够化虚幻为实在，化抽象为具体，以不说出来的方式，造成了说不出来的朦胧效果，增添了诗的"镜花水月"之美。

二是戏剧化方法的手段启用。在2017年10月小众书坊举办的新诗集《锦瑟》分享会上，批评家霍俊明说何向阳诗歌是诗人自我之间的对话，这个也可称戏剧性的"对话性"观点值得深思。《蓝色变奏》出于对"诗歌把赌注押在抒情上会变得危险"的规避，在不经意中运用了戏剧独白或对白（对白包括与他人对话、相互说话、对上帝说话）手法，所以读之仿佛在看一出典型的心理话剧："你用一线歌谣牵引我"，"我"总想为你做些什么，当"你说六弦断了一根／我无言的目光／能否裁取少许／续你残缺的琴音"，当"你"离开，"我"便开始迷茫，"不知前面是泥沼／还是荆丛"，想象着听到"你沧桑的声音"，会像遇到"一柄箭／击中一些时光／一沓不忍卒读的／篇章／一阵不及整理的／难言的／疼痛"，希望"就这么／不声不响／想拼起剪碎的希望／想象你打开门一声惊叹／'今年雨水真多'"……"你"不无神秘，话语不多，却始终存在，关注"我"的命运，"你"具体也抽象，诗人和想触摸的理想之"你"间，"始终处于'所谓伊人，在水一方'的状态"。在没有"实现"的爱情过程叙述中，有二人交往与分别的环境交代，有"你"的言语与"我"和"你"的对话，有"我"因你惊慌焦灼的动作，有"我"柔婉而坚韧的性格刻画，或者说过程、人物、性格、细节、对话、场景等戏剧因素一应俱全。这是"叙事"倾向的整体辐射与介入，至于"叙事"倾向在诗中的具体渗透更比比皆是。

不必担心戏剧化倾向会损伤《蓝色变奏》的诗性品质，因为是诗人意识到诗歌在"此在"经验占有和处理复杂事物能力的孱弱，才合理地"借火儿"，吸收叙事文学的某些笔法，所以它在叙述过程里注意情绪对事件、细节的渗透，其"叙事"属于诗性叙事、情绪化叙事，对爱与理想的追寻等情愫仍然是它的生命支柱。并且戏剧化手法的启用，交错了诗的内外手段，使抒情与叙述相互穿插，既坚守了东方抒情诗的内在品质，也使诗歌由于"叙事"的依托避免了空洞轻飘，而更加坚实亲切。尤其让诗人始料不及的，恐怕是她当年并非自觉的"叙事"举动，竟然在三十多年后暗合了诗坛纷纷以叙述作为维系诗歌和世界关系基本手段的"叙事化"潮流，堪称前卫。

不论是物态抒情的意象，还是戏剧化表现的事态，以及它们组构成的场景、情境，在《蓝色变奏》里或是幻觉的展开，或是假设的想象，或是猜想式的虚拟，它们均属微妙飘忽的心灵语言，一种未然态、或然性的存在，有真的形态和可能，却不一定是实有的；而诗人寄寓其中的体验、情感与思考却是诚挚真实的，那些体验、情感与思考聚合在一个共享空间里，隐约推出了抒情主体敏感温婉、纯洁优雅、善于幻想又不懈追求的复合影像，邈远而真切。如"只是多年后的子夜／爆竹响起的时候／鬓发斑白的你／是不是也会准备相同的礼物／为年轻时的错过／深深记住","你会不会／也去找一个角落／推开悠远与嘈杂／在一首歌里／轻轻地把我想起／会不会／一盏灯下／无人的时候／也有同样的热泪／洒落在面前／这只浅浅的杯里"。这两段诗都是诗人想象、虚拟的产物，假想若干年后，鬓染白霜的"你"会不会与"我"一样深情执着，在爆竹响起的年夜想起对方，为错过对方而遗憾；会不会一个人也像"我"一样找个角落或独坐灯下，饮酒落泪。两段诗设置的"场"都带有未然态与或然态色彩，可却把诗人深情缱绻、刻骨铭心的爱传达得到位而优美。这种交错现实与想象、真与梦的视角，将诗歌推向了虚实相生、亦真亦幻的艺术境地，如烟似梦。何向阳"没谈恋爱的时候，已经在诗中写给爱人很多诗了；没有失恋的时候，好像自己在诗中已经失恋了很多次了"。现实生活中获得爱情去写诗，诗可能甜蜜幸福却不容易空灵，而何向阳未然态的爱情书写，的确是有点"强说愁"味道，诗被一层忧郁包裹着，但在艺术上却成就了《蓝色变奏》的婉约灵动，有些地方真的如玉碗盛雪，似淡雾罩山。

还有诗分九组、每组大体六节所形成的回环往复的特有结构和句子很短细细长长的诗行排列，都非无谓的存在，其形式自身的别致及其对意味的增殖问题，也颇耐人寻味。

当时只有二十几岁的何向阳为何年纪轻轻就拥有如此高的起点，写出成熟的《蓝色变奏》？我想这仅仅凭她的才情和阅历显然不够。作为文学家南丁的女儿，家庭的耳濡目染使何向阳从小即接受了良好的诗教熏陶和训练；她在诗坛起步的大学阶段，恰好遭逢舒婷、北岛领衔的朦胧诗潮风靡之时，可以说她是站在巨人肩膀上开始攀登的。而置身的校园智慧氛围，为她在艺术上广泛汲取、多方借鉴提供了理想的土壤，她能同舒婷、北岛遨游，与戴望舒、徐志摩对话，和《诗经》、李清照"切磋"，向聂鲁达、白朗宁夫人、狄金森、索德格朗求教，尤其是她对艺术资源入而复出后的创造个性，支撑她历经数番风雨的顽韧探索，终于超越灿烂却单调的精神浅滩，凝成了《蓝色变奏》婉约精致、含蓄纯粹的卓然风格，在朦胧诗群体的"类我"抒情之后，发出了"个我"独立的精神音响。你可以说她是在没有任何准备的状态下走上诗歌前沿的，自发性的发生机制使她直接进入了非伪诗的大门，同时其诗也带着一定的稚嫩与不成熟；但是，在朦胧诗后煞是流行的两种诗里，一部分诗人勠力构筑寻根史诗却对题材入乎其内同时无力超乎其外，一部分诗人崇尚闲适享乐趣味而迷踪于轻软型文化打造，在那样的窘境下，致力于精神世界探寻的《蓝色变奏》的出现，是否对诗坛偏向构成了一种有益的弥补和抗衡呢？在谈及被历史掩埋的"另一种声音"时，程光炜先生提出一个重要的文学史命题，"在现成的当代诗歌史秩序面前，我们怎么看待这类还很难纳入现有评价体系的诗歌现象?"从这个意义上说，弱视或忽视《蓝色变奏》，就是文学研究者的过失，相信历史终会以合适的方式对它做出公正的评价。

《芳草》，2021年第1期

诗，反向朝圣的路

——何向阳诗歌读札

刘诗宇

　　惜字如金，仿佛白茫大地上干脆、简短的墨迹，是羚羊跃过的足影。远远勾勒出的踪迹，两端都是无限远。后边是过去，是一个人的遐想，是未解的谜；前面是山峦、寺庙、神殿，那个巨大而朦胧的抽象空间，直通每个人意识深处。平静、空旷的地面之下是热浪滚滚，是浓烈的情绪。一切都被节制于可感知的边缘。天上的风，或地下的火，都在流动着，仿佛告诉行人应该有对于永恒和本质的理解或追求，而这一切，又势必以一种熟视无睹，或转瞬即逝的形式存在。

　　这就是何向阳诗歌给我的感觉。人在时间中单向度地行走，各种事件、人际关系、欲望、情绪迎面呼啸而过，日常生活或者说时间流逝本身必然带走些什么，形成一种对人或灵魂的损耗。诗歌存在的意义是什么？如果一定要说的话，我想其中必有这样一条：诗歌能以一种与现实平行的方式，让时空倒流，让被损耗的灵魂得到治愈，让被风带走的碎片重新回归完整。

从《青衿》到《锦瑟》，再到《作家》上最新发表的组诗《如你所见》，何向阳的诗不仅撑起了她个人的精神史，也为我们提供了一条治愈和还原灵魂的路径。

一、底色：十字路口的身影

我为谁一天天地等

盲人一样举着灯

——《心疼》

如果逆着时光走

会不会有另一场

重逢

…………

额头　鬓发　指尖

在你对面

一如从前

——《对面》

在何向阳笔下的意象世界中，有一个身影让我无法释怀。诗人总是在与一个"你"或"谁"交谈，这个声音，到底是谁？我感到所有的谜，所有的答案，都集中在这个身影之上。

经过漫长的阅读、感受、思索，在动笔写这篇文章之前，我心中已有这个问题的答案，这正是我写作此文的出发点。在这里不能忙着揭晓猜测，或者说必须要经过一番铺陈，就像招魂仪式开始前的准备，直到一种朦胧的氛围浮现时，我才能用有限的语言，将诗人笔下那些俨然已经溢出语言的东西道出一二。

我首先关注到这些谜样身影所处的境地非常特殊，它正在全世界的"中心"——在神圣与世俗、未来与过去、虚幻与现实、他乡与故乡、衰老与年轻、悲痛与平淡之间。"风剥落记忆的彩色／碎片零落　模糊／伸开掌心　无数次／无数次还是那条命运的急流。"（《远方》）那是所有十字路口重合之处，一切犹豫、焦虑、茫然、悔恨、愤怒撕扯灵魂之处，以及苦集灭道浮现之处。

"今夜／我蘸着血／太浓了／再蘸些泪／又太苦……写下的字／太涩了／笔尖已滞／如白茶经年／难道你不早习惯于／艰涩阻滞／而不是流利、轻盈。"（《长夜》）是什么使得诗人手中的笔重千钧，血中有泪？何向阳作为批评家的身份广为人知，但她的诗歌创作并不是批评的"剩余"，而是面对个人生活、社会现实的有感而发。在《微尘》中，她化身为一粒尘土的视角，注视着城市里为生活打拼的外乡人；《边界》中，诗人就像无形的风，看着街上那些"暗自抽泣""心碎时阖上双眼""岁月馈赠于他／脸上愁苦的皱纹"的人们；《长风》中，诗人同时看到了拔地而起的城市和安谧的乡村，当然，这中间还有"决绝的背影／掷地的话语／溅起的泥泞"，诗人在城与乡之间发出质问，"长风／或者还有一声叫喊／被粗暴的汽笛撞断／一个缓慢的手势／被疾驶向前的车轮打乱／那一张张面孔／一个个身影／来自哪里／又急忙往哪里去／他们的神色／为什么那么慌乱／告诉我／谁人葬礼上的一声长叹／与谁人怀中婴儿的呼吸／奇迹般接通"。

从社会的角度，诗人有对底层的关怀；从精神史来看，人间的悲苦和诗人的创作动力是同构的。它们的重合，就像所有十字路口的重合一样，让简练的语言之下有了深广的意义空间。

"我心中最初的创痛／被放置在哪里／哪里才能遇见／我似曾相识的命运。"（《红尘》）在何向阳的诗中，所有的个人悲欢与思索，都有一层为这个世界，为那些陌生却面庞清晰的人们着想的底色。换言之，她的诗作是个人的，但同时也是属于这个时代的。

如果要让我在何向阳的诗作中，选出一首最难忘的作品，我会毫不犹豫地指向那首《撤离》。篇幅所限，我不能将这首精彩的长诗原文辑录，这实在是个遗憾。我们要从哪里撤离？为什么而撤离？撤离到哪里去？吊瓶、双氧水、医院、轮椅、拐杖，进而到寒湿、冷痛、怒火中烧、沉郁、穿刺的针头、抽离的血、皱的被单、病例、影像报告，从开篇的这些意象中，我看到的不仅是一位深陷于命运沼泽中的病人，更看到了不远处生命的尽头，看到了包括我在内，每一个人都无法摆脱的东西。

刘慈欣曾有一个关于死亡的精彩譬喻，他说走在荒原上的人，迟早会碰到一面向上无限高，向下无限深，向左向右都无限远的墙，死亡就是这面墙。面对死亡时我们会作何感想？除了少数幻想击穿这面墙的浪漫派，大多数人会选择回头。即便在时间的单行道上无法向后一步，但他们的目光，一定会仔细甚至贪婪地看遍来时路。

你以为这种目光是恋恋不舍吗？错了——恐怕是悔恨。只有当生命要结束之时，人才会意识到过去曾拥有何等宝贵的东西，过去和此刻的自己变成两个人，后者会为前者的执迷与孟浪捶胸顿足。《撤离》中，诗人从那面墙回望，看到了磨损的中年，看到了报表、年度总结，看到了锅碗瓢盆、沉默的婚姻，更看到了争执、忌妒，看到了曾经目光、言语、人际关系的冷硬，看到了倦怠、怀疑、冷漠、麻木、贪婪、嗔怒、战争、屈辱、欺凌、愧怍等大千世界中所有曾让我们感觉不幸，让我们悔见来时路的东西。

这是一种极限的生命体验，没有诗歌，我们就只有到亲临那一刻时才能理解。诗人告诉我们——撤离，面对所有的十字路口，诗人给出了自己的答案，也是我希望看到的答案——撤离。相比诗歌中常有的无关痛痒、袖手旁观，或是欺骗式的抒情，何向阳一连五十多行"从……撤离"的句法让我喘不过气来，但却也真实无比，诗人在这一首诗中传达的精神处境，其实是我们每一个人，每一个群体习焉不察的现实。

撤离，撤离，撤离，撤离——到哪里去呢？诗人最后给出了她的答案：

　　直撤到

　　云淡风轻

　　海阔天空

　　再退到

　　心意合一

　　齿白唇红

　　　　　　　　　　　　　　——《撤离》

这就是诗的魅力，现实中的时间不能倒流，但诗能。这不是一句修辞意义上的花言巧语，而是说诗歌能让过去与现在的自己相遇，能让同一个灵魂碰撞、交融，进而迸发出它本来该有的光彩。《撤离》被收录在何向阳的诗集《锦瑟》中的138至142页，在紧张、压抑与最后的顿悟之后，这首诗翻过来的《即景》，只有寥寥七行，写的是"带皮的土豆／紫皮的洋葱／西红柿和牛尾在炉上沸腾／昨夜的诗稿散落于／乡间庭院里的／长凳"。我相信这样的排序是暗藏诗意的，只有当从死亡、从那面无限的封死了所有可能性的"墙"回过身来，我们才会看到这庸常精致中，蕴藏着多么可贵的美。

二、形式：在神殿的阶梯上弹奏

所以说，诗人笔下的"谁"或"你"，到底指的是什么？我想这个问题仍不忙说。

"谁从神殿上／下来／递给我／呼吸"（《谁》），"台阶／已四顾无人／看沉沉暮色／合围／那些山峰我不想／我不做占领者……古寺端坐／如今和我／一起／在暮色中／想你／那滴泪／是否换作了手上／念珠中的／一颗"（《古寺》）。在何向阳的诗歌创作中，神殿或寺庙是很重要的意象与场景。如果要用一个词概括诗人创作的形式追求或美学特质，我会想到神殿或寺庙前的"阶梯"。

有几首诗的形式感让我印象深刻。《红茶》中，第一段开头是"不一直生活／在诗里"，第二段则是"不一直活在／诗里"，第三段是"不一直在／诗里"，第四段是"不一直是／诗"，第五段是"不一直是"。每段相比前面缩减一字，诗意就像是逐渐被水冲淡的茶，颜色渐浅，本质浮现。《谁》中，"谁从神殿上／下来／递给我呼吸／谁递给我／呼吸／同时安静地／看着我／谁看着我／并将手沉默地／放在我手里／谁将手放在我／手里／还把体温／传给我……"每一句都紧咬着上一句的回声，次第而来。《红茶》和《谁》，也包括前面讨论的那首《撤离》，重力仿佛牵引着诗律，一级一级从高处落下——在一种"顺势而为"的节奏中，诗读起来相当酣畅，并且借着这种"下楼梯"式的体验，诗人隐含的意思是，很多事情的过程是自然而然的，有些道理在诗中的显露也自然而然。

在《给我》中，诗人连续使用"给我……／让我……／给我……／让我……"的句式，"给我"后面是常人眼中的事物，比如水、盐、雪、白纸等，"让我"后面则是这些意象在诗人眼中的形态，前面的四样事物分别对应着江河、家的模样、诗人还乡的路上、写尽人世间的悲欢。在《重逢》中，诗人重复使用"我如何能够"的句式，后面分别是细数、说出、描绘、画出以及"在放下笔的时候／写出永恒"，"如何能够"指向的是对感受的把握，诗人在穷尽各种方式捕捉诗意的瞬间。在《不够》中，诗人用"不够"二字开启每一句话，面对静夜开放的丁香、清晨的木槿、端庄的雪松、眼泪的咸、连翘的苦、蒲公英绽放的笑容……诗人都觉得身边流逝的时间，口中的言辞不足以形容出所有事物最动人的样子，而在终点处，最"不够"的，还是"你对我／最初的爱／我还尚未写出／这个／春天的／你／和你的／与众不同"。

相比之前的次第而下，这些诗的感觉则像拾级而上。在回环递进之中，诗人在逼近、在穷尽事物的真相，要和那个"你"进行最深刻的对话。

"阶梯"式的美学特征中，其实有一种内在的矛盾属性。阶梯不仅同时有上、下两个方向，更在向上或向下的延展中，用参差的方式实现均匀与平滑。当阶梯通向神殿或寺庙之时，何向阳诗中的形而上思索给人以无穷尽的缥缈之感，就好像金字塔的每一阶都有着精妙的重复，直到塔尖。当阶梯通向尘世，诗人带着高处的风雪和真理，凝视着浮生百态，每一张面孔都不同却又相同，又像每一级阶梯都有着相同的高度。

阶梯也像琴键，诗人的笔从锯齿上拂过，发出的错落声音就是一种独特的诗意。《心动》一诗即是如此，"心脏的 / 寂夜的 / 跳动 / 像是谁 / 拧紧的 / 闹钟 / 嘀嗒嘀嗒 / 数着黑暗 / 行走的脚步 / 数着它阴影 / 笼罩又撤掉的 / 黎明……更数着 / 死亡的临近……数着流逝 / 数着和你 / 离别的日子……数着 / 叮叮当当 / 缀满原野的 / 星星……钟声齐鸣 / 数着经年 / 不停的 / 车轮……数着黑中掺白的 / 头发"。诗人变成了弗朗茨·李斯特，写诗的笔与阶梯式美学，化成了黑白键与著名琴曲 *La Campanella*——这个意大利语词汇翻译过来既是周而复始的"钟声"，又是流动不居的"泉水声"。诗人笔下的这种律动，弹拨或敲打，都是失去的声音，也提示着我们时间或世事对于人或灵魂的损耗。

想问李斯特，我们可以逆向地弹奏，回到一切被损耗之前吗？李斯特没有回答，但诗人说可以。

三、答案：我是谁，你是我

米洛拉德·帕维奇的《哈扎尔辞典》是碎片的集合，当你将所有碎片辛苦缝合后，会得到这样一条信息：被称为第三天神的阿丹·鲁阿尼（我们更熟悉的名字是亚当），他的身体是撒旦给的，灵魂是上帝注入的，他是人类最元初、最质朴的样子。后世每个人类的灵魂都是他的碎片,《哈扎尔辞典》用碎片的形式记录收集碎片的过程,一旦所有的灵魂汇聚,阿丹·鲁阿尼夺目的光芒将重照世间。

在我看来何向阳的诗歌创作和《哈扎尔辞典》有种奇妙的默契。解谜的时刻,我给出的答案——也许仅仅是我一厢情愿——所有的"谁"或"你",都是"我"的一部分。帕维奇笔下的碎片是无数个人的灵魂和梦境,何向阳诗中的碎片是时间长河、感官世界中所有的"我"。当所有十字路口,所有的阶梯,所有"谁"和"你"身影重合,一个完整的"我"将重新浮现。

前面之所以卖了这么久的"关子",是因为说出这层意思,和这种意识真的浮现其实是两回事。在这里我也只能尽量还原我的理解,更多的奥秘还在何向阳的诗中,需要每一位读者亲自挖掘。诗集《锦瑟》中,每组诗的结尾或中间,都至少有一首《谁》,同题诗在一部诗集里出现七次,还有更多的"谁"或"你"散落在各篇诗作之中,我的感觉是诗人同样也在寻找,她想要确定——真正了解、相信那位爱人、启蒙者、给予自己指引的人、受自己保护的人,其实正是诗人自己的一部分。

知易行难,是对这个答案最好的注解。原来一切的问题不需求助于外,所有我们想象的声音,我们想要听到或拒绝的声音，其实都是我们自己的声音。这颇有禅宗的意味，我们遇到的所有人，经历的所有事，产生的每一点思索，涌起的每一丝情感，是环境的触动，但在这具肉身，以及这具肉身里的灵魂分饰成多个角色，相互激荡的声音。谁从神殿下来递给我呼吸，安静地看着我，将手沉默地放在我手里，将体温和心跳传给我，将热爱和忠贞留给我，将身体和灵魂献给我？

《谁》中的一首给出了答案：

我爱

从神殿上

下来

走向

我

喜爱的，其实是我所喜爱的，厌恶的，同样也是我所厌恶的，一切都是我，我就是一切。所以诗人会在《箴言》一诗中写到，"爱你最爱的 / 也爱你最不可能爱的 / 爱你的亲人 / 也爱那把你当成敌人的人……爱生 / 也爱死 / 爱那个向你乞求的人 / 也爱那个背身离去的人 / 爱甜言蜜语 / 也爱喧嚣与唾弃 / 爱灵魂 / 也爱肉身……爱喜悦给你的 / 也爱苦难给你的 / 爱黎明 /

也爱夜深／爱人／爱万物／爱等了一冬开放的花／也爱终老百年枝叶落尽的枯树"。

何向阳的诗学，是一种自我治愈的诗学，也是一种洞见了诗歌本质之一侧的诗学。诗以语言为媒介，是灵魂和智慧的传递，它当然要帮助写诗和读诗的人更好地生活。古希腊哲学家伊壁鸠鲁曾说，真正的快乐是肉体的无痛苦和灵魂的无纷扰。诗歌存在的意义正指向后者。无数个"谁"和"你"，幻化为三千世界，看清的是心旌摇荡背后的东西，《锦瑟》中最后一首诗《抵达》写到了"我"重归完整之后的情景："那时刹那与／永恒／还没有隔断／灵与肉／天与人／也不曾严格区分／那时／心有无边的广袤／星宿照耀／烈日灼烤／风的狂野／不惧浩瀚／那时，江山／无尽／涛声回环／而那时的我／也正徒步银河／为你降临"。何向阳的诗歌不仅在纯文学领域内生效，这里同样有深刻的哲思、充满画面感与声音的美学，有宇宙向度上的历史，有科幻式的想象，在这里，不仅"我"重新融合了，散落或者说存在于各个领域的艺术性也重逢了。

四、延展：平淡而山高水深

前面我谈及的内容似乎过于浓烈与严肃，这并非何向阳诗歌的全貌。然而只有将前面那些撕心裂肺的东西梳理清楚后，我才能认真面对她笔下的微风与山峦、草木和动物，以及对诗和生活的爱。

黄庭坚曾经有一句关于境界的名言——"平淡而山高水深"。这是一句看似矛盾的话，山高水深又怎能平淡？其实，无论是黄庭坚与王观复之间的对话，还是前面对何向阳诗歌创作的讨论，真正强调的都是当所有的"我"重回一体，无数种眼光开始从一个方向观察世界，"平淡"本身的含义被颠覆了。即便是平静、寡淡的日常，也因为有了不同的层次，而交叠出深邃的景色。

在《作家》上发表的这一组《如你所见》，就很好地解释了这个问题。在《听觉》中，诗人写道"我要在一堆公文中／找到鸟的叫声／文字的连篇累牍／也无法掩盖它的啼鸣……接下来的字里行间／我要找出山楂或是芍药／它们盛开的容颜／早避开了人的目光……来指引我吧／以你的明灭／如星／现于黑夜／现于你明眸一瞥／万籁俱寂／现于隐身和时间／暗藏的陷阱／我听到了鸟的叫声／在成吨的纸张／还原后的／一小片丛林中"。平淡的日常生活、繁重的案牍工作，都因为"你"和"我"的重合，而在诗人眼前铺展出了新的层次，你看到的与你想看到的同时出现。它们是不同的，却又是同构的，就像

"谁"或"你"给出的指引，虽然好像是外在于"我"的，但当他们重归一体，诗人以及从诗中领悟到这层意思的读者，也就获得了一种新的对待现实的能力。

于是，在何向阳的诗歌中展现出了一种惊人的自由。这里当然有在高山低谷、日月星辰之间的翱翔，但更有在日常生活形成的"囚笼"中的自由，此乃"惊人"所在。在《竹林》中，"车过杜甫墓／一车人只剩下她一人／不去看他被打捞上来的地方／她拒绝认领他的肉身……千山良田与她独对／于黏土中捡拾／他骨头的人／如今更爱眼前这片孤寂的竹林"。这里面暗藏着选择，当别人都选择热闹，诗人选择独处，别人都觉得杜甫的精神在名胜古迹之中，诗人却认为竹林才是前人精魂所在——主动地选择意味着自由，因为诗人意识到了自我和环境的另一个层次所在，于是在生活的狭小空间里，诗人也获得了回转、腾挪的自由。《寺中》一诗也是如此，"我还记得／秋天的寺庙／落了一地的红叶／经幢旁／他们留影／我站在空寂的／台阶上／听不知哪里响起的／吟诵／立得久了／脚生了根／渐渐明了／落叶的英勇"，于树叶而言，下落就是一种选择和对现状的坦然认同，一如"我"不选择融入群体，而选择悄然独立。

"我被称为／少数／只因在男人中／我是女人／在女人中／

我是 / 诗人 / 或者倒过来，在男人中 / 我是诗人 / 在诗人中 / 我是 / 女人"（《少数》）。在有了对"我"和现实的领悟之后，诗人当然可以平静地承认自己是这个世界上的"少数"，少数与弱势无关，也与女性主义无关。而"多数"之所以存在，只是其中的个体还没有进入自由之境，不敢接受自己与旁人的差别，不愿发现这其实是"我"和世界的本相。因此，这首诗后面，其实还有一句没写出来的话：

在诗人中，我是女人，在女人中，我是我。

世界上只有一种真正的英雄主义，那就是认清生活的真相后还依然热爱生活。

——罗曼·罗兰《米开朗琪罗传》

是否要用"英雄主义"这样的词去概括何向阳的诗歌？我想无论是罗曼·罗兰笔下的米开朗琪罗，还是何向阳诗中的抒情主人公，也许真正到达这种境界之后，也就无谓"英雄"或"凡人"之别了。在别人看来是"山高水深"，在自己而言，则是"平淡"，是在已有的生活空间中意识到每一份自由和美好。

创作诗歌对每一个真正的诗人的意义都不言而喻，那是一种情感的必需，但我却一直在苦苦寻找读诗的意义。我会对他人在分行或断章之间，经过"加密"的情绪与思想产生质疑。但何向阳的诗歌一定程度上解决了我的问题，在诗人营造的意象世界中，我能体会到短暂的幻境——那些被日常事务、被人情世故、被生存的压力、被时间和衰老、被得到与失去消磨掉的东西，似乎都回来了。当灵魂因为重新完整而变得充盈，山不转水转，眼前的世界便也不一样了。

何向阳的创作是包容的、治愈的，同时也是"未完成的"，让我用她的一首《放生》来为这篇文章结尾："我曾试图描述 / 松柏的香 / 樱桃的味道 / 布谷早晨的鸣叫 / 你一瞥的心会 / 微微含笑 / 我为什么要用语言 / 将已发生 / 再述说一遍 / 我为什么试图将其禁锢 / 将之锁进 / 笔画的牢笼 / 是为爱之留存 / 还是为了将之据为己有 / 爱 / 难道不是全然的放手 / 不羁的自由。"

这首诗是《如你所见》中的最后一首。结束也是开始，不羁的自由会飞到时间、言语和诗之外，飞到更遥远的地方。那里是怎样的所在？我期待在诗人未来的创作中找到答案。

2020 年 12 月初

作为诗人的批评家

——何向阳创作论

马思钰

何向阳最早为人所熟知，是作为批评家。而后，她拿出《澡雪春秋》、诗集《青衿》，以夺目的才华步入散文、诗歌界。从传统意义来看，文学批评与散文、诗歌似乎是关乎理性与感性两个截然相反的创作路向。但在何向阳的创作中，却呈现出相互独立又圆融互通的特性，轻灵的语词中往往蕴纳着厚重的哲思，沉重的主题也往往由诗语托举。具体来说，何向阳的创作既在轻灵而富哲思的辞章中蕴含着仰望星空的浪漫怀想，又处处流露着跋涉于途体察传统人文精神脉搏的坚定魄力，最终在清丽浪漫与深敏哲思的浑融中搭建起她的"希腊小庙"。值得一提的是，她的批评真正地与创作主体融为一体，有鲜明的个性化特征——是"有情的"，这远远超越了传统意义上以文本为基础而展开诠释、阐发、论证的批评形态，而能真切听到思想、情意涓涓流淌的声音。散文、诗作也越来越流露出对历史、时间的追问与关怀，深蕴宏阔广远。何向阳兼顾"情"与"理"、"诗"与"思"，以作为诗人的批评家身份，在文学批评、创作中角力杰出。

一、"有情的"批评

20世纪80年代中后期是何向阳文学批评的发轫期。正值桃李年华的何向阳以电影评论为起点，旋即进入新时期文学、心理批评、文艺心理学等颇具整体观的文学问题研究，极具创见性地提出将人格作为文学研究的一种路径；此外，不乏对张承志、陈村、郑彦英、张宇等作家作品的深度研读，从此势如破竹，力作频出，跃现着锐气与锋芒。三十几年来，何向阳的批评不仅深怀广阔的关怀意识，还充溢着对世界的善意与热诚，"有情的"始终作为何向阳批评的内在精神而存在。

"有情的"来源于鲁迅在《〈热风〉题记》中首次提出的"有情的讽刺"。"然而，无情的冷嘲和有情的讽刺相去本不及一张纸，对于周围的感受和反应，又大概是所谓'如鱼饮水冷暖自知'的；我却觉得周围的空气太寒冽了，我自说我的话，所以反而称之曰《热风》。"①虽然"无情的冷嘲"与"有情的讽刺"所存在的历史语境早已不复存在，但"有情的讽刺"绝非仅仅作为一种具有历史局限性、指向写作及艺术层面的理论倡导，而是"深入地指向了作家思想精神的层面"②，具有超越时空延续的合理性。事实上，何向阳90年代末的文学批评、散文（如《鲁迅墓前思》）等均闪现着对鲁迅精神的追忆，在文学实践中不自觉地向"有情的"并拢并延续至今，尤为突出地体现于文学批评所关注的对象及主题、批评形式。

首先，何向阳文学批评广阔的关注对象、创作主题，彰显着强烈的现实关怀意识与责任。米兰·昆德拉、斯蒂芬·欧文、曼殊斐尔、大禹、孔子、赵树理、柳青、孙犁、路遥、张炜、叶广芩等古今中外的作家作品，均跃现在她的笔下，展现出扎实的文学修养和广阔的文学关怀视域。近年来，何向阳目光的主要聚焦仍在于中国社会复杂多样的文化状况，饱含对中国文坛的凝视。

何向阳的关注对象并非高高蛰居在文学的象牙之塔，越来越多具有烟火气的群体进入她的文学视野。从《自巴颜喀拉》

---

① 鲁迅：《鲁迅全集》第1卷，人民文学出版社2005年版，第307页。

② 张洁宇：《"有情的讽刺"：鲁迅杂文的美学特质》，《西北大学学报（哲学社会科学版）》2020年第3期。

沿黄河行走深入村落开始，她格外关注时代中平凡的农民群体，重视讨论现实题材作品创作的逻辑与归宿问题，探讨新世纪以来文学作品中农民形象的塑造，也在历史的回顾中，对中国文学"写农民"的传统及贵州作家对农民生活命运的诚恳再现予以肯定，期待作家们能像路遥那样——与劳动者一起拥抱大地和生活，在现实主义作品中将"我"融入"我们"。此外，她还关注作品中"人民性"的发掘，期待作家将艺术家的气质与人民性有机结合，在新时代中对美丽村庄与美丽中国饱含深情展望，关注社会变革中的女性声音，书写"她们"的风景。从表面来看，对农民生活与命运的热切注视与何向阳自身的气质是格格不入的，但就是在沿黄河溯源的日头与风沙中，她真正看到了中华民族不朽的精神血脉，也找到了她自己的精神之"根"。

何向阳所关注的文学问题十分广阔。客观而言，她很多时候都是以一种抽离文学语境的"旁观者"身份客观审视文学问题，包括文学作品的艺术层面、作家创作层面的问题，文学批评存在的弊端，甚至是由文学本身及创作者本身折射出来的社会文化风气，对时代精神风貌的反思等。她呼吁"长篇小说要回归常识"，对作家的语言表达、人物塑造、结构搭建、生活积累提出建设性建议；她期待那种有"我"的成功写作，以生命体验的温度进入文学，好的诗歌最重要特质就是"深入灵魂"；她召唤为国民的"善美刚健"写作……在这种期许之下，正如她所指出的，创作者的态度是决定作品分量的关键因素。

在此基础上更进一步，何向阳对批评家的人格提出了极高的期待。这与她1993年发表的《文学：人格的投影——文学研究的一个思路》一脉相承。其实，早在20世纪90年代中期观察后新时期文学策略时，何向阳就已经生发出了一代知识者人格素质的选择将决定"未来世纪的文化面貌与精神价值"①的预见。她始终坚信鲁迅先生的箴言——"文艺是国民精神所发的火光，同时也是引导国民精神的前途的灯火"②。也恰恰是怀着这样的责任意识与为文的初心，何向阳的创作尤其是文学批评中始终进行着对灵魂的追问与重铸。但孤独的微光要成为"引导国民精神的前途"的烛火，离不开批评家的凝集聚力。对于作家而言，人格的高下对应着文学品位；对于承担着"从当前时代的深处把人类情感中最崇高和最神圣的东西，即最隐深的秘密揭露出来"③责任的批评家来说，人格决定着文学的命运和

---

① 何向阳：《后撤：后新时期文学整体策略》，《当代文坛》1994年第6期。

② 鲁迅：《论睁了眼看》，《鲁迅全集》第1卷，人民文学出版社2017年版，第79页。

③ 曹葆华等：《马克思恩格斯论艺术》（四），中国社会科学出版社1982年版，第416页。

品质。所以，何向阳反复强调评论家也应该像作家一样"到生活中去"，期待批评家"人格的成长"，在技术层面"融会贯通式"地进行文本研究。她躬身实践着带有显著精神分析色彩的作家人格内部研究，在诸篇文章中讨论关于信仰、关于人格、关于民族精神、关于历史使命等主题，人格论作为一种精神资源长久地流淌于她的笔端，承载着她厚重深沉的文学之心、人文之爱。

何向阳还不断追问与个人生命体验相关的问题，大都颇具哲思。"如何面对时间中的永恒"，思考"与生命有关的一切"，何为"灵魂的翅膀"，如何用"爱"去诠释自然，审问"难道这就是我的命运?"都是她思索历史、时间中人类存在的途径。她在精神世界的风暴中得到自我满足与升华，获得对个人存在方式及价值的确认。知识女性如何寻找精神自我，那些社会变革中的女性声音，海华女作家笔下"她们"的风景，都是在学术范式下生发的讨论，完整呈现着她作为批评家、学者的专业素养。

其次，何向阳部分批评有鲜明的"印象批评"气质。即强调批评过程中的印象与直觉，充分彰显主体的创造性与个性色彩，在主体介入中完成对个人情感的抒发，与以文本为基础而展开诠释、阐发、论证的标准批评形态有极大不同。最具代表性的是获得第二届鲁迅文学奖全国优秀理论评论奖的作品——《12个：1998年的孩子》。

从形式上来看，《12个：1998年的孩子》与传统意义上的批评相去甚远，究竟应该将其定义为一种什么文体？它延续了被解读为散文的《澡雪春秋》《百姓黄河》的语体特征，但这种"不标准"的批评模式这时已不再被误读，而作为"何向阳式"的风格进入批评界。文章并没有直接评价阐释十二部作品，而是以作品中出现的十二个孩子形象为切入点，完成对作品呈现图景的拼接。何向阳以创作的姿态而非审视者的角度进入批评写作，批评一开始就是一种生产创造的过程，在"物我两忘"的语境中，她的主体在创作中不断闪现，甚至在文本间自由地进出穿梭，与作品中的人物互动、对话。也正因为如此，情感能够直接、自然地流动，文学批评便形成了散文随笔般具有主体情感的形态。

在《12个：1998年的孩子》中，类似小说文本中"元叙事"的形式也频繁出现。何向阳不时从与"12个孩子"及其缔造者的对话创作的状态中短暂抽离，或直言自身的态度指向，或与拟想读者对话，或记录创作状态，实现生活现实与虚构文本的互动。她几乎沉溺于作品中十二个孩子各不相同的疼痛苦楚，在十二种——其实能归结为一类——无奈人生中猛然抽出身来，"当我正写下这段文字时，北窗外的下午，刚刚下过一场雨……我从电脑前起身趴在窗子上就能看到他们……"而后又重新扎进文本，"现实戛然出击，后是一点点地磨碎了阿义的誓言……然而阿义呀，最终没能'跑'出这个不一的世界"。同是孩童，为何呈现出天壤之别的生命状态？她的抽离既是汹涌思绪的暂停，又何尝不是一种更为凝重的静止？

何向阳的印象式批评饱含对话性，包括与作品中的孩子、与作者的对话，与拟想读者抑或是自己的对话，甚至补充作者与孩子对话的状态。她以这种形式将个人的思维风暴扩展为众声喧哗的空间，在多重互动中逐步实现其反思意味和精神探寻目的。最为典型的如分析莫言《拇指铐》中阿义形象时，何向阳在风景描写中补充进莫言与阿义的对话状态，"'月光如洒'，他在那孩子咬下拇指摔倒的地方说。'一间草屋横在月光大道上'，他在那梦想的孩子的耳边说"。何向阳发现了莫言看似随意却别出心裁设置的"风景"实际上是一种"认识装置"①，与主人公阿义之间存在微妙的张力关系——莫言与阿义的隐秘互动显然也成为何向阳眼中的"风景"。此

---

① ［日］柄谷行人著，赵京华译：《日本现代文学的起源》，生活·读书·新知三联书店2003年版，第17页。

外，还存在多种对话形态，诸如她对"整日躲在书斋里研究美学的人"发出精神拷问——"你见识过这样的接受美学么？……可否进入过你的视野？……是否你有健康的胃口去消化和承受呢？"，在"当读着这样的句子还能说什么！""关于这些，我们又了解多少，愿意了解多少？"的诘问中，深切感受到她的愤慨与无力。

正如批评家李洁非所言，在何向阳笔下"批评与批评对象之间发生一种共振关系"[①]。她在爱羊的梅妞那里，看到令她"陌生又羡慕异常的乌托邦"；在《清水洗尘》中的天灶那里，看到"精神不曾丢弃"，还有一派天然的生命实现的渴望；在亲口咬掉拇指的阿义那里，看到隐藏在自救背后那"温热的惦记"；在历经"七劫"的糖官那里，看到对梦想的执着追寻……十二个孩子呈现着作家们精神理想的雏形，人文、人性从来都不应是虚拟的、抽象的。与此相类，从"文学是人学"的层面而言，批评家并不应该以冷冰冰的面孔直入文学，这类有情的、有温度的批评也是人文情感关怀的介入而产生的一种形式，当真正富有情感的创作主体进入到文本中，在互动中两者才有了生命。

---

① 李洁非：《宿命的写作者》，《南方文坛》2001年第4期。

最后，不得不提到何向阳文学批评中对语言美感的追求。一方面，她的语词如诗，满含深情；另一方面，她迷恋长句中的思维缠绕。不少人曾困惑或生发质疑，批评话语体系与抒情话语体系是否能够融合，又怎样做到融合？何向阳的创作提供了一个很好的范例，这两套文学表达系统在何向阳笔下确实得到很好的圆融。她具备学院派逻辑思辨、规范推演的能力，更为重要的是，她始终保持着个体思维的独立性，坚守言语文辞的个性化，并且找到了诗歌、散文创作与文学批评的共通之处——以敏锐的生命感知进入文学，不过是以不同的语言风格、语体形式将个人思维传达出来。

何向阳文学批评在文字间洋溢着诗意与才思，吐露着思维的敏捷灵动。比如，20世纪90年代中期的研究文章中有这样的论述，"后新时期文学，比如人性领域探索，多写肉与灵、天理与人伦，食、色层面而无心灵内部、灵魂内部、信念、信仰、教义、价值取向内部的绝非义利两极的冲突与抉择，处处可见生存图景的片片瓦砾，却无一座于废墟之上拔地而起的庙宇，当代文学批评对后撤的默许无疑助长了这一风气，仿佛只有退到与社会现实、政治、经济全无干系甚至也非历史真相的虚拟虚构虚幻中去，退到以自言梦话呓语为外壳的空灵空寂空洞空

虚中去，才是守住了纯文学"①。论述严谨细密，后新时期文学
"后撤"现象的诸多影响要素皆广阔包罗，又彰显出卓然文才。
尤其是在文段的结尾，何向阳对词语排列的精心安排发挥到极
致，她连用几个"虚"词与"空"词对照，构成"自言梦话呓语"
的互文状态，执着于文辞的同时兼顾理性逻辑，充分体现着作
为诗人的批评家对词语的敏锐，而又不失逻辑思辨力。

对便于展开思维的风暴、搭建丰满的思维空间的长句的偏
爱，也是何向阳批评的重要特征。但这并非在通篇文章中"一
长到底"，每个长句都有其此处存在于"此处"的必要。长句
的使用显示出作家接受学院派学术训练时所受西方文艺理论影
响颇深，她强大的逻辑思辨和坚实的理论素养足够承担差遣长
句任务；正如她在《安娜的血》中对东北女作家孙惠芬作品的
评述："个体心灵成熟的过程化表现及开放性叙事结构中将社
会变革的大题与女性成长的主题两相结合的综合性写作，是其
同时超出了男作家的女性形象的平面化表浅化写作和女作家的
以割舍社会现实关心为前提的独语自白式的封闭式的传统写作
的地方。"②较短句而言，长句显然承载着更为丰阔的解读空间，

---

① 何向阳：《后撤：后新时期文学整体策略》，《当代文坛》1994 年第 6 期。

② 何向阳：《安娜的血》，《当代作家评论》2000 年第 5 期。

也直接闪现着作家在缠绕问题上的洞察力与穿透力。

不论是掀起思维风暴的长句还是绵软蕴藉抒情的短句，何向阳都践行着一贯的逻辑，即将对生活情绪的"敏感"捕捉力，迁移到文学研究中来转换为对文学问题"敏锐"的嗅觉。当生命体验与言说系统完全打通的时候，便不难理解为何她能够将两种看似不同的创作话语如此完美地"黏合"起来——它们本身就是一体的两面，是作家生命绽放的不同瞬间。语言的轻灵之美与哲思内蕴在何向阳的创作中一以贯之，进入到文学批评中时，轻灵自然也与一个时代的精神与境遇相碰撞，便自然多了一份个体与历史、时代互动时的肃穆与沉重。正如何向阳所陈述的那样，在"不朽永远是反功利性的，并且绝对不是靠刻意追求、依附于人所能得到和延续的。它常常只属于那微微颔首但却把理性高举于人头顶的人物"①。个体只有在进入时代中才有可能得以永恒。

做"有情的"的文学批评是何向阳的创作姿态。她在20世纪90年代中后期的批评中不时流露出鲁迅遗风，向鲁迅致敬，"有情的讽刺"移植到她的批评中，是指向那种深蕴人文关怀与责任，并且能够彰显创作主体性的批评形态。正如新旧世纪

① 何向阳：《〈不朽〉与女性——我读米兰·昆德拉》，《当代文坛》1994年第4期。

相交之际冯牧文学奖授奖评语中所言，她的文字间充盈着"丰沛的人文意蕴"与"真挚的精神品格"。何向阳不断拓宽文学关注视野及关注对象，尝试将创作主体熔铸进文本的印象式批评形式，追求语言的美感，都是为实现"有情的"批评目标而努力。

二、"有思的"诗文

直到2015年诗集《青衿》出版，何向阳的诗人身份才正式进入批评家视野。《青衿》收录的是集中于她十四岁到二十七岁间的诗歌作品，可以说，是记录着何向阳由少年到青年的个人情感成长历程的特殊形式"日记"。到了2017年出版的《锦瑟》，在延续语词的轻灵与美的基础上，何向阳的诗艺显著成熟，由少女的情思进入生命哲学的思索层面。语言层与思想层是进入何向阳诗作观察的两条路径。

语词是作家个性、审美品位最直观的彰显形式，也是触摸诗人、散文家灵魂的钥匙。轻灵跃动，浪漫飞扬，读来有漫步云端之上的柔软清丽之感，是何向阳散文、诗作最为显著的特征。诸篇作品虽在浪漫轻灵外壳下藏匿着较为私人性的情感，但将个体放置于历史、时间的巨大洪波中考量，在抒情中生发出对生命、存在的思索，是文本的最终着陆点。

轻灵与"美"在何向阳的作品中处处可感。她通常是以凝练的语词、精心雕琢的句式及通感等多种修辞手法来营造轻灵的意绪。如《变奏》中第十节，"银杏树覆盖着／夏日浓荫似的童话／我却在试图／寻找昨夜／低泣的流萤"①，作家抬首穿过银杏浓密的枝丫间，流连想望的是昨夜闪烁的流萤，这一仰视的视角将个人缩小，与茫茫夜空相对立，别添一种苍茫与孤独之感。第三十四节首句"远牧的岁月／我一定是那个／执鞭的少女／朔望与凝睇间／野荞麦花云一样／开在梦里"②，她仍是以一种向上的眺望姿态，虚构出并不存在的美好远方，洁白团簇的野荞麦花在如梦幻境里，云朵般绵密柔软，与之后透发着无尽荒凉的诗句是截然相反的意绪。但正是在这种遥想与期待中，作家最后仍回归"凝睇"的姿态，甚至得到更为深彻的体悟——"生命原本不过是／由滴水汇成的河流"，在渺小中仍得以永恒。此外，在《变奏》中，也不乏"山峦无言／暮色苍茫""月光如镰／往事如烟""滚滚风涛／茫茫烟波"等文采斐然的工整语词，短小精悍，却满是静谧空灵的诗境。

---

① 何向阳：《镜中水未逝》，河南文艺出版社 2004 年版，第 306 页。

② 何向阳：《镜中水未逝》，河南文艺出版社 2004 年版，第 330 页。

自首部诗集《青衿》以来，何向阳诗作营造的通常是平静和缓的意境，即使情绪有瞬间的汹涌奔突，仍能有效收束不致失控，宁静淡雅的诗歌意境包容着情感喷涌的限度，呈现以"沉静的嘈杂"。例如，《你的身后是枫林》中，"暴风雨中凋谢的／只能是／压满眉睫的愁云"，隐藏着磨难终会跨过的勇敢坚强，传递出对世事的通达与释然。在《变奏》中，她以个人独语的状态构建了丰富的思想空间。我"踽踽独行的身影"与"任身后海啸／依旧／沉默"奠定孤独、沉寂的情感基调，但在荒芜之中依旧存在美，即使是想象之中的——"珍藏紫罗兰的／芳馨／等待／你的头顶却已戴满／丁香的花朵"，虽然歌喉的声音已然"喑哑"，但抒情主体"我"却依然"还在企望／回头／能见太阳的喷薄"，荒凉与孤独的意绪重新在"太阳"的普泽下得到和缓与安慰。

到2017年出版的《锦瑟》，何向阳的批评家气质显著融入到诗歌创作中，充溢着思辨味与哲理气。诗集聚焦于两个主题，一是对"时间"的执着，二是对存在形式的追索与叩问，两者互为表里。相较于《青衿》而言，清晰呈现出从关注个体意绪到关于生命状态反思、追问的转向，情感抒发的最终归宿通常落脚于哲理的探寻、对生活的启示。

《锦瑟》中的"时间"书写包括漫长的时间概念、短促的瞬间，以及借用意向婉曲表述的时间。诗题如《长夜》《千年》《从前》《十年》含纳着她对长段时间的考量，短瞬的时间如《刹那》《此刻》《遇见》《暮色》《即景》记录着她对生活本质的观察，而《永生》《缓慢》《诞生》则进入一种抽象的、拟态的时间。何向阳以时间来衡量生命进度，但假想时间停滞、逆行从而实现生命的永恒终究是徒劳，她引入佛家的轮回观念，连接起"死"与"生"、"终点"与"诞生"，试图消弭生命终将逝去的失落。在撤退、轮回的旅行后，何向阳最终选择停留于"此刻"。

何向阳执着于"时间"主题追索，实际上指向获得生命状态、存在方式的真相。她沉溺于时间永恒的假象，"五千年是／多少／时间"（《良辰》），"千年前的那场别离／和／整整五千年"，等待了几千年的岩石，而"千年之后／那烤火的人／会不会问／哪一根燃尽的木柴／是爱人／今天的／骸骨"（《究竟》）。当她意识到恒久时间的不可信，在失落意绪中她决定撤退，追求此世生命的延长。她"逆着时光""一如从前""长回童年"（《对面》），轻念"等一等""慢一点"（《缓慢》），极力地想逃脱时间的囿限，以"撤退""逆行"的姿态停滞或倒回到从前。但"谁在时间中成为永恒"的自我诘问再次将她拉回现实——时间的本真面目不过是"一些人老／一些人生／另些人获得／永寂"(《永生》)。

她进入关于生命轮回的思索,"这个尘世／沉默、受孕／成为另一个／你""生生往复／经受无尽的／轮回"(《古寺》),"谁人葬礼上的一声长叹／与谁人怀中婴儿的呼吸／奇迹般接通"(《长风》)。在佛教看来,生命的终点恰恰是另一场生命旅行的起点,那千年的生命、时光中的逆行又有何意义?不过是自我精神囚禁的牢笼。她的辞令也不乏禅意,那"诵经的灵魂"、"雪莲的重蕊"、"青袍"、"途经的圣殿"、"佛前"的灰烬与烛烟、路途中的神谕与暗示,分明昭示着生命进入一种沉静、清宁的状态,对人类如微尘般无所归的慨叹早已烧尽在"烛烟"里。

何向阳对时间奥义的寻觅完整呈现着"追索"的过程。在长诗《长风》中,她追问二十二个"告诉我",将长风视作时空旅行者,它是超越时空囿限而永恒存在的本体,但"风"本身便转瞬即逝,在流逝与穿行中其永恒性早已消解。因此,她在历史与现实的风尘里试图追问最原始本真的"起源""来历"问题,求索历史进程中的"变"与"未变",最终皆如"风"一般溜走,回到的仍是对现实人类与自身存在状态的深沉叩问。何向阳终于在"时间"旅行中寻觅到关于生命状态及存在方式的答案。诗集收束于《抵达》,正如诗题所寄寓的那样，所有的生命实践于追寻终是为了"抵达"。她所达的地方是太平洋中沉静的海岬，窗外跃现着如画的风景，"没有方便面／也没有车马喧"，这里原始、自然、静谧，像是宇宙还未形成、人类社会秩序尚未建立的形态，她以"徒步银河／为你降临"的"在路上"状态，实现生命、精神的双重抵达。

何向阳寻找精神抵达之屿并非仅仅停留在诗歌的想望中，实际上，她被称为"行走的思想者"，是"用脚步丈量黄河，以心灵感应河山"的学者，是"在路上"的真实践行者——在行走中记录生命存在形态并探寻其奥义。

长篇散文《自巴颜喀拉》便是如此，这是何向阳沿黄河四个月跋涉的产物。这场冒险是富有野心的，更重要的是以人文关怀作为出发点。何向阳亲身走遍黄河沿岸村寨，考察母亲河滋养下的原始生态及人文风俗状况，深怀由一条河来解读我们的民族精神与民族文化的抱负，始终有一种寻根溯源的精神在。"走马黄河，教我再次阅读这幅底层民众地图的细部，更多时候，真正的大地，用脚丈量的同时，更须用心去交换。"① 她把农村贫困孩子们的稚嫩笑脸、年轻筏客黝黑消瘦而又坚毅的

① 何向阳：《自巴颜喀拉》，中国青年出版社 2001 年版，第 291 页。

神情、老农与牲畜合力耕作的生产状态、回族妇女腼腆而深情的回眸……全都记录在册，言说着黄河沿岸农民最自然、真实的生活状态，对细节的洞察力和反思无不传达着她深厚的人文关怀精神和现实关怀意识。正如她所说，"原来有那么多的美好东西被我们忽略掉，蓦然回首，正在灯火阑珊处"①。

这进一步确证何向阳并非拘泥在个人情感的抒怀中，她的心中始终怀着生命、命运等博大问题的关切。正如她在《长风》中写道，"长风／最后／请告诉我／你漫长的履历／开始的地方／那里曾草木葳蕤／气血丰盛／正像时代的故乡／张着怀抱／却一直往后退／长风／如你一样／我们已无法掉头／那被称作故乡的地方／是再也回不去的／地方"，再也回不去的"故乡"远超越作家个体的生命体验，何向阳进入的显然是关于人类命运的思考，是一种有关人类精神故乡的追索。

三、"我因爱他，也爱了这个世界"

在组诗《晨暮间》中，何向阳曾发出"你以何为生"的叩问，"我以爱为生"正呼应着她的创作本心——怀着爱与责任在

---

① 舒晋瑜、何向阳：《深入灵魂的才是好诗》，《长江文艺评论》2018年第5期。

文学的净土上耕耘。她所关注的文学问题，生发的文学思考，皆在轻灵浪漫的语词中流淌着爱意。这种创作意识的生成，不仅与她幼时的"知童"经历有关，还与其父何南丁先生为人为学思想的熏陶密不可分。

在《镜中水未逝》中，何向阳谈到她三岁左右便随父母下放到河南南阳白河边一个叫黄龙庙的村庄，在那里度过童年。那个年代农村的生活环境仍是艰苦、贫瘠的，但在何向阳的笔下，竟然都是"逢年过节，邻居送来馍"，馍上有红点、两层面中间夹着枣的"最好吃的枣糕"①，放映队送电影来倾村而动的山夜和村里孩子浪迹山间采酸枣打猪草的日子，黎明暗夜前提着墨水瓶煤油灯上学路上的灯光，回城临别时"笑出了眼泪"的村里姑妈，刻着"何同志留念"而被久久珍藏的临别礼物，多年后重返乡村仍惦念的瘸腿狗大灰……诸如此类细节在她的笔端绵密地凝聚，编织起对淳朴敦厚的乡土记忆的回想。

充满善意与温情的黄龙庙，虽然作为何向阳"原生"成长环境中较为短暂的一部分，但在作家的生命体验中仍然留下印记，种下爱的种子。何向阳回顾"知童"经历时谈到，若没有

---

① 何向阳：《镜中水未逝》，河南文艺出版社 2004 年版，第 5 页。

那时候的体验，"可能现在的我不会懂得体恤，不会了解我的城市与居所之外仍有一个不同的天地，那里是另一些与我们天资并无差异的人的居所，不会在以后的阅读与写作里获得双重的视角和公平的心境"①。可以说，黄龙庙记忆带给何向阳的正面影响是绵远悠长的，"直到现在，我仍从中得着教益，那种浸润，不是'到农村去''再教育'这样平白，更不是从另外的角度认为光阴虚度岁月蹉跎的理性的反感，总有一些什么会留下来吧"②。"我对知青文学中表述出的温厚，与那种自然而不是自觉的人民性有着亲近。它暗中铺设了一个日后我于理解历史与人性中复杂关系的通道"③。潜移默化中，短暂的乡村经验是作家建立平民立场重要的精神来源，成为作家在城与乡两个场域间自如转换的凭借，无论是沿黄河行走时对农民的生存状态精神面貌的关切，还是对乡土文学、平民阶层的关注，她随时都能以农民心态进入问题考察中，以研究者身份发现农村题材作品的问题，其中饱含着的爱与关切难逃踪迹。

不仅村落里的村民满是善意，何向阳与父母在农村生活日常中也充满着爱与暖。她动情地书写幼时磨着父亲要吃河里的

---

① 何向阳：《镜中水未逝》，河南文艺出版社 2004 年版，第 84 页。

② 何向阳：《镜中水未逝》，河南文艺出版社 2004 年版，第 84 页。

③ 何向阳：《镜中水未逝》，河南文艺出版社 2004 年版，第 85 页。

小鱼，父亲百般周折用"善意的谎言"满足女儿的惦念，"一天他从县城开会回来，那辆28型载重自行车车把上挂了一个包，拉开拉链，爸取出两个铁皮扁盒罐头。那天晚上吃到了鱼，爸说这鱼是从河里逮的"①。母亲担心女儿被狼叼走，划定活动范围，还做了好几件红罩衫"是为了好找，绿树草野里也能一眼认出我来"②。到上学的年纪，妈"用棉布给缝了个书包"，给"我穿好衣服挎上书包"，把煤油灯塞到手里送出门。当农村生活中种种细节在何向阳记忆中流淌而出，那段荒芜的岁月也因父母的爱与暖而散发着金色的光彩。南丁先生回忆下放经历时写道："这一千个日子就成了我们全家成员各自生命的一部分……还是女儿的生命的一部分，女儿那时将近四岁。"不知，那是否是她最为留恋的一段岁月？

何向阳在《南丁的中篇小说：弱者的胜利》中，有令人泪目的语句"我因爱他，也爱了这个世界。正如我爱他思想中的'完美'，而原谅了这个世界的不够完美"③。文章发表在南丁先生逝世当日，语词间流溢着生命联结突然中断的破碎与彻痛。

---

① 何向阳：《镜中水未逝》，河南文艺出版社2004年版，第7页。

② 何向阳：《镜中水未逝》，河南文艺出版社2004年版，第6页。

③ 何向阳：《南丁的中篇小说：弱者的胜利》，《文艺报》2016年11月11日。

南丁先生的为人为学皆融入何向阳创作的精神血脉，也影响着她个性的形成，通达的人生智慧，开阔的个人胸怀，在深挚的父女之情中，成为她面向世界的方式。无论是父亲带她回下放村庄探亲，大包小包拎回村里，还是鼓励"我捧着糖盒穿行在十几年未曾走动的村庄里"，父母都在无声地告知"我"应该满怀爱与真诚回馈世界。单是南丁先生能在乡村下放的短暂日子中与村民建立深厚情谊，便能真切地感知到他的朴实、淳朴、真性情，他尊重农民，认为他们在生活中虽然是相对的弱者，却拥有最有生命力、强大无比的力量。

南丁先生做学问的品格也为何向阳所继承。何向阳在下放农村的父亲身上始终能看到，他"还有一双作家的眼睛，一颗作家的心"①是永远不能被剥夺掉的，在这之后潜藏着的是对国家的真诚与责任，对人民的关切与真情，对道德与人性的忖度，"理性的文字写到最后也是人，是人心肠的区分……最后的文字写到底，其实是人心"②。她多次提到父亲对作家人格与艺术水准间联结关系的认识，"作家最后拼的是人格，艺术上

---

① 何向阳：《镜中水未逝》，河南文艺出版社 2004 年版，第 73 页。
② 何向阳：《镜中水未逝》，河南文艺出版社 2004 年版，第 159 页。

再讲究，人格立不住，也不会让人服气"①。何向阳的文学实践也始终如南丁先生所强调的那样，关注人格、保守人格，走在一条热诚的路上。她从人格研究入手考察张炜、曾卓的创作，在专著《人格论》中从理论层面探索人格研究的相关问题。除此之外，她关注作家的信仰问题，提出批评家的立场及精神问题，强调作家责任、作家人格，思考文学与人的关系问题，并尝试在鲁迅、孙犁、赵树理、柳青、冰心等文学大师的创作中寻找精神资源……无不彰显着何向阳的一片热诚与作为批评家的良心，也能看到南丁先生依旧闪耀着的精神光辉。

纵观何向阳的创作谱系，不难发现，她具有颇为广阔的艺术关注视域。除开文学本身而言，何向阳对绘画、摄影、歌曲作词、电影等领域皆有所涉猎，她以作家笔尖优势进入画作评论、电影评论、歌曲填词领域，2002年还获得冰心文学奖的摄影文学奖，无不彰示着艺术家何向阳独特而敏锐的美学感知力，不断超越人们对于"作家"的固有认知。对何向阳而言，她广阔的艺术关注中容纳着"与生命有关的一切"。

作为诗人的批评家，或者是作为批评家的诗人，意在言说

---

① 舒晋瑜、何向阳：《深入灵魂的才是好诗》，《长江文艺评论》2018年第5期。

何向阳创作中"情"与"理"相融的特质。何向阳在诗作中以清丽浪漫的语词介入对时间、存在的深味思索，始终坚持"美"与"爱"，她的生活及生命都进入了浪漫而轻灵、敏锐而多情的"诗"的状态。但她自觉的现实关怀意识为她的"云端漫步"赋添了厚重感，作家的责任与担当、批评家的人格与肩负，始终是她文学批评关注的重心。何向阳确实举重若轻般地跋涉在星空之下——"有了爱便有了一切"。

研究资料索引

1995 年

田中禾、何向阳:《文学与人的素质》,《文学世界》, 1995
年第1期，第34—38页。

何向阳、李佩甫:《文学与人的神话》,《文学世界》, 1995
年第4期，第50—52页。

1996 年

何向阳、李佩甫:《对话：文学与人的神话》,《莽原》,
1996年第3期，第71—79页。

1998 年

刘怀玉:《"文学：人格的投影"——何向阳〈朝圣的故事
或在路上〉述评》,《东方艺术》, 1998年第2期，第3—5页。

1999年

尤凤伟、何向阳:《文学与人的境遇》,《当代作家评论》,1999年第2期,第4—17页。

2000年

尤凤伟:《12个：1998年的孩子》,《当代作家评论》,2000年第4期,第5页。

徐培范:《如汝须眉巾帼》,《当代作家评论》,2000年第6期,第11页。

2001年

刘怀玉:《在记忆的远方追寻——何向阳〈肩上是风〉述评》,《东方艺术》,2001年第1期,第14—16页。

李洁非:《宿命的写作者》,《南方文坛》,2001年第4期,第13—14页。

鲁枢元:《苍茫朝圣路——我所了解的何向阳》,《南方文坛》,2001年第4期,第10—12页。

洪治纲:《〈自巴颜喀拉〉(散文集)》,《当代作家评论》,2001年第6期,第66页。

2002年

白平:《向阳花开正当时》,《文明与宣传》,2002年第3期,第49—50页。

刘雅鸣:《创造更为丰富的中华文化》,《瞭望新闻周刊》,2002年第48期,第51—52页。

2003年

葛景春:《用脚步丈量黄河,以心灵感应河山——学者何向阳和她的〈自巴颜喀拉〉》,《中州今古》,2003年第1期,第54—57页。

吴义勤:《〈思远道〉(思想随笔)》,《当代作家评论》,2003年第3期,第152页。

溱洧:《为文化创新尽一份责任——中共"十六大"代表何向阳访谈》,《创新科技》,2003年第4期,第20—21页。

陆草:《一位行走的思想者》,《当代作家评论》,2003年第5期,第140—144页。

李炜娜:《何向阳:我不想隔岸观火(名家访谈)》,《人民日报·海外版》,2003年12月19日,第8版。

2004 年

祖丁远:《匆匆形色依旧——记享受国务院特贴专家、文学评论家、研究员何向阳》,《创新科技》,2004年第1期,第12—17页。

2005 年

郭富收:《何向阳：探索人类精神家园》,《文化时报》,2005年1月5日。

2006 年

段蒙:《桂花树下访向阳——访首届大河新命题作文大赛评委、著名文学评论家何向阳》,《大河报》,2005年4月27日,第82版。

彭国印:《何向阳：奔跑的歌者》,《文化时报》,2006年3月31日。

刘庆邦:《给何向阳端酒》,《青年文学》,2006年第5期,第2页。

2009 年

祖丁远:《行色匆匆何向阳》,《文化交流》,2009年第2期,第40—42页。

2010年

随园:《何向阳的吹捧》,《新消息报》,2010年4月12日。

2013年

何向阳、张庆国:《女性写作:向内和向外》,《滇池文学》,2013年第5期。

吴继峰:《"周口作家群"要努力做文学史上的"荷花淀派"——访中国作协创研部副主任、著名作家何向阳》,《周口日报》,2013年8月9日,第7版。

张雪韵:《何向阳文学批评综述》,《青年文学家》,2013年第27期,第4—5页。

2015年

张滢莹:《何向阳:写作是"与不存在的爱人的对话"》,《文学报》,2015年9月10日,第2版。

张滢莹:《何向阳:评论家也应"到生活中去"》,《文学报》,2015年10月22日,第5版。

刘洋:《何向阳:诗歌是与自己灵魂的对话》,《河南日报》,

2015年10月27日，第5版。

谢俊：《大时代下的女性写作——听何向阳谈"身体里的灵魂"讲座有感》，《中国海洋大学报》，2015年11月5日，第4版。

孔见：《那个云彩飞扬的"你"到底是谁》，《北京青年报》，2015年11月10日，第B2版。

霍俊明：《何向阳诗集〈青衿〉：在"苹果林"中发现"梨树"》，《文艺报》，2015年11月11日，第3版。

赵汶文：《语言火柴搭建诗歌宫殿——诗人何向阳侧记》，《国际旅游岛商报》，2015年11月20日，第A14版。

程光炜：《别样的"八十年代"诗歌——读何向阳〈青衿〉有感》，《人民日报》，2015年11月13日，第24版。

王方晨：《何以安处你那千百次的回首和凝眸——读何向阳诗集〈青衿〉有感》，《中国艺术报》，2015年12月4日，第3版。

彭桐：《用现实灰烬营造未来宫殿——鲁迅文学奖得主何向阳海口谈诗歌》，《海口日报》，2015年12月21日，第14版。

张滢莹：《何向阳：以步伐丈量黄河的歌者》，《时代报告（下旬刊）》，2015年第11期，第64—67页。

2016年

孔见：《我们该投入谁的怀抱——〈青衿〉的阅读联想》，《作家》，2016年第2期。

刘琼：《真和纯的陌生美——论〈青衿〉的艺术风格》，《光明日报》，2016年2月29日，第13版。

何向阳、行超：《诗歌是与不存在的爱人的对话——何向阳访谈录》，《朔方》，2016年第11期，第149—157页。

2017年

李壮、何向阳：《"一切刚开始时的样子"》，《星火》，2017年第2期，第9—18页。

王方晨：《"我以爱为生"——何向阳印象》，《星火》，2017年第2期，第19—22页。

周卫彬：《守护心灵的隐秘召唤——何向阳〈长风〉读札》，《朔方》，2017年第5期，第9—11页。

冻凤秋：《一个唯一的夜，一个这样的夜》，《河南日报》，2017年11月15日。

李壮：《上善若水：何向阳的人与诗（作家近况）》，《人民日报·海外版》，2017年11月29日，第7版。

单占生：《诗与思的结晶》，《解放军报》，2017年12月7日，第12版。

2018年

舒晋瑜:《何向阳:深入灵魂的才是好诗》,《中华读书报》,2018年3月28日,第11版。

霍俊明:《在"苹果林"中发现"梨树"——关于何向阳诗集〈青衿〉》,《作家》,2018年第4期,第67—69页。

霍俊明:《黄昏里的灯绳,或蓝色日记——读何向阳》,《作家》,2018年第4期,第70—72页。

赵露:《远航的多桅船——读〈青衿〉》,《作家》,2018年第4期,第73—76页。

舒晋瑜、何向阳:《深入灵魂的才是好诗》,《长江文艺评论》,2018年第5期,第19—23页。

何言宏:《"它的香气里藏有我的灵魂"》,《诗歌月刊》,2018年第8期,第79页。

赵国栋:《人生的那一瞬间——何向阳诗集〈青衿〉读后》,《汴梁晚报》,2018年12月10日,第A9版。

2020年

何向阳、舒晋瑜:《"我看见她手的温度将矿石唤醒"》,《上海文学》,2020年第10期,第120—129页。

2021年

罗振亚:《婉约精致的情感"日记":〈蓝色变奏〉印象》,《芳草》,2021年第1期,第219—222页。

王蒙、何向阳:《"所有的日子,所有的日子都来吧,让我编织你们……"》,《文艺报》,2021年1月27日,第5—6版。

吴俊:《为内心自由赋形:何向阳的诗歌和多栖之义》,《小说评论》,2021年第4期,第38—40页。

耿占春:《"在前往救赎之前"——何向阳诗歌阅读札记》,《小说评论》,2021年第4期,第47—56页。

孔会侠:《"镜中水未逝"——何向阳诗文阅读印象》,《小说评论》,2021年第4期,第57—62页。

孟繁华:《在路上:创造自我的行走美学——评何向阳的散文创作》,《扬子江文学评论》,2021年第4期,第45—51页。

作家创作年表

1974年

2月，诗歌《轻骑修理组（诗）》发表于《广西文艺》第2—3期。

1987年

11月，论文《〈假脸〉艺术谈片》发表于《电影评介》第11期。

12月，诗歌《蓝色变奏（组诗）》发表于《莽原》第6期。

12月，小说《根》发表于《当代小说》第12期。

1988年

12月，论文《艰难而漫长的"阵痛"——新时期文学批评反思与展望》发表于《莽原》第6期。

1990年

2月，论文《隔着墙壁的对话——读解陈村》发表于《上海文论》第1期。

3月，论文《心理批评的潜在危机》发表于《郑州大学学报（哲学社会科学版）》第1期。

6月，论文《英雄主义的重铸——张承志创作精神管窥》发表于《文学评论》第3期。

7月7日，论文《辉煌与困顿——新时期文艺心理学十年》发表于《文艺报》。

1991年

3月，论文《人性世界的寻找——郑彦英〈西风〉、〈黄道〉的意义》发表于《小说评论》第1期。

4月，散文《永远的阳光》发表于《北京文学》第4期。

1992年

3月，论文《部落与家园——近年小说的一种文化倾向》发表于《文艺评论》第1期。

3月，组诗《蓝色变奏》发表于《诗刊》第2期。

10月，论文《"审父"与"恋祖"——兼评寻根后文学文化主题的流变》发表于《文艺评论》第5期。

11月，散文《永远的阳光》发表于《散文选刊》第11期。

12月，论文《"图腾"与"禁忌"——张承志男权文化的神话》发表于《小说评论》第6期。

1993年

1月，散文《女孩，女孩》发表于《天津文学》第1期。

2月，论文《张宇论》发表于《小说家》第1期。

3月，论文《匆匆赶路的血液或火中取栗的手——申爱萍爱情诗心象速写》发表于《理论与创作》第1期。

3月，论文《文学：人格的投影——文学研究的一个思路》发表于《文学评论》第1期。

4月，论文《怀旧：新时期小说情绪主题》发表于《当代文坛》第3期。

6月，散文《旷野无边》发表于《山东文学》第6期。

10月，散文《掌心的火焰》发表于《散文百家》第10期。

12月，散文《雨访李清照书院》发表于《散文选刊》第12期。

1994年

2月，散文《关怀》发表于《现代交际》第2期。

3月，论文《家族与乡土——二十世纪中国文学潜文化景观透视》发表于《文艺评论》第2期。

8月，论文《〈不朽〉与女性——我读米兰·昆德拉》发表于《当代文坛》第4期。

10月，论文《重现的时光》发表于《读书》第10期。

12月，论文《后撤：后新时期文学整体策略》发表于《当代文坛》第6期。

12月，论文《重现的时光——读斯蒂芬·欧文〈追忆〉》发表于《中国图书评论》第6期。

1995年

2月，论文《感性历史的文化复述——〈匪首〉：一次放逐的体味》发表于《小说评论》第1期。

2月，与田中禾的文学对话《文学与人的素质》发表于《文学世界》第1期。

4月，散文《灵魂的翅膀》发表于《花城》第2期。

3月，与王鸿生、耿占春、曾凡、曲春景的对话录《现代人文精神的生成》发表于《上海文学》第3期。

8月，散文《穿过》发表于《小说家》第4期。

8月，与李佩甫的文学对话《文学与人的神话》发表于《文学世界》第4期。

1996年

4月，论文《立虹为记——从生态角度论及新时期文学》发表于《文学世界》第2期。

6月，与李佩甫的文学对话《对话：文学与人的神话》发表于《莽原》第3期。

7月，论文《朝圣的故事或在路上——张承志创作精神描述（上）》发表于《文艺评论》第4期。

9月，论文《朝圣的故事或在路上——张承志创作精神描述（下）》发表于《文艺评论》第5期。

12月，论文集《朝圣的故事或在路上》由百花文艺出版社出版。

1997年

1月，散文《青衿无名》发表于《莽原》第1期。

2月，论文《默写水流——评〈从神的肖像〉》发表于《中国图书评论》第2期。

4月，散文《渡在海上（未完待续）》发表于《莽原》第2期。

5月，散文《与曼殊斐尔的桌前谈话》发表于《散文选刊》

第5期。

6月，散文《渡在海上（续）》发表于《莽原》第3期。

8月，散文《澡雪春秋》发表于《莽原》第4期。

10月，散文《澡雪春秋（续）》发表于《莽原》第5期。

12月，随笔《道在途中》发表于《莽原》第6期。

1998年

2月，论文《墨白：梦游者永在旅途》发表于《小说评论》第1期。

3月，论文《不对位的人与"人"——人物与作者对位关系考察暨对20世纪中国文学知识分子形象及类近智识者人格心理结构问题的一种文化求证》发表于《山东文学》第3期。

7月，评论《如水的天命：张承志〈北方的河〉重读感言》发表于《文艺报》第18期。

8月，散文《三只悲剧里的狮子》发表于《花城》第4期。

9月，论文《原则、策略与知识分子个人——一个与生存、良知有关的话题》发表于《当代作家评论》第5期。

1999年

4月，散文《鲁迅墓前思》发表于《天涯》第2期。

6月，论文《缘纸而上或沿图旅行——1998年〈花城〉小说素描》发表于《花城》第3期。

8月，散文集《肩上是风》由中原农民出版社出版。

9月，散文《百姓黄河》发表于《大家》第5期。

10月，论文《风云变，或曰三代人——〈钢铁是怎样炼成的〉、〈麦田里的守望者〉、〈在路上〉的中国阅读》发表于《青年文学》第10期。

2000年

4月，随笔《信仰坐在我们中间多少时候了》发表于《随笔》第2期。

5月，论文《淘金年代人格几何》发表于《小说评论》第3期。

5月，论文《12个：1998年的孩子》发表于《青年文学》第5期。

7月，论文《曾卓的潜在写作：一九五五——一九七六》发表于《当代作家评论》第4期。

8月，论文《小说张宇》发表于《时代文学》第4期。

9月，论文《安娜的血》发表于《当代作家评论》第5期。

9月，散文《大禹的寂寞》发表于《美文（上半月）》第9期。

2001年

1月，论文《麦田守望——读李明性〈大地芬芳〉》发表于《小说评论》第1期。

1月，随笔《丝与刺》发表于《青年文学》第1期。

1月，散文《源》发表于《美文》第1期。

4月，随笔集《自巴颜喀拉》由中国青年出版社出版。

4月26日，随笔《打开的生活是一部美丽更大的书》发表于《文艺报》。

5月10日，论文《不容忽视的精神资源》发表于《中国文化报》。

5月，论文《从此人心坚硬?》发表于《当代作家评论》第3期。

5月，随笔《自巴颜喀拉》发表于《大家》第3期。

7月，随笔《自巴颜喀拉》发表于《作家》第1期。

8月，创作谈《我的批评观》发表于《南方文坛》第4期。

8月，论文《批评家的精神资源》发表于《南方文坛》第4期。

8月，论文《曾卓与20世纪三四十年代》发表于《南方文坛》第4期。

9月5日，散文《就是我的命运?》发表于《西部晨风》。

10月，散文《北岸的河（外一篇）》发表于《散文选刊》

第10期。

2002年

3月8日，散文《〈自巴颜喀拉〉手记》发表于《河南日报》。

3月，论文《一个叫"我"的孩子》发表于《莽原》第3期。

4月25日，评论《介入近代史深层》发表于《辽宁日报》。

6月，散文集《思远道》由中国社会科学出版社出版。

7月11日，评论《冷而透明的寂寞》发表于《文学报》。

7月，随笔《长河行》发表于《解放军文艺》第7期。

8月，论文《大禹：寂寞的英雄》发表于《书摘》第8期。

8月，随笔《德之邻》发表于《黄河文学》第4期。

9月，论文《本土的坚持——"六十年代人"的乡村写作》发表于《朔方》第9期。

9月，随笔集《梦与马》由北岳文艺出版社出版。

2003年

5月，创作谈《〈梦与马〉的由来》发表于《新闻出版交流》第2期。

5月20日，评论《历史的"张看"——评张一弓〈远去的驿站〉》发表于《文艺报》。

8月，散文《木兰辞》发表于《钟山》第4期。

9月，论文《夏娃备案：1999》发表于《上海文学》第9期。

9月，论文《短篇的田野》发表于《上海文学》第9期。

10月，随笔《"她是这个国度里最小的孩子"》发表于《牡丹》第5期。

2004年

1月，论文《文学的"心"》发表于《作品》第1期。

4月，主编《新世纪编年文选2003年短篇小说》由山东画报出版社出版。

5月，文学评论集《夏娃备案》由山东文艺出版社出版。

5月，论文《人格的成长史：文艺复兴与思想启蒙》发表于《红岩》第3期。

5月，论文《羔羊生命册上的绳记——评李佩甫长篇〈城的灯〉》发表于《南方文坛》第3期。

7月，论文《死去的，活着的——作为人心考古的小说世界》发表于《南方文坛》第4期。

9月，散文集《镜中水未逝》由河南文艺出版社出版。

10月，诗歌《诗篇》发表于《作家》第10期。

2005 年

1月，散文《下放（外一篇）》发表于《散文选刊》第1期。

2006 年

5月11日，论文《重读赵树理》发表于《文学报》。

5月18日，论文《怀想孙犁》发表于《文学报》。

5月25日，论文《再议柳青》发表于《文学报》。

6月26日，论文《重读赵树理》被《太原日报》转载。

6月29日，随笔《长沟流月去无声》发表于《文学报》。

7月1日，随笔《建党八十五周年有感》发表于《文艺报》。

2007 年

2月10日，论文《为国民的"善美刚健"写作》发表于《文艺报》。

3月14日，散文《天使落在人间的营盘》发表于《中华读书报》。

5月，散文《天使落在人间的营盘》被《散文选刊》第5期转载。

5月24日，论文《对灵魂的追问、质询与重铸》发表于《大河报》。

6月14日，论文《千种风情谁与共》发表于《文学报》。

6月27日，论文《淳朴深厚陈继明》发表于《文化艺术报》。

6月，论文《批评的构成》发表于《文艺报（周四版）》第26期。

8月，散文《澡雪春秋（上）》发表于《黄河文学》第8期。

9月，散文《澡雪春秋（下）》发表于《黄河文学》第9期。

10月，论文《恺撒王国的欲望迷宫：评李佩甫长篇小说〈等等灵魂〉》发表于《莽原》第5期。

11月21日，散文《老家》发表于《盐阜大众报》。

2008年

1月，主编《永远有多远（英文版）》由外文出版社出版。

2月，论文《批评的底气》发表于《文艺报（周四版）》第5期。

3月，散文《如汝须眉巾帼》发表于《牡丹》第2期。

3月，散文《木兰辞》发表于《牡丹》第2期。

4月，散文《碎银》发表于《青年文学》第4期。

5月，散文《大音无声万物有灵》发表于《天涯》第3期。

5月，论文《歇马山庄里的“姐妹情谊”》发表于《名作欣赏》第9期。

5月，随笔《草木》发表于《小品文选刊》第9期。

6月，论文《新时期三十年中的农民形象塑造》发表于《上海文学》第6期。

9月，散文《天使落在人间的营盘》发表于《新世纪文学选刊（上半月）》第9期。

9月，论文《历史时刻，与生命时刻》发表于《理论与创作》第5期。

10月，诗歌《千年》发表于《人民文学》第10期。

10月1日，随笔《沧海之上》发表于《文艺报》。

11月7日，论文《我深爱你的忧愁》发表于《新快报》。

2009年

2月20日，论文《阳春布德泽　万物生光辉》发表于《光明日报》。

2月20日，评论《纪念画家李伯安》发表于《光明日报》。

2月，论文《建伟的画》发表于《山花》第3期。

3月19日，评论《张培忠传记文学〈文妖与先知——张竞生传〉评论》发表于《文艺报》。

4月，论文《神的灵运行在水面上》发表于《作家》第4期。

4月，论文《印象周大新》发表于《江南》第2期。

4月16日，论文《一年好景君须记，最是橙黄橘绿时——2008年中篇小说扫描》发表于《文艺报》。

4月28日，评论《纵浪大化中　不喜亦不惧——叶广芩新家族系列中篇小说》发表于《文艺报》。

5月，论文《纪念李伯安》发表于《名人传记（上半月）》第5期。

7月，文学评论集《立虹为记》由作家出版社出版。

8月11日，论文《微言大义　尺幅千里》发表于《文艺报》。

8月，主编《60年代文学评论精选》由长江文艺出版社出版。

9月，论文《"一个人的万千身影"——寻找并成为自己的二百年》发表于《朔方》第9期。

9月，论文《内心火焰的闪光——关于〈新中国六十年文学大系·文学评论精选〉》发表于《南方文坛》第5期。

9月，诗歌《白驹》发表于《朔方》第9期。

9月1日，论文《揭开时代深处的"贫困"》发表于《文艺报》。

10月1日，评论《〈复兴之路〉的人民性》发表于《文艺报》。

10月24日，评论《〈复兴之路〉的人民性》被《中国文化报》转载。

10月，论文《抟黄土　塑苍生》发表于《作家》第19期。

11月，文学评论集《彼黍》由河南大学出版社出版。

11月，评论《〈复兴之路〉的人民性》被《艺术通讯》第11期转载。

12月，论文《我们时代的"病人"》发表于《北京文学（精彩阅读）》第12期。

12月，论文《抟黄土　塑苍生》被《东方艺术》第23期转载。

12月，配诗《奇石妙韵》(诗画，张保安摄影）由中国摄影出版社出版。

2010年

1月，论文《已泛平湖思濯锦　更看横翠忆峨眉——2009年中篇小说印象》发表于《小说评论》第1期。

5月，论文《第五代：文化语境下的电影寻根——回眸新时期：电影与小说研究札记之一》发表于《文艺争鸣》第9期。

7月，论文《文学的功德》发表于《作品》第7期。

8月23日，论文《写农民》发表于《文艺报》。

8月，散文《千山暮景，只影为谁去?》发表于《作家》第15期。

9月15日，论文《与生命同长的精神追索之旅》发表于《文艺报》。

9月17日，论文《只为生下永生的你》发表于《文艺报》。

10月15日，论文《内心深处对历史的责任自认》发表于《文艺报》。

11月11日，散文《太爷印象（射阳）》发表于《盐城晚报》。

11月26日，论文《方格子：深切体恤女性的艰难》发表于《文艺报》。

2011年

1月，论文《读〈星火燎原〉有感》发表于《军营文化天地》第1期。

2月17日，论文《马叙的叙事》发表于《文学报》。

2月，诗歌《诗篇（组诗）》发表于《诗选刊》第2期。

3月28日，论文《长篇小说创作要回归常识》发表于《光明日报》。

4月，主编《2010中国短篇小说年度佳作》由贵州人民出版社出版。

4月，论文《水光潋滟晴方好，山色空蒙雨亦奇——2010年中篇小说读记》发表于《小说评论》第2期。

4月，论文《水光潋滟晴方好，山色空蒙雨亦奇——2010年中篇小说读记》被《黄河文学》第4期转载。

4月，论文《在当下成为历史之前——2010年中国小说排行榜作品解读》发表于《当代文学研究资料与信息》第2期。

5月，论文《在当下成为历史之前——2010年度〈中国小说排行榜〉序》被《天津师范大学学报（社会科学版）》第3期转载。

6月，论文《与生命有关的一切》发表于《北京文学（精彩阅读）》第6期。

6月，散文《千山暮景，只影为谁去?》发表于《散文选刊》第6期。

6月20日，论文《壶在，命在，人在》发表于《文艺报》。

9月，学术专著《人格论（第一卷）》由中华书局出版。

10月13日，散文《如何面对来自时间中的永恒?》发表于《文学报》。

11月2日，论文《知识女性寻找精神自我的回旋曲》发表于《中华读书报》。

11月21日，散文《瓦之碎》发表于《光明日报》。

12月，论文《对〈《大秦帝国》论稿〉的三点认识》发表于《山东文学》第12期。

2012 年

1 月 20 日，评论《曹新林：抟黄土　塑苍生》发表于《郑州晚报》。

5 月 7 日，评论《一寸干将切紫泥——钟道宇小说〈紫云〉读后》发表于《文艺报》。

5 月 14 日，论文《焦裕禄的"一口气"》发表于《文艺报》。

7 月 3 日，评论《当"村落"变成"楼盘"——读长篇小说〈城里城外〉》发表于《光明日报》。

7 月 27 日，论文《回看日月影　正得天地心》发表于《文艺报》。

9 月 17 日，评论《在低调中前进》发表于《社科新书目》。

10 月，论文《介入近代史的深层》发表于《法制资讯》第 10 期。

2013 年

2 月 22 日，论文《从今潮上君须上　更看银山二十回》发表于《文艺报》。

3 月 18 日，论文《愿得一心人　白头不相离》发表于《文艺报》。

4 月 17 日，评论《鲜活跳跃的多样性探索》发表于《文艺报》。

5月，与张庆国的文学对话《女性写作：向内和向外》发表于《滇池》第5期。

6月7日，论文《梦想与青春的交响》发表于《文艺报》。

7月23日，论文《读女人》发表于《如皋日报》。

7月，散文《喀什》发表于《散文选刊（下半月）》第7期。

8月6日，评论《〈海底〉：表现移民的心灵蜕变》发表于《人民日报·海外版》。

8月19日，散文《碧海蓝天》发表于《文艺报》。

9月5日，评论《移民的心灵蜕变——读加拿大华人作家李彦〈海底〉》发表于《兰州日报》。

9月24日，评论《第九届全国优秀儿童文学奖童话述评："一种自由的无畏的力量"》发表于《文艺报》。

2014年

1月15日，论文《巴尔虎草原之歌》发表于《文艺报》。

2月14日，论文《接天莲叶无穷碧　映日荷花别样红》发表于《文艺报》。

2月19日，论文《磨洗出更深的"白"》发表于《文艺报》。

2月，评论《"艾森"的旅行——读刘舰平的诗》发表于《博览群书》第2期。

3月，论文《从源头研说中国现代小说史》发表于《云梦学刊》第2期。

3月28日，评论《写出人的精气神——重读贾大山》发表于《文艺报》。

5月8日，论文《天堂里的读书人》发表于《文学报》。

5月，论文《天堂里的读书人》被《莽原》第5期转载。

7月14日，评论《我们的梦——读〈追梦〉有感》发表于《光明日报》。

9月，评论《活在她身上的传统——观察王妹英小说的一个角度》发表于《小说评论》第5期。

9月7日，论文《未成沉醉意先融》发表于《新民晚报》。

9月，诗歌《白发暗生》发表于《上海文学》第9期。

10月15日，评论《画者的观看——朱珊珊小说印象》发表于《文艺报》。

10月20日，评论《闽派文艺理论批评的启示》发表于《文艺报》。

10月30日，评论《画者的观看——读朱珊珊的〈寒蝉凄切〉》发表于《黑龙江日报》。

10月，论文《王蒙与新疆》发表于《中国政协》第19期。

10月，论文《网络文学发展的系统工程》发表于《扬子江评论》第5期。

11月，散文集《有瓦的日子》由人民文学出版社出版。

2015年

1月，论文《画者的观看》发表于《北方文学》第1期。

1月9日，论文《对话》发表于《人民日报》。

1月28日，论文《文如其人贾大山》发表于《文艺报》。

2月16日，随笔《打开窗子，春意盎然》发表于《文艺报》。

2月，诗歌《无限接近》发表于《人民文学》第2期。

2月，论文《普玄的"父亲"》发表于《中国作家》第2期。

5月27日，论文《柳青的"于心不安"》发表于《文艺报》。

5月，论文《桂军诗歌方阵的动人华彩》发表于《民族文学》第5期。

6月，散文《如椽巨笔写风云》发表于《文学自由谈》第3期。

6月，论文《诗化现实主义在今天的可能》发表于《中国作家》第6期。

7月，论文《柳青的"于心不安"》发表于《美文（上半月）》第7期。

7月24日，评论《一位作家的忠诚》发表于《文艺报》。

8月14日，论文《为活着的祖先申名立传》发表于《文艺报》。

8月，诗集《青衿》由上海人民出版社出版。

8月，诗歌《线形闪电》发表于《十月》第4期。

9月28日，评论《生命风景　繁花满树——我看第九届茅盾文学奖获奖作品》发表于《文艺报》。

10月9日，论文《用爱去诠释完整的自然》发表于《文艺报》。

10月22日，论文《何向阳：评论家也应"到生活中去"》发表于《文学报》。

10月，论文《柳青的"于心不安"》发表于《海外文摘（文学版）》第10期。

10月，论文《传承民族精神　承担历史使命》发表于《百家评论》第5期。

11月，诗歌《不止是火》发表于《上海文学》第11期。

11月26日，论文《诗歌是一种淬炼》发表于《文学报》。

2016年

2月，诗歌《无名的神》发表于《作家》第2期。

2月，创作谈《一边是灵魂，一边是肉身》发表于《作家》

第2期。

2月，诗歌《此时此刻（组诗）》发表于《北京文学（精彩阅读）》第2期。

3月28日，论文《加强文艺评论工作更需机制创新》发表于《文艺报》。

3月30日，诗歌《给我……》发表于《人民日报》。

4月13日，诗歌《心疼》发表于《甘肃日报》。

4月26日，诗歌《未来的宫殿》发表于《天津日报》。

4月27日，论文《有"我"的报告文学创作》发表于《文艺报》。

5月，诗歌《葡萄花》发表于《海外文摘（文学版）》第5期。

5月，论文《蓝缎子一样的大海下面》发表于《天涯》第3期。

6月，与刘醒龙的文学对话《张好好长篇小说〈布尔津光谱〉研讨会实录》发表于《新文学评论》第2期。

10月31日，诗歌《低语》发表于《中国安全生产报》。

11月11日，论文《南丁的中篇小说：弱者的胜利》发表于《文艺报》。

11月，与行超的文学对话《诗歌是与不存在的爱人的对话——何向阳访谈录》发表于《朔方》第11期。

12月23日，论文《海外华文女作家，"她们"的风景》发表于《文艺报》。

2017年

1月6日，论文《"她们"的风景》发表于《南方日报》。

3月，诗歌《晨暮间》（组诗）发表于《星火》第2期。

3月，与李壮的文学对话《"一切刚开始时的样子"》发表于《星火》第2期。

3月23日，散文《读诗》发表于《重庆日报》。

5月，散文《话说〈经七路34号〉》发表于《中国作家（纪实）》第4期。

5月，诗歌《空蒙之中》发表于《上海文学》第5期。

5月，长诗《长风》发表于《朔方》第5期。

6月9日，论文《有"我"的成功写作》发表于《文艺报》。

6月14日，评论《孟宪明的写作"天命"》发表于《文艺报》。

7月6日，诗歌《给我（外一首）》发表于《人民日报》。

9月，诗集《锦瑟》由中国青年出版社出版。

10月，诗歌《淬火》发表于《诗刊》第19期。

10月，评论《这是一道精神的渠——读纪实文学〈中国红旗渠〉》发表于《晚霞》第20期。

10月，与张莉主编《中国当代著名女作家大系》由太白文艺出版社出版。

11月，散文《海风下》发表于《天涯》第6期。

12月，论文《美丽余村是美丽中国的缩影》发表于《党建》第12期。

2018年

1月，散文《话说〈经七路34号〉》被《时代报告》第1期转载。

1月，评论《在中西学术交汇点上探索叙事规律——王彬〈从文本到叙事〉出版座谈会纪要》发表于《长江文艺评论》第1期。

1月29日，论文《融会贯通式的叙事研究》发表于《文艺报》。

2月4日，论文《为时代存史——社会变革中的女性声音》发表于《光明日报》。

2月11日，评论《何向阳评论〈妖娆罪〉：薄如蝉翼重如铁》发表于中国作家网。

3月20日，论文《小说是留给后来者的"考古学"——关于"百年中篇小说名家经典"丛书》发表于《光明日报》。

3月26日，评论《解读王怀宇》发表于《文艺报》。

4月，诗歌《犹在镜中》发表于《作家》第4期。

4月2日，评论《他的成就深植于对人民和文学的热爱》发表于中国作家网。

4月9日，论文《悼雷达先生》发表于"非常道文艺"微信公众号。

4月25日，论文《孤独者的呐喊》发表于《青岛日报》。

4月26日，论文《有谁在意城市的血脉？》发表于《文学报》。

6月12日，论文《现实题材文学创作的逻辑起点与最终归宿》发表于《光明日报》。

7月，诗歌《仙境（外一首）》发表于《天涯》第4期。

8月，主编《百年中篇小说名家经典》由河南文艺出版社出版。

8月，主编《中国文学理论批评文选（2017）》由作家出版社出版。

9月19日，评论《引领风尚迈向高峰——第七届鲁迅文学奖述评》发表于《文艺报》。

10月，论文《深入灵魂的才是好诗》发表于《长江文艺评论》第5期。

10月，评论《"飞行者"的梦》发表于《香港文学》第10期。

12月，诗歌《暗火》发表于《诗刊》第24期。

12月28日，评论《双生之爱——铁凝笔下的少女》发表于《光明日报》。

2019年

1月17日，论文《万物有灵，且平等》发表于《文学报》。

3月15日，论文《新时期之初作为评论家的冯牧》发表于《文艺报》。

3月，论文《文学的根基》发表于《长江丛刊》第7期。

5月，论文《文学与时代》发表于《长江丛刊》第13期。

6月18日，论文《伟大实践蕴含着丰富的创作主题和创作灵感》发表于《人民日报》。

6月，论文《万物有灵，且平等——阿来小说中的自然观》发表于《阿来研究》第1期。

7月24日，评论《最终决定作品分量的是创作者的态度——学习习近平总书记关于文艺工作重要论述的体会》发表于《文艺报》。

7月，论文《文学的情怀》发表于《长江丛刊》第19期。

9月，与包明德合作作词《请到杜尔伯特来》发表于《草原歌声》第3期。

10月14日，评论《"高原"路上，"高峰"在望——我看第十届茅盾文学奖获奖作品》发表于《文艺报》。

12月27日，论文《呈现我们民族的精气神》发表于《光明日报》。

12月28日，论文《把人民性和艺术家诗情融为一体》发表于《光明日报》。

12月30日，论文《新时代，我们向柳青学习什么》发表于《文艺报》。

2020年

1月，组诗《提灯而行》发表于《大家》第1期。

1月，论文《鲜明的现实主义和史实化倾向——以第十届茅盾文学奖获奖作品为例》发表于《东吴学术》第1期。

2月3日，论文《一种文体与一百年的民族记忆》发表于《天津日报》。

3月，论文《新时代，我们向柳青学习什么》被《海外文摘（文学版）》第3期转载。

5月，论文《何以无边无际——重读李佩甫〈无边无际的早晨〉》发表于《北京文学（中篇小说月报）》第5期。

7月30日，论文《路遥现实主义创作的启示：与劳动者一起拥抱大地和生活》发表于《光明日报》。

8月12日，论文《冰心："有了爱就有了一切"》发表于《光明日报》。

9月7日，评论《讲故事的人活在我们心里——李迪和他的文学追求》发表于《文艺报》。

10月，与舒晋瑜的文学对话《"我看见她手的温度将矿石唤醒"》发表于《上海文学》第10期。

12月21日，论文《为民族复兴书写"信史"》发表于《文艺报》。

12月30日，论文《"红色起点"：建党百年的献礼之作》发表于《文艺报》。

2021年

1月，论文《世界格局与本土写作的美学转化》发表于《诗刊》第1期。

1月，论文《本土根脉与世界视野——在2020年第六届中国诗歌节上的发言》发表于《诗选刊》第1期。

1月，诗歌《蓝色变奏》发表于《芳草》第1期。

4月，创作谈《我为什么写作？》发表于《小说评论》第4期。

后　记

　　这套"当代河南女作家研究资料汇编"系列丛书分为五本，包括:《当代河南女作家研究资料汇编　何向阳卷》《当代河南女作家研究资料汇编　邵丽卷》《当代河南女作家研究资料汇编　梁鸿卷》《当代河南女作家研究资料汇编　乔叶卷》《当代河南女作家研究资料汇编　计文君卷》。为全面而完整地呈现这些作家的创作及研究样貌，每本书二十余万字，分为六部分：作家作品选、作家创作谈、对谈、研究论文、研究资料索引、作家创作年表。

　　作为资料选编，我们的工作主要致力于对21世纪以来的河南女作家——何向阳、邵丽、梁鸿、乔叶、计文君的研究论文进行收集、汇编。在我的构想里，这些研究资料的编纂是构成当代河南女性文学发展史的重要部分，尝试呈现河南女性文学的发展脉络。我所期待的是，这套资料汇编能尽可能兼容并包，众语喧哗，为河南女性文学发展提供丰富翔实而深具学术品质的参考。

特别致谢五位青年批评家——行超、李馨、杨毅、马思钰、张天宇，作为每本研究资料的副主编，他们承担了研究资料的基础搜集和整理工作，而具体篇目的选定，则由我和他们分别商量、讨论定稿。

感谢河南省文联、河南作家协会的资助。感谢五位作家何向阳、邵丽、梁鸿、乔叶、计文君的作品授权。感谢责任编辑韩晓征、李婧婧、张小彩、窦玉帅及北京十月文艺出版社，没有他们的工作，就没有这个系列研究资料的问世。

张莉

2021年6月9日

图书在版编目 (CIP) 数据

当代河南女作家研究资料汇编. 何向阳卷 / 张莉，
马思钰主编. -- 北京：北京十月文艺出版社，2021.9
ISBN 978-7-5302-2161-7

Ⅰ. ①当… Ⅱ. ①张… ②马… Ⅲ. ①何向阳—文学
研究②何向阳—人物研究 Ⅳ. ①I206.7 ②K825.6

中国版本图书馆 CIP 数据核字 (2021) 第 117788 号

当代河南女作家研究资料汇编　何向阳卷
DANGDAI HENAN NÜ ZUOJIA YANJIU ZILIAO HUIBIAN　HEXIANGYANG JUAN
张莉　马思钰　主编

出　　版　北 京 出 版 集 团
　　　　　北京十月文艺出版社
地　　址　北京北三环中路 6 号
邮　　编　100120
网　　址　www.bph.com.cn
发　　行　新经典发行有限公司
　　　　　电话（010）68423599
经　　销　新华书店
印　　刷　北京盛通印刷股份有限公司
版　　次　2021 年 9 月第 1 版
　　　　　2021 年 9 月第 1 次印刷
开　　本　850 毫米 ×1168 毫米　1/32
印　　张　15
字　　数　260 千字
书　　号　ISBN 978-7-5302-2161-7
定　　价　55.00 元
质量监督电话　010-58572393
如有印装质量问题，由本社负责调换。